AF496743

Vue générale de Châteaubriant

# HISTOIRE

## LA L...

# HISTOIRES

## ET LÉGENDES

### DU

## PAYS DE CHATEAUBRIANT

PROMENADES AUX ENVIRONS

MONUMENTS CIVILS ET RELIGIEUX, ANTIQUITÉS ET CURIOSITÉS

par

L'AUTEUR DE L'HISTOIRE DE CHATEAUBRIANT

*Baronnie, Ville et Paroisse*

**UTILE DULCI.**
Instruire et plaire.

A CHATEAUBRIANT

Chez DROUARD-FRÉMOND, Imprimeur-Libraire-Éditeur

1879

26245,24



CHATEAUBRIANT, IMPRIMERIE, LITHOGRAPHIE ET LIBRAIRIE PROUARD-FRÉMOND

# PRÉFACE

Châteaubriant a son histoire, il est vrai, mais il restait une lacune que nous nous étions proposé de combler, si Dieu nous en laissait le loisir. C'est ce que nous faisons aujourd'hui, en offrant au public ce volume, qui sera le complément des Annales Castrobrientaises, dont la gravité n'admettait ni le style, ni le décousu de la légende et des récits familiers. Ce livre, par la variété des sujets qu'il renferme, s'adresse aussi bien à l'enfant qu'il instruira, en piquant la curiosité naturelle à cet âge, qu'à l'homme occupé, qui veut connaître son pays, mais qui n'a que de courts instants à consacrer à la lecture. Il convient également à l'étranger, dont le regard interroge, en passant, les ruines de l'antique forteresse, et se demande quelles mains élevèrent, près du donjon féodal, la somptueuse demeure qui atteste les progrès de l'art et l'opulence du seigneur qui l'habita. Enfin, ce livre, tout modeste qu'il est dans son titre et dans sa forme, révélera aux amis de l'antiquité, des origines enfouies jusque-là dans les catacombes de l'histoire, et leur apprendra que ce pays conserve, dans ses monuments, de curieux débris, et jusque dans son sol, les vestiges peu explorés des peuples divers qui y vécurent durant une longue suite de siècles.

Nous nous sommes demandé si la géologie n'aurait pas dû trouver place dans cette encyclopédie de nos richesses artistiques, archéologiques, historiques et légendaires. C'était l'occasion de dresser une liste, assurément intéressante, des fossiles exhumés des trois terrains qui se partagent cette région. Mais le Musée futur de Châteaubriant, qui ne tardera pas à être une réalité, parlera plus éloquemment que notre plume : nous préférons y renvoyer nos lecteurs.

Iʳᵉ PARTIE

# HISTOIRES ET LÉGENDES

## I

### La Croix de la Lande-Brulée.

—

C'était au mois de juin, temps où l'épine blanche
jette la neige de ses fleurs sur nos belles campagnes,
où tout, dans la nature, est joie, chansons, parfums,
amour et vie : trois jeunes filles cheminaient gaîment,
un jour de dimanche, sur la route charmante qui
court entre la Goupillère et la Mercerie, pour s'incliner,
par la Bricaudière, vers le Bois-Brient. C'est un côteau
en pente douce, dont le pied est baigné par la Chère
au cours capricieux.

Dans ces temps reculés, ni bois, ni haies, ni culture,
n'interrompaient l'immense prairie qui, pendant une
demi-lieue, déroulait aux regards charmés ses
trésors de verdure et de fleurs. La vallée, en cet
endroit, est délicieusement pittoresque. En arrière,
c'est Béré, la bourgade Gallo-Romaine, avec son
clocher, *réputé la plus belle aiguille de la Province*,
et son paisible couvent de Bénédictins ; à gauche, se
dressent les toits de la ville, ceinte de ses tours et
fière de son splendide château neuf que domine,

comme un géant, le donjon féodal ; en face, sur le versant opposé, la vue se repose sur un modeste taillis, dont les sapins altiers du Bois-Hamon couronne la tête ; enfin, à droite, au fond de la vallée, et à travers des masses verdoyantes, se détache le manoir du Bois-Brient.

Cette demeure du seigneur de Béré avait plus d'un attrait pour la jeunesse. De beaux grands bois de décoration, de riches pâturages l'entouraient alors ; de larges fossés, remplis d'eau, la mettaient à l'abri de toute surprise, tandis que la rivière, détournée de son cours, avait découpé des îlots que l'industrie du seigneur avait transformés en jardins enchanteurs. Là se voyaient *garennes à conis*, ponts rustiques, arbres d'essences rares, allées bordées de fleurs, labyrinthes de verdure. Rien n'avait été épargné, on le voit, pour donner une haute idée du maître de ces lieux.

Des fenêtres du château, on voyait s'échapper la fumée des pauvres chaumières du village de la Malorais, une ancienne léproserie, sans doute, près duquel existait une chapelle, dont les ruines aujourd'hui attristent les yeux du voyageur. C'était là que, chaque dimanche, de nombreux pèlerins et pèlerines venaient invoquer le bon saint Mathurin pour la guérison de leurs migraines.

La dévotion de cette jeunesse légère y était, croyons-nous, pour peu de chose ; mais on dansait à l'ombre des bois, sur la pelouse qui joignait la chapelle ; on se réunissait autour de copieuses jattes de lait, et les propos joyeux et la danse folâtre achevaient de dissiper les humeurs noires et chagrines, dont les soucis domestiques avaient endolori les têtes. Plaisirs innocents de ces temps de foi et de simplicité, aujourd'hui l'on vous méprise, et par quoi vous a-t-on remplacés ? On comprend avec quelle ferveur, jeunes et vieux accouraient au dévot rendez-vous.

D'un pied sur l'autre, et de propos en propos, nos trois pèlerines se dirigeaient donc vers le but de leur sainte promenade ; elles allaient arriver à la croix de la Bruère, quand le désir de s'amuser, si naturel à cet âge, s'empare soudain du trio folâtre, et, du plus loin qu'elles l'aperçoivent :

« Gageons, dit l'une, que j'y arriverai la première.

— S'il plaît à Dieu, répliqua une autre, c'est moi qui vous y devancerai.

— Qu'il plaise à Dieu ou au Diable, s'écrie la troisième, j'y serai avant vous. »

Et toutes trois aussitôt de courir de toute la vitesse de leurs jambes. La troisième l'emporta sur ses compagnes.

« M'y voilà ! s'écria-t-elle au moment où elle touchait la croix.

— Et moi aussi, fit le Diable, qui s'abattit sur elle, comme un vautour. »

En même temps, il étouffait la pauvrette, et son souffle embrasé se répandant au loin, dessécha tellement la prairie, que l'herbe n'y put jamais repousser. La stérile bruyère et l'ajonc épineux changèrent ce lieu désolé en une sombre et triste lande : on l'appela la Lande-Brulée.

Le Bouc infernal ne partit point sans laisser une autre trace de sa présence abhorrée ; et si vous voulez vous donner le plaisir de cette promenade, vous pourrez voir encore, sur la pierre qui sert de base à la croix, l'empreinte profonde de ses pieds fourchus. Mais, hâtez-vous, car le monument tombe en ruine. Le temps, plus destructeur que la bête maudite, n'a laissé de la croix de pierre que le fût découronné du signe auguste de notre Rédemption.

# SOUS LA TERREUR

# I

## Une séance au Club des Jacobins.

—

### UN TRAITRE.

C'était dans l'ancien Auditoire de la Baronnie de Châteaubriant que la Société Populaire tenait ses assises solennelles. Si vous désirez, ami lecteur, vous faire une idée de ces réunions tapageuses, les portes sont ouvertes, suivez-moi, et entrons dans la salle dont nous allons faire l'inspection, en attendant que les habitués aient pris leurs places.

L'unique fauteuil qui y figure est celui du président; devant lui, une table sur laquelle s'amoncellent chaque jour les nouveaux décrets de la Convention, le registre de la Société, le nouvel almanach, etc.; à droite, à gauche et sur les côtés, sont les siéges des affiliés; au centre, les places réservées au public, hommes et femmes, qui désirent assister aux séances. Au-dessus du fauteuil présidentiel, s'étale, dans des proportions démesurées, le bonnet phrygien. Ce diadème disgracieux est surmonté de la devise sacramentelle : *Liberté, Egalité, Fraternité, ou la mort;* c'est peu gai. Au-dessous, le nouveau nom de la ville débaptisée : *Montagne-sur-Chère;* probablement pour donner quelque relief à l'humble cité, assise au fond d'un entonnoir. De chaque côté, le buste de Voltaire et celui du sensible Rousseau, tous deux assez inconnus de la foule, attendant les hommages de leurs admirateurs.

Les autres tableaux que vous apercevez çà et là sont les divinités de l'Olympe républicain, comme la *Raison*, ornée de tous ses attributs; la *Force*, terrassant un serpent, emblême de la rage et de la fureur des ennemis coalisés de la République; le recueil des Droits de l'homme et du citoyen, que les bébés du temps viennent réciter en guise de catéchisme. Dans l'angle de la salle, un drapeau rouge ombrage de ses plis la table de maître Nolet, autrefois prêtre et moine de Saint-Martin de Teillay, aujourd'hui époux-citoyen, et secrétaire perpétuel de la Société populaire, voire de la municipalité.

La salle est au complet : les membres du comité, cent vingt environ, ont été fidèles, aujourd'hui, à la convocation; l'enceinte est remplie par des hommes que la peur seule a pu réunir, et par des minois féminins qui rappellent passablement les *tricoteuses*. Un léger murmure, semblable au bruit du vent dans les feuilles mortes, accueille l'arrivée de trois Dames citoyennes, que l'on a vues profaner de leurs personnes et de leur parole la chaire paroissiale de Béré. Enfin, deux censeurs, ornés de rubans tricolores, et coiffés à la phrygienne, font de leur mieux pour maintenir l'ordre souvent troublé.

Silence ! Voici que le président se lève, et avec lui tous les assistants se mettent à pousser les cris de : Vive la République ! Vive la Montagne ! A bas les traîtres, les fanatiques et les tyrans ! C'est par cette pieuse invocation que commencent les travaux de l'Assemblée.

Le secrétaire lit quelques bulletins de la Convention, des lettres de correspondance, puis une invitation du comité de Salut public à Paris, invitant toutes les Sociétés populaires à établir un comité de sûreté, pour veiller aux intérêts de la République. Aussitôt, un membre, quelque peu clerc, se lève et demande qu'on nomme de suite douze membres, qui seront en permanence, pour travailler au bonheur du pays, ainsi qu'à la sûreté des personnes et des propriétés. Il va sans dire que la proposition est adoptée, et les douze membres, chargés de dresser la liste des suspects, sont nommés à l'instant même.

Mais voici bien une autre besogne. Les représentants du peuple d'Ille-et-Vilaine et de la Mayenne, ayant ordonné la réorganisation des Sociétés populaires, un Jacobin des plus enragés s'élance à la tribune et s'écrie : Epurez-vous, citoyens ; soyons purs. Et, sans perdre de temps, on procéde à l'épurement de la Société, où se trouvent des membres dont le patriotisme n'inspire pas assez de confiance. Trois sortes de questions vont être adressées à chacun des récipiendaires.

Arrêtons-nous à la dernière série, comme la plus curieuse.

Voici les questions auxquelles il fallait répondre :

1° Es-tu modéré ?

2° Es-tu égoïste ?

3° Es-tu immoral ?

4° Es-tu fripon ?

Ce serait à n'y pas croire, si le registre n'en faisait pas foi. Allons, citoyens, du courage :

> Ne nous flattons donc point : voyons sans indulgence
> L'état de notre conscience. (LAFONTAINE).

Cette confession publique aurait dû commencer par l'auteur de ces quatre incroyables propositions ; mais, plus rusé que les autres, il passa cet honneur à un administrateur du district, qui se présenta d'assez mauvaise grâce. Tout alla bien pour les deux premières séries ; mais quand on vînt à lui demander de déclarer s'il était modéré, égoïste, immoral et fripon, le brave citoyen manqua de courage.

« Ces questions-là, dit-il, sont insignifiantes, et ne me paraissent avoir été posées que pour injurier les membres de la Société.

— L'inventeur de ce système d'épurement soutint que les questions devaient être maintenues.

— Un autre bon sans-culotte qui redoutait sans doute pour lui-même, d'être soumis à cette torture, approuva le refus du récalcitrant et prouva, par de bonnes raisons, que ces questions rappelaient la cruelle inquisition, qu'elles étaient contraires aux Droits de l'homme, et même qu'elles étaient immorales, parce qu'elles forçaient les hommes à mentir.

Dans le public de la salle, on ne se gênait pas pour rire, soyez-en certains. Les mauvaises langues (et l'on sait qu'elles foisonnent ici, car si Nantes doit périr par l'eau, dit le proverbe, si Rennes doit périr par le feu, Châteaubriant doit périr par la langue), donc les mauvaises langues se donnaient carrière ; les propos malins s'échangeaient par dessus les têtes ; un bruit confus empêchait les orateurs de se faire entendre, et les censeurs eurent de la peine à rétablir l'ordre profondément troublé. Néanmoins, on finit par conclure au rejet des malencontreuses questions, et l'on épura quatre-vingts membres.

Ce travail achevé, on vit entrer à grand fracas un homme à figure de traître, dont la sinistre présence faisait trembler même les plus solides, parce qu'elle faisait craindre une accusation et une exécution san-

glante; enfin l'un des triumvirs qui fut dénoncé aux
représentants du peuple à Nantes, et emprisonné,
comme coupable de pillages, de fusillades et autres
excès arbitraires. Sans plus de forme, il s'empare de
la tribune, le bonnet rouge sur la tête :

« Citoyens, s'écrie-t-il, est-ce ainsi que vous perdez
votre temps en délibérations inutiles, en jeux d'enfants, en propos qui vous rendent ridicules aux yeux
de nos ennemis? Je m'étonne de votre sécurité au
milieu des dangers. L'heure n'est pas aux discours,
c'est le moment d'agir. Tandis que vous pérorez, je
veille, et je ne cesserai de veiller, tant que la Liberté
aura un ennemi au dehors comme au dedans, fut-il
même dans nos rangs.

« Citoyens, l'ancienne superstition a encore des
adeptes qui caressent le triomphe de leurs chimères,
et attendent un nouveau Messie. Pourquoi souffrez-
vous que le citoyen Philippe, soi-disant curé de Saint-
Vincent, exerce encore des actes et des fonctions que
la Raison réprouve, et que condamnent nos institutions républicaines? Philippe, il est vrai, a secoué
l'un des préjugés du fanatisme, en se mariant lui-
même avec sa pupille, mais il a rédigé un calendrier
contraire à la loi, il prescrit des fêtes d'obligation, il
perçoit encore des droits de ci-devant casuel, il ne
parle que de rois et de royaume, ce qui prouve hautement qu'il est partisan enragé de la royauté.

« Je requiers, au nom du salut commun, qu'il soit

immédiatement dénoncé à l'Administration, et qu'on s'assure de sa personne. »

En ces jours, être dénoncé et condamné étant la même chose, Philippe fut saisi et emprisonné. Mais, rassurez-vous sur son sort. A son tour, il ne tardera pas à dénoncer et à poursuivre ses frères.

« Citoyens, continue l'orateur avec sa fougue ordinaire, je vais vous apprendre comment vous devez épurer le pays et le purger de ses ennemis. Nos ennemis, ce sont surtout ces prêtres entêtés et rebelles qui, en dépit des lois, vivent encore au sein d'une République qu'ils détestent. Cachés dans les campagnes, ils continuent d'effrayer, par leurs prédications fanatiques, des paysans ignorants, et les entretiennent dans l'espérance d'une Royauté abhorrée. Ce sont eux qui sont la cause de tous nos maux. Tant qu'il y en aura un seul à vos côtés, il ne vous sera pas permis de dormir tranquilles.

« Je viens d'apprendre qu'un de ceux-là parcourt les environs de cette ville, et qu'il a son repaire non loin d'ici, en un lieu que je me réserve de faire connaître quand il sera temps. Le fait est sûr : un de nos frères l'a vu dire la messe, prêcher et accomplir, sans être inquiété, toutes ces momeries surannées, et, en bon patriote, il est venu le dénoncer. Citoyens, je vous le dénonce à mon tour, et je demande que vous requériez de la municipalité un détachement de gardes nationaux, pour faire une perquisition, avec pleins pouvoirs d'agir selon la rigueur des lois et la sûreté de la chose publique. »

Ainsi parla Vannier, l'ex-moine, le vicaire constitutionnel de Châteaubriant, le prêtre apostat, le traître envers Dieu et envers ses frères.

Il n'y eut pas d'applaudissements dans l'assemblée. Chacun semblait trembler pour soi. Cependant, la motion fut adoptée et enregistrée par le secrétaire, avec injonction à la municipalité de faire ce qui importait au salut de la République.

Le président annonça que la séance allait être levée, et invita les trois aimables Dames citoyennes à chanter quelques couplets de la *Marseillaise,* dont le refrain fut répété par tous les assistants.

Qu'un sang impur abreuve nos sillons !

Ces mots sanguinaires et lugubres étaient un sinistre présage.

Le Manoir du Bois-Brient.

## II

### LE MARTYR.

A mi-chemin et sur les limites des paroisses de Béré et de Saint-Aubin, dans la vallée que la Chère arrose de ses eaux immobiles et noires, s'élève, rêveuse et solitaire, la demeure des seigneurs du Bois-Brient. Si touffus sont les bois qui l'entourent, que les toits aigus de ses tourelles n'en trahissent pas l'existence aux yeux du voyageur. Eloigné d'une lieue de la ville, loin des bourgs et d'un accès difficile, le vieux castel, veuf de ses maîtres fugitifs, semblait offrir un asile assez sûr aux prêtres qu'on disait rebelles à la loi, parce qu'ils étaient fidèles à Dieu, et défier l'active surveillance de leurs ennemis.

La chapelle privée des seigneurs, située au premier étage, était à l'abri de toute surprise, et laissait aux compromis le temps de s'évader. Aussi, les fervents chrétiens du voisinage y venaient souvent entendre la messe, et y recevoir les consolations de leur religion proscrite et persécutée. L'unique précaution qu'on croyait devoir prendre, était de détacher et de mettre en garde le chien de la ferme qui, pas plus que ses maîtres, n'aimait les culottes rouges.

. Le lendemain du jour où s'était tenue la fameuse séance dont nous avons donné les détails, un parti de gardes nationaux, le fusil sur l'épaule, sortait de la ville encore assoupie dans les brouillards du matin.

Près du commandant, marchait le dénonciateur. Autrefois, à pareille heure, il allait élever vers le ciel des mains suppliantes, aujourd'hui, son âme flétrie par le parjure, respirait le crime, et ses pieds couraient dans la voie du sang.

Cependant, au Bois-Brient, les fidèles du voisinage, réunis dans la chapelle, priaient, groupés autour d'un prêtre caché sous ce toit hospitalier. Ne soupçonnant point de dangers, ils écoutaient avec avidité sa parole évangélique, si précieuse alors qu'elle était si rare. Quelques-uns s'étaient confessés ; les enfants avaient été baptisés ou catéchisés, la messe venait de finir, et chacun se retirait par des sentiers détournés, pour ne pas donner l'éveil aux patriotes. Tout-à-coup les aboiements du gardien vigilant retentissent avec furie : il va, vient, aboye sans cesse, les oreilles au vent, le poil hérissé.

« Ce ne sont pas des amis, dit la fermière ; qui peut venir ici, à cette heure matinale ? Cachez-vous, crie-t-elle au prêtre du bas de l'escalier qui conduit à la chapelle ; cachez-vous vite ; pour sûr, il y a du nouveau,

Et comme elle revenait à la porte, les soldats apparurent entre les deux pavillons qui donnent entrée dans la grande cour.

Le prêtre ne se le fit pas dire deux fois. Habitué à ces alertes, il était descendu en un clin d'œil, et s'était précipité dans l'étable la plus voisine. Deux bœufs y ruminaient, couchés et tranquilles; il se glissa sous leur litière, se recouvrant de son mieux avec le foin et la paille tombés des crèches. Il était temps, car le commandant du détachement, après avoir placé quelques sentinelles aux issues, envahissait la ferme avec ses soldats.

« Où est le *calotin* qui se cache ici, dit-il à la fermière.

— Citoyen, répond celle-ci sans s'émouvoir, s'il y en a un, vous vous êtes levé assez matin, et vous êtes assez de monde pour le trouver. Vous êtes les maîtres, vous pouvez chercher partout.

Et la perquisition commença au milieu des grondements sourds et prolongés du chien, qui aurait volontiers enfoncé ses dents dans les mollets républicains, dont la vue excitait sa fureur. Tout fut visité, depuis les celliers de la ferme jusqu'aux greniers du château. Vannier n'oublia pas la chapelle : l'œil exercé de l'ex-moine n'eut pas de peine à reconnaître qu'elle servait habituellement au culte réprouvé. Des ornements sacerdotaux, un missel, un calice, des linges sacrés, c'était plus qu'il n'en fallait pour attester en ce lieu la présence du prêtre dénoncé. Animés par cette découverte, les soldats citoyens redoublèrent d'attention et de vigilance : les meubles furent fouillés, les lits retournés, les murs sondés. Ils entrèrent dans les étables, enfonçant les crosses de leurs fusils dans les tas de paille et de foin qu'ils trouvèrent, mais sans pouvoir découvrir celui qui était pourtant si près d'eux.

— Allons, dit le commandant désappointé, l'oiseau s'est envolé ; mais, ma bonne femme, dit-il à la fermière, nous reviendrons, et nous pourrons vous apprendre comment la République traite les aristocrates et ceux qui les soutiennent. En attendant, voilà pour te récompenser d'avoir si bien monté ta garde, ajouta-t-il, en s'adressant au chien qui ne quittait pas la troupe ; et il envoya un coup de fusil qui étendit raide mort le pauvre animal.

Après ce bel exploit, la troupe reforma ses rangs, et se mit en marche pour retourner à la ville, honteuse d'avoir été jouée et surprise, alors qu'elle se croyait assurée du succès.

Quand ils furent partis, et que tout bruit eut cessé de se faire entendre dans la cour et aux environs du château, le pauvre prêtre sortit de sa cachette incommode et humide, et entra chez ses hôtes, encore tremblants du danger qu'il avait couru.

— Vous l'avez échappé belle, lui dit l'excellente femme, je vous ai cru perdu.

— Ce que Dieu garde est bien gardé, répondit le saint prêtre. Nous sommes entre ses mains à la vie et à la mort. Il n'arrivera que ce qu'il lui plaira. Que sa sainte volonté soit faite.

— Et la brave fermière se mit à lui raconter les excès auxquels ces impies s'étaient portés, la chapelle pillée, les meubles brisés, le pauvre chien fusillé, et leur rage de n'avoir pu mettre la main sur lui. Vous n'êtes plus en sûreté ici, ajouta-t-elle... A cet instant, la porte s'ouvre avec violence, et les gardes nationaux avec leur chef apparaissent soudain à leurs yeux terrifiés.

Cette fois, nous le tenons, dit celui-ci en mettant la main sur le prêtre; vive la République! et qu'on nous serve à boire.

Qu'était-il donc arrivé? Comment un retour si prompt et si inattendu avait-il eu lieu? Soit que le premier dénonciateur eut couru avertir l'officier de la rentrée du prêtre, soit que leur méchanceté eut inventé cette ruse, la trahison ou la ruse avait réussi. Ils avaient suspendu leur marche à une petite distance, et étaient tombés à l'improviste dans la maison, sans qu'on put entendre leurs pas. Car le fidèle animal, dont le corps gisait encore dans la cour, n'avait pu faire entendre sa voix et prévenir de l'arrivée des envahisseurs.

Le prisonnier fut promptement fixé sur le sort qui lui était réservé. On le conduisit à la chapelle, et pendant que les égorgeurs arrivaient et préparaient leurs armes, lui, à genoux au pied de l'autel, offrait à Dieu sa prière et son sacrifice.

Sa prière ne fut pas longue :

« Mon Dieu, pardonnez-leur, car ils ne savent ce qu'ils font. Seigneur, je remets mon âme entre vos mains. »

Quelques instants après, le prêtre de Jésus-Christ, martyr de sa foi, de sa religion, de sa charité envers ses frères, tombait foudroyé au pied du même autel, où, quelques heures auparavant, avait coulé le sang de son Sauveur.

## III

APPARITIONS,

Depuis ce temps, il se passe au Bois-Brient des choses fort extraordinaires : des voix, des chants s'y font entendre au milieu de la nuit, et des visions célestes s'y montrent aux yeux émerveillés de ses habitants. On dirait que les anges, qui ont introduit l'âme glorieuse du saint prêtre dans la triomphante assemblée des Bienheureux, viennent de temps en temps reprocher à la terre son ingratitude et son oubli. Qui s'étonnerait que le ciel ait voulu honorer le lieu sanctifié par la mort d'un martyr de Jésus-Christ ? L'histoire des saints et les annales de l'Eglise ne sont-elles pas remplies de faits semblables et plus merveilleux encore? Ne soyons pas de ceux qui veulent bien croire au surnaturel, pourvu qu'il ne se produise jamais.

Voici ce que nous a raconté une famille qui, pendant vingt-quatre ans, habita le manoir du Bois-Brient :

« Bien souvent, surtout pendant la nuit de Noël,

nous entendions les chants les plus doux et les plus mélodieux; il nous semblait que plusieurs personnes chantaient ensemble, et ces voix étaient si belles, si suaves étaient ces concerts, que nous en étions tous ravis. Et je puis affirmer, disait la septuagénaire pleine de santé et de sens qui nous parlait, que bien d'autres fois nous les avons entendues, mon mari, mes enfants et moi, pendant les nuits d'été. Nous voyions alors comme trois belles demoiselles, vêtues de robes blanches, semblables à celles qui font leur première communion; elles se tenaient ensemble par la main, sortaient toujours du bois voisin, et se dirigeaient vers la chapelle en chantant. »

Nous ne nous sommes pas contenté de ce témoignage; nous avons interrogé les fermiers actuels, et les mêmes faits nous ont été confirmés.

« La première fois, me disait là fermière, c'était une nuit de Noël; je venais de coucher les enfants et je disais mes prières, en attendant le retour de nos gens qui étaient à l'église, lorsque j'entendis comme trois voix de religieuses, chantant des hymnes et des cantiques. Leurs voix étaient si douces, que j'allai pour réveiller les enfants afin qu'ils les entendîssent, mais je m'arrêtai dans la crainte qu'ils eûssent peur, et ne voulûssent plus coucher dans la grande salle. Je ne voyais rien, ajouta-t-elle, seulement je les entendais distinctement tout près de moi, qui montaient et se dirigeaient vers la chapelle. Si je ne les avais entendues qu'une fois, j'aurais pu croire que je m'étais trompée, mais nous les avons entendues tous depuis et bien souvent, surtout la veille des grandes fêtes. »

Le lieu de la sépulture du prêtre-martyr est resté ignoré jusqu'à ce jour; son nom même est inconnu aux hommes, mais il est connu de Dieu et de ses Anges qui l'ont inscrit au livre de vie.

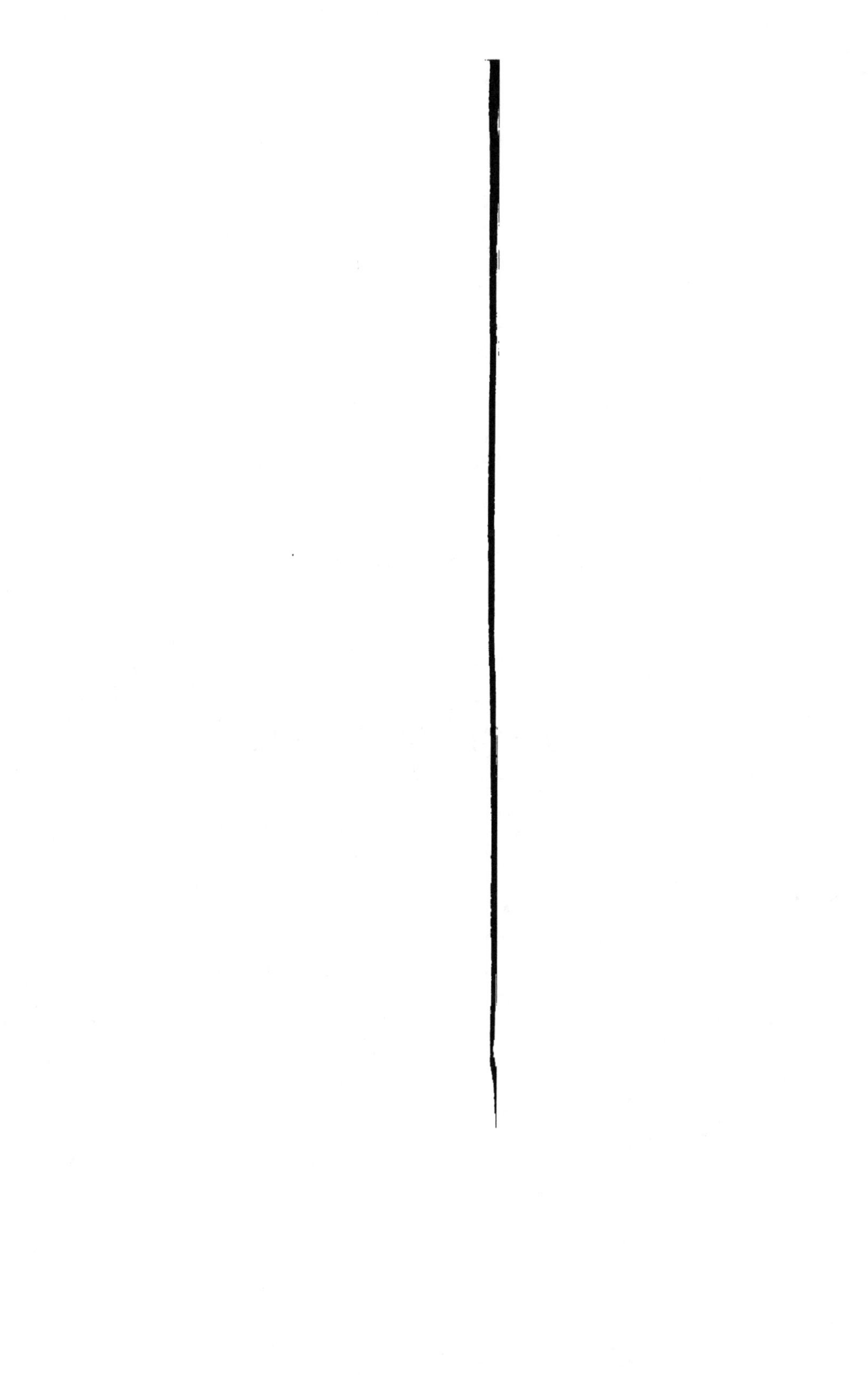

# LA BÊTE

ET

# LA BELLE DE BÉRÉ

## La Bête et la Belle-de-Béré.

—

Il faut être esprit fort ou citadin pour révoquer en doute l'existence de la célèbre bête. Qui n'en a entendu parler à la ville ou à la campagne? Quel villageois ne l'a vue? Quel buveur attardé ne l'a rencontrée à un échalier, ou sur l'étroite planche qui sert à passer le ruisseau, grossi par les pluies d'automne? Quel enfant n'en a rêvé, la nuit, après les récits du grand-père, pendant les longues veillées d'hiver? S'il faut en croire une chronique contemporaine, le curé d'une paroisse voisine, se rendant à son presbytère, la trouva sur son passage; un grave professeur de rhétorique aurait même raconté à ses élèves l'effroi qu'il avait éprouvé à sa vue, un soir qu'il traversait un bois, non loin de la ville; et, pourquoi ne pas dire qu'en l'an de grâce 1878, un personnage de considération dans le pays, fut favorisé, plus que personne ne l'avait été jusque là, par l'apparition mystérieuse?

C'était la veille de Noël : la nuit froide et humide s'était hâtée d'envelopper le bourg et la ville d'ombre et de brouillard ; les derniers tintements de l'*Angelus* descendaient du clocher sur les murs du couvent crêpés de lierre et sur les tombes silencieuses du cimetière; une forme blanche, environnée d'une lumineuse auréole, apparaît tout-à-coup aux regards étonnés du voyageur et de son compagnon. C'est une grâcieuse enfant, aux longs cheveux blonds descendant sur ses épaules; elle est vêtue comme celles qui s'approchent de l'autel pour y communier une première fois; ses mains sont jointes sur sa poitrine, son corps a l'immobilité du marbre. A genoux sur la marche de pierre, les yeux levés vers la croix qui s'élève en ce lieu (1), rien, pas même la voix du passant qui l'admire et l'interroge, ne peut troubler sa prière et obtenir une réponse. Pourquoi la surprise et une timidité puérile ont-elles empêché nos voyageurs d'éclaircir ce mystère? La Belle-de-Béré — c'était elle sans doute — leur aurait peut-être dit son nom et son histoire.

Sur de pareilles autorités, qui pourrait ne pas croire? Aussi, après son *Credo*, rien de plus authentique que ce que Marie Gledel vous racontera de la bête légendaire.

Ce n'est ni une fanatique ni une visionnaire que Marie Gledel. Depuis quarante ans qu'elle habite en Béré, que de fois n'a-t-elle pas entendu narrer les faits et gestes de celle qui fait mourir de peur les

(1) Bout-de-Pavé.

petits enfants? Car elle l'a vue, vue de ses yeux, comme tant d'autres; c'est pourquoi, ce qu'elle en sait et ce qu'elle en dit, lui paraît tout naturel et hors de doute.

Donc, si vous demandez à la bonne vieille ce que c'est que cette Bête, elle vous répondra « qu'au temps où les moines habitaient le couvent de Saint-Sauveur, une jeune fille, entrée chez eux, ne reparut plus... Le bruit courut que, pendant une nuit, elle avait été enterrée sous le clocher de l'Eglise... Les ennemis des moines firent circuler dans tout le pays cette incroyable et mystérieuse histoire; les pères l'apprirent à leurs enfants, et, de génération en génération, elle est arrivée jusqu'à nous.

Tous les vieillards de l'antique bourgade racontent encore que chaque nuit, dès que les derniers coups de minuit ont cessé de se faire entendre dans le donjon du château, les cierges s'allument d'eux-mêmes dans l'église; un prêtre de l'autre monde commence une messe funèbre, à laquelle assiste la foule muette et pressée des âmes en peine, et alors, malheur au profane qui se hasarderait à troubler le nocturne mystère! La Bête-de-Béré garde les portes de la vieille église, prête à faire un mauvais parti au curieux indiscret. Aussi, le gars le plus brave et le plus hardi n'oserait passer en ce lieu sans être bien accompagné.

Interrogez les plus petits sur ce qu'ils savent de la

Bête-de-Béré, ils vous diront sans hésiter, que *c'est une fille qui a été enterrée dans l'Eglise et qui revient.* - C'est, en moins de mots, ce que dit Marie Gledel.

— Mais toi, Marie-Bon-Bec, l'as-tu vue quelquefois ?

— Oui, que je l'ai vue, un soir que j'étais allée au haut du village, chercher des bonbons que m'avait promis ma marraine. Je la vis qui s'apparut à moi, comme je sortais. Elle était grosse, grosse et toute noire. Elle se mit à me suivre et à courir avec moi ; que j'arrivis tout essoufflée chez le gars Jean, qui vînt me reconduire ; pourquoi je lui donnis un de mes bonbons, tant j'avais peur !

— Est-ce que d'autres l'ont vue ?

— Oh ! que oui. Demandez plutôt à Marie Guérin, de la Mercerie. Un jour qu'elle avait été retenue en pénitence à l'école, elle s'en revenait tout tard. Quand elle fut à la croix, près du cimetière, la Bête s'apparut à elle avec tous ses petits, et elle la suivit bien loin, et de si près, qu'elle en tremblait de frayeur, car la Bête parlait et la menaçait. Ce jour-là, elle était blanche, bien longue, et grande comme un gros chien.

Ainsi parlait la petite habitante de la Bruère.

Il paraît, avait ajouté Marie Gledel, que la pauvre âme est condamnée à faire son purgatoire en ce monde, sous la forme d'un animal, errant de tous côtés, dans les campagnes. Car il y en a qui l'ont

vue souvent à la porte de leur étable, semblable à un
petit mouton blanc. « Ote-toi, lui disait le fermier,
et laisse-moi passer ; et l'animal se rangeait sans rien
dire. » D'autres l'ont vue d'autres manières, allant
et venant, sans faire mal à personne.

Mais si la Bête est inoffensive pour ceux qui ne
l'attaquent point, elle est terrible pour ceux qui
veulent se mesurer avec elle. Yvon Gérard, de la
Bricaudière, l'apprit à ses dépens.

C'était un vigoureux et hardi compagnon, à qui
rien ne faisait peur, et qui avait dit tout haut, aux
noces de Julienne Caris, sa cousine, qu'il désirait
rencontrer la Bête, promettant d'en finir avec elle. Il
en advint selon son désir.

Par un soir du mois d'octobre, Yvon Gérard,
invité à une partie de *grillons* par le voisin de
Chanteloup qui avait *habillé*, s'était attardé dans la
danse et les gais propos. Il regagnait résolûment son
village, sautant les fossés, enjambant les échaliers
pour éviter les mauvais chemins, tantôt silencieux,
tantôt sifflant un air champêtre. Soudain, une
chouette, effrayée par les pas et le bruit de notre
voyageur nocturne, s'échappe à tire-d'aîles de l'arbre
où elle était en sentinelle, et va répéter son cri sinistre
avec toutes les chouettes d'alentour.

— « Je parie que c'est Tiennette qui perchait là,
s'écrie Yvon dans sa belle humeur. Je lui avais
toujours dit : Tiennette, marie-toi ; marie-toi donc,

ma Tiennette. Si elle m'avait cru pendant qu'elle vivait, elle n'en serait pas à *chouetter* toutes les nuits dans le brou des vieilles troënes ». (1)

Minuit sonnait à l'horloge du château. Yvon longeait les prairies aux grands herbages, sous lesquelles glisse la Chère comme un reptile à peau noire et luisante; il posait le pied sur les étroites planches qui relient les deux rives, à la hauteur du Moulin-Neuf, quand il aperçut à l'autre bout du pont rustique, comme un gros mouton gris qui semblait disposé à lui barrer le passage.

« Ah! pour le coup, c'est *elle,* se dit Yvon. » Et il traversa lestement la rivière sans trébucher, malgré le cidre dont il avait copieusement arrosé les *grillons.* La Bête ne l'attendit pas; elle s'en allait devant lui, tout doucettement, trottinant à travers le village, suivie d'Yvon qui n'avait pas peur.

Arrivé à l'entrée du chemin qui conduit à la Bricaudière, l'animal fait volte face, et se dresse devant son adversaire. Celui-ci ne se fait pas prier; il s'élance sur elle et s'efforce de la saisir, sans pouvoir y réussir. Alors, il cherche à lui porter avec son bâton les coups les plus vigoureux. Peine perdue! coups inutiles! Yvon ne se contient plus; la colère lui donnant des forces et des jambes, il parvient à l'arrêter, et il

_______________

(1) Dans la croyance populaire de nos campagnes, les vieilles filles sont changées en chouettes après leur mort.

l'étreint si furieusement entre ses bras, que tout autre
y aurait perdu la vie. Mais la Bête-de-Béré n'est point
comme les bêtes de ce monde ; Yvon la voyait avec
désespoir échapper à ses étreintes, ne laissant entre
ses mains qu'une laine épaisse, qui filait entre ses
doigts comme aurait fait un serpent. Et pourtant, il
ne lâchait pas prise.

Dans cette lutte corps à corps où tous deux roulaient
l'un sur l'autre, ils arrivèrent à une sorte d'échalier,
formé par une puissante racine de chêne, contre
laquelle la Bête acculée ne pouvait se mouvoir. Ce
fut alors qu'elle parla.

« Que t'ai-je fait, dit-elle à son agresseur, pour
me poursuivre ainsi ? Tu m'as vaincue aujourd'hui.
Lâche-moi donc. Mais, que je ne te trouve pas une
autre fois sur mon passage, et garde-toi de sortir
après le soleil couché. » Ainsi parla la Bête, puis elle
disparut.

Le téméraire, qui avait osé troubler le repos de
l'innocente et douce créature, ne tarda pas à ressentir
les terribles effets de son imprudence. La fatigue
qu'il avait éprouvée, la terreur qui s'était emparée de
son esprit, les menaces qui lui avaient été faites, bien
plus que la maladie, le conduisirent rapidement au
tombeau.

Il n'est guère de fermes, à trois lieues à la ronde,
où l'aïeule, entourée des petits qui l'en pressent, ne
raconte, à la lueur du feu qui pétille, de ces histoires

dont nous livrons le secret. Car, il n'est pas facile d'en avoir connaissance; on les réserve pour les petites gens, pour les enfants, pour les réunions en famille; on craint les moqueries des savants et des bourgeois de la ville qui ne feraient qu'en rire. Comme si les contes bleus, imprimés chaque jour, dans les journaux de la capitale et de la province, méritaient plus de confiance! Canards pour canards, qui ne préfère ceux du village à ceux de Paris? Mais revenons à notre Bête.

Les lieux déserts et sauvages ont toujours été particulièrement recherchés par le malin esprit, peut-être parce qu'ils lui offrent le moyen de méditer plus à son aise sur la manière de nous nuire. Le Dougilard, en Soudan, ne devait rien lui laisser à désirer sous ce rapport, avant qu'il devint un lieu sanctifié par la prière.

Voyez-vous cette rustique chapelle, dont les fenêtres lourdes et étroites accusent le commencement du XII<sup>e</sup> siècle, et tout près d'elle, ce bâtiment aux larges ouvertures fortement grillées, et dont la disposition intérieure ne saurait être celle d'une ferme? C'était le prieuré du Dougilard — *Ductus Ghislardi.* — L'acte de fondation de ce petit *moustier* nous apprend que, fatigués par les incursions du démon, et par les terreurs qu'il leur inspirait sans cesse, les habitants de ce quartier prièrent l'abbesse de Nyd-Oiseau, au diocèse d'Angers, de leur envoyer quelques religieuses, afin que, par leur présence et leurs saintes prières, elles éloignâssent de ces lieux celui qui se plaisait à les vexer en mille manières.

Ainsi fut-il fait. L'ennemi de notre repos s'éloigna pour un temps. Mais il ne manqua pas de reparaître, lorsque les pieuses recluses eurent quitté l'asile qu'on leur avait offert. On le vit, et on le voit encore sous la forme d'un animal approchant du chien, du mouton ou de la chèvre, courir par le village dès que les ténèbres commencent à descendre sur les campagnes. Il se montre jusqu'au seuil des maisons, les pattes appuyées sur le husset, les yeux brillants comme une flamme. A cette vue, les jeunes filles, occupées au soin du ménage, s'arrêtent immobiles d'effroi, la vieille qui file au coin de l'âtre, laisse tomber son fuseau de ses doigts glacés par la peur, les enfants se cachent dans le sein de leur mère, les portes se ferment, et nul n'ose sortir jusqu'à ce que le jour ait rassuré les esprits affolés. On dit que c'est la Bête-de-Béré.

La Bête-de-Béré se promène souvent dans les *carrois* (carrefours) de ces cantons. On la trouve encore blottie au pied d'une croix, où sont sûrs de la rencontrer ceux qui la cherchent pour se mesurer avec elle. Il y a, près de la Vieille-Ville, un de ces carrois, particulièrement hanté par l'apparition. C'est là que, après s'être enhardis par les fumées du cidre, les jeunes gars du voisinage viennent lutter de force et d'adresse avec le fantastique animal. On les voit, après des heures de vains efforts, rentrer chez eux brisés par la fatigue, les habits trempés de sueur, comme s'ils étaient tombés dans la rivière. On ne dit pas qu'il ait jamais attaqué personne; mais, provoqué, il est terrible et échappe invariablement à ses agresseurs.

Le village des Landelles, en Erbray, paraît avoir été aussi particulièrement favorisé des apparitions de la Bête légendaire. Tous les habitants l'ont vue. Le père B***, brave et honnête entre tous les descendants des potiers qui l'avoisinent, a juré que, maintes fois, soir ou matin, la Bête, sous la forme d'une *chèvre gare*, s'est apparue à lui subitement, comme sortant du milieu d'un pré, d'une haie, d'un mur, au détour d'un chemin, dans son verger, etc., qu'elle courait et gambadait joyeusement · devant lui, sans chercher jamais à lui faire aucun mal.

En cela, il fut plus heureux que Biton, le charbonnier.

Il faut dire que Noël Biton, bûcheron et charbonnier, n'était pas le premier-venu du village. Outre sa force et sa taille peu ordinaires, il avait une si belle voix, qu'on n'en connaissait point de semblable à dix lieues à la ronde. « Quelle voix il a, ce gars Biton! disaient les commères émerveillées et fières; il tiendrait tête à tous les chantres d'une cathédrale. » Quand la nuit, le noir charbonnier, s'en revenant avec son maigre attelage, se mettait à chanter sous la chènaie de la Morivière, loups et chouettes se taisaient; seuls, les échos de la forêt retentissaient de ses chansons rustiques; tout s'agitait autour de lui, et les *pourrinas* des chênes lui tombaient sur la tête.

Or, un soir qu'il était allé chercher ses chevaux dans la forêt Pavée, où ils pâturaient dans une clairière, il vit quelque chose qui n'était ni loup ni sanglier, caracolant au milieu d'eux. Ceux-ci, affolés par la peur, faisaient un bruit terrible et couraient de tous côtés. Biton, qui n'était pas poltron, voulut savoir à qui il avait affaire.

— Qui es-tu? lui demanda-t-il.

— Je suis la Vision de Béré, répondit la Bête.

— Que viens-tu faire ici?

— Te tuer, parce que tu as contre moi de mauvais desseins.

La Vision avait pris une figure étrange. Ce n'était plus une bête, c'était un fantôme blanc, qui était devenu grand comme les arbres de la forêt, et dont les bras s'allongeaient vers Biton pour le saisir et l'étouffer. Le charbonnier résistait hardiment, tantôt se faisant un rempart de son fouet, tantôt assénant avec le manche des coups redoutables. Mais les coups semblaient frapper dans le vide, et quand ses mains voulaient saisir les bras qui l'enlaçaient, elles ne retenaient plus qu'une chose sans chair et sans os qui semblait privée de vie.

Cependant les chevaux s'étaient enfuis par tous les sentiers à la fois, et quand, après une lutte aussi longue qu'acharnée, la Vision disparut, le pauvre charbonnier rentra chez lui, changé, méconnaissable, le corps ruisselant de sueur, les membres brisés. Biton ne chantait plus : le beau chanteur avait perdu sa voix. Néanmoins, il n'était pas content, et n'avait qu'un désir, c'était de recommencer le combat pour en finir avec la Bête maudite. Il n'en eut pas le temps : huit jours après, il était mort.

Tout ceci vous apprend qu'il ne faut pas plaisanter avec les *Revenants*, et ne jamais leur chercher querelle.

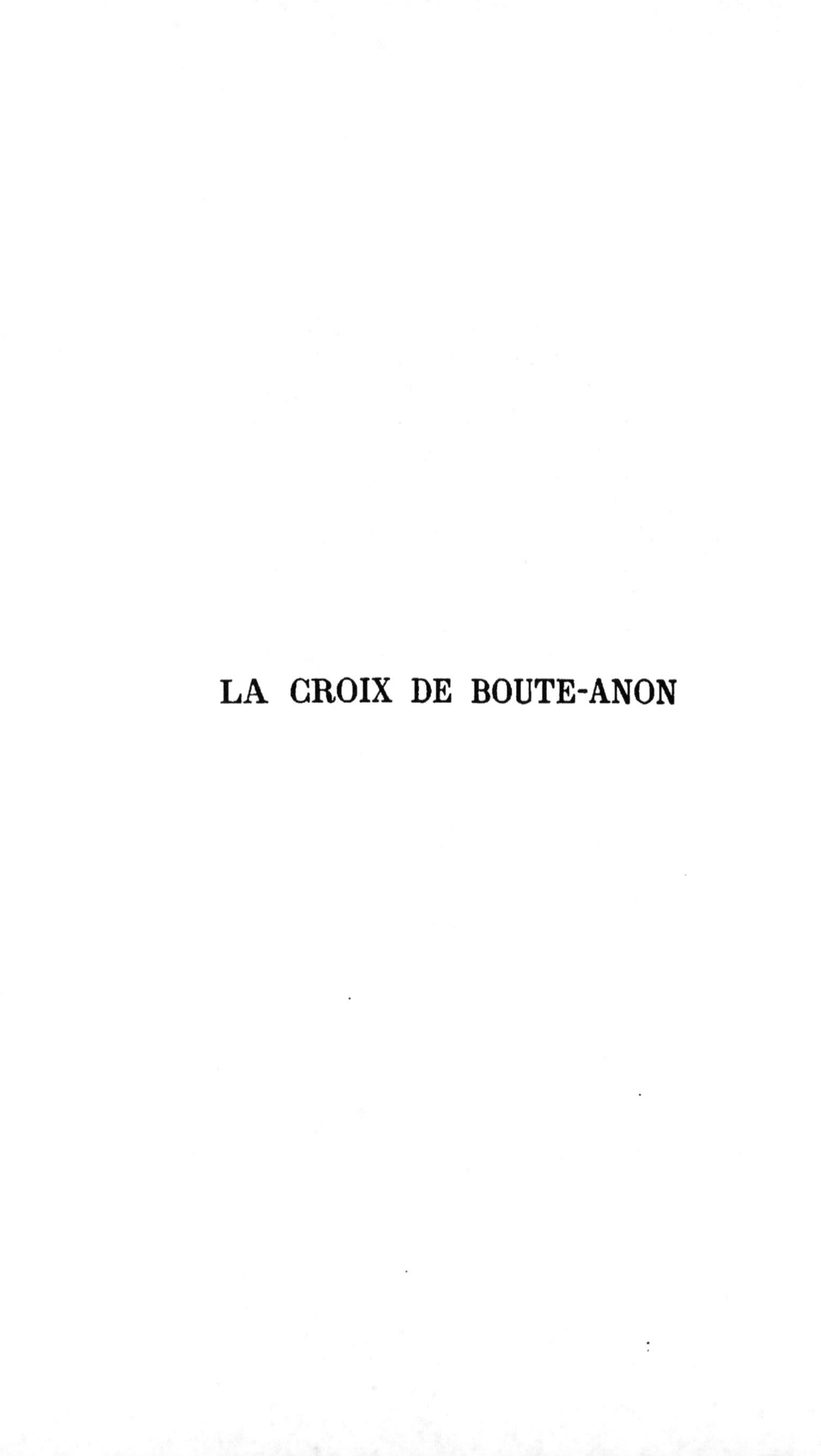

# LA CROIX DE BOUTE-ANON

## La Croix de Boute-Anon.

—

C'était au mois d'octobre 1535. Châteaubriant
était en fêtes. Haut et puissant baron, Jean de Laval,
mariait son neveu, Guy XVII, comte de Laval, avec
Claude de Foix, nièce de la baronne. L'évêque de
Nantes, Louis d'Acigné, était venu lui-même bénir
l'union des illustres époux, en présence d'une foule
de grands seigneurs, de nobles dames et de gentilshommes, parmi lesquels on distinguait la comtesse
douairière de Laval, Charlotte de Laval, sa fille,
Madame de Montejean, les seigneurs de Scepeaux,
d'Acigné, d'Espinay et de Maure.

Afin de rendre le peuple témoin de cette grande
solennité, on avait préparé et décoré les Halles de la
ville ; ce fut là que l'évêque bénit les fiançailles. Le
lendemain, il célébrait le mariage dans cette chapelle
du château, dont le doyen Blays nous a fait connaître
toute la magnificence. Françoise de Foix vivait encore ;
elle assistait à cette imposante cérémonie, qui recevait
un nouveau lustre des grâces et de la beauté de cette
princesse tant vantée et tant admirée. Elle revêtit de

sa signature le contrat de mariage. A cette occasion, il se donna des fêtes très-brillantes où tout le pays fut convoqué, et dans lesquelles le peuple apporta sa joie expansive et bruyante.

Les jeunes filles de la ville et de la campagne ne furent pas les dernières, croyez-le bien, à prendre part aux danses et aux spectacles organisés en leur faveur. La noblesse elle-même, libre des lois de l'étiquette auxquelles elle est asservie dans ses palais dorés, ne dédaigna point de se mêler à ces jeux populaires avec les écuyers, valets et autres nombreux serviteurs du maître opulent qui régnait en ces lieux.

On dit qu'une jeune villageoise de Béré, belle entre toutes, attira l'attention de l'un des seigneurs de la cour, qui finit par connaître sa demeure, et lui fixa l'heure et le lieu d'un rendez-vous.

La nuit était noire, l'air glacial; le vent d'automne soufflait tristement dans les arbres à moitié dépouillés de leurs feuilles : c'était comme un avertissement du ciel à l'imprudente, de rester sous son toit paisible et protecteur. L'obstacle trop souvent irrite les désirs, et, comme l'a dit un poëte :

Désir de fille est un feu qui dévore.

Cependant l'heure approchait; la veillée allait finir avec le feu qui s'éteignait dans l'âtre; chacun allait rentrer chez soi. Comment tenir sa promesse? Quel prétexte alléguer pour courir seule les chemins à pareille heure et par un tel temps? Satan vint à son aide et l'inspira.

— Qui voudrait venir avec moi faire sa prière à la Croix de Boute-Anon? dit-elle, en riant, aux autres jeunes filles.

Et toutes de se récrier d'effroi, à la pensée des esprits qui, la nuit, hantent ces lieux; ou par la crainte de se trouver en face de la Bête-de-Béré, que les passants attardés rencontrent souvent dans ces parages.

— Eh! bien, puisqu'aucune de vous ne veut m'accompagner, j'irai seule, et, pour preuve, je vous apporterai une branche du houx qui est au pied de la croix.

Folle et légère, elle s'élance à travers le village et arrive au carrefour où s'élevait la croix solitaire.

Qu'arriva-t-il alors? Nul ne put le savoir. Seulement, le lendemain, quand on alla voir, on ne trouva que les sabots de la jeune fille, qui attestaient sa présence; mais jamais elle ne reparut. Les uns dirent que le diable l'avait emportée; les autres, que l'imprudente avait été enlevée par un cruel ravisseur.

Depuis ce temps-là, on dit en parlant de ce lieu :

La Croix de Boute-Anon,
Où jeune fille perdit son nom.

# LE RÉCIT DU MENDIANT

## Le Récit du Mendiant.

—

Au temps où la violette sauvage commence à tapisser les fossés et les prés de sa fleur sombre et inodore, alors que les landiers de notre Bretagne font le seul ornement de la triste nature, je passais près du lieu, théâtre de cette tragique histoire. (1)

— « Avez-vous vu la croix dont on aperçoit les restes parmi les houx qui bordent le chemin ? demandai-je à un mendiant qui passait près de moi. »

C'était un petit homme sec, assez droit, portant toute sa barbe et de longs cheveux blancs. Il était chargé d'un sac de toile blanche, comme tous les chercheurs de pain du pays, et soutenait ses petits pieds et ses jambes remarquablement grêles, au moyen d'un long et fort bâton.

— Non, me répondit-il, en me regardant avec des yeux qui ne pouvaient se fixer, je ne l'ai point vue; mais il y en a tant de ces croix qui ont été abattues pendant la Révolution.

(1) La Croix de Boute-Anon.

— Alors, vous n'êtes pas du pays, mon pauvre vieux ; car, vous auriez dû la voir et en connaître le nom. De quelle paroisse êtes-vous ?

— Je suis natif d'Eancé, près de Teillay. Il y a cinq ans seulement que je suis venu à Béré avec toute ma famille. Connaissez-vous le mont Saint-Jean, en Belgique, me demanda le vieillard à son tour ?

Quoique mes connaissances géographiques et historiques me fissent défaut en ce moment, je n'hésitai pas à répondre, pour lui faire plaisir, que j'en avais entendu parler.

— Eh ! bien, monsieur, ce fut à l'assaut du mont Saint-Jean que je fus blessé, et que je tombai sous mes camarades foudroyés par la mitraille. C'était sous le premier Empire. Je ne sais comment je fus tiré de dessous ce tas de cadavres ; j'en ressentis une telle frayeur, qu'à partir de ce moment, je commençai à *tomber* (du haut-mal) ; et puis, ça ne fit qu'empirer, et j'en vins à tomber cinq et six fois par jour. Je revins au pays où je vécus dans la misère. Pour comble de malheur, mais sans doute, par la permission de Dieu, je perdis entièrement la vue.

— Quel âge avez-vous, père Fortin ?

— Quatre-vingt-deux ans, monsieur. On ne vient point à cet âge sans avoir eu bien du mal.

Cette réponse ne rappelle-t-elle pas celle du patriarche Jacob au roi Pharaon ? Ainsi, partout et toujours, la douleur accompagne les pas de l'homme en son triste pèlerinage, et fait entendre les mêmes accents.

— Vous avez des enfants, si je ne me trompe; j'en ai rencontré un, sous l'habit de zouave, qui revenait d'Afrique. Il a reçu une blessure dont il paraissait souffrir beaucoup. Il me parla du bonheur qu'il ressentait de revoir son vieux père, et la vue de son clocher parut lui faire grand plaisir.

— Oui... peut-être... dit le vieux d'un air embarrassé et assez triste. Puis, après une pause : bah! il est comme les autres. Je ne lui ai pourtant pas été inutile; car, aujourd'hui, il est cantonnier et pas mal établi.

Ce sujet de conversation lui était désagréable, je me hâtai d'en changer : vous m'avez dit que vous aviez été complétement aveugle; cependant, vous voyez assez pour vous conduire, puisque vous allez seul par les villages chercher votre pain?

— C'est vrai, Monsieur, que je distingue un peu de lumière, mais il faut qu'elle soit blanche, comme par exemple votre visage, la route, la croix de l'avenue de la Goupillère, et puis, je vais toujours par les mêmes chemins et dans les mêmes maisons. On me connaît et l'on me donne volontiers. Mais, j'ai eu bien de la chance de rencontrer Monsieur le Curé de Ruffigné. Que de bien il m'a fait!

— Il faut me conter cela, père Fortin.

Je le veux bien; ça me fera autant de plaisir qu'à vous.

Un jour donc que j'étais allé à sa porte pour avoir l'aumône d'un sou ou d'un morceau de pain, il m'aperçut, s'en vint à moi, et me fit raconter en partie mon histoire. Enfin, qu'il me dit, quand j'eus fini, qu'avez-vous fait au bon Dieu plus que les autres, que je vous vois accablé par trois cruelles infirmités ? vous êtes dans l'indigence, aveugle et épileptique. Voyons, venez avec moi, je vais vous donner un remède, et il faudra bien que Dieu vous guérisse. Je ne savais pas ce qu'il me voulait. Il commença par me faire faire une confession générale. J'en avais grand besoin, mon cher Monsieur ; car, depuis ma première communion, je ne m'étais point confessé. Au bout de quelque temps, quand tout fût fini et qu'il me vit bien converti, il me dit comme ça :

— Maintenant que vous voilà l'ami du bon Dieu, vous pouvez lui demander tout ce que vous voudrez, et il vous l'accordera.

Voyons, qu'elle grâce désirez-vous surtout obtenir ?

— Ma foi, Monsieur le Curé, je voudrais bien ne plus *tomber*, car, c'est ce qui me gêne le plus pour aller chercher mon pain.

— Vous avez raison, mon ami ; mais, comme vous ne pouvez aller parler au bon Dieu en personne, parcequ'il est trop loin, trop grand, et vous trop petit, il faut que vous chargiez quelque autre de votre commission.

Avez-vous quelque saint dans lequel vous ayez confiance ?

— Mais, oui, Monsieur le Curé ; je connais Saint-Eustache qui, comme on dit, de tout mal détache, dont la chapelle est à Teillay.

— C'est bien ; adressez-vous à Saint-Eustache. Cependant, vous ne pouvez le charger d'aller solliciter au ciel ce que vous désirez, sans lui offrir un présent. Si vous envoyiez un commissionnaire à Châteaubriant pour vos affaires, est-ce que vous ne le récompenseriez-pas de sa peine ?

— C'est vrai, c'est juste.

— Eh ! bien, offrez donc quelque chose au bon Saint, et faites-lui un vœu.

— Un vœu ! Monsieur le Curé ; mais vous savez bien que je ne possède rien, pas même du pain pour demain.

— C'est égal, dit le Curé, offrez peu puisque vous êtes pauvre ; mais, un vœu, faites un vœu.

Par le fait, me dit le père Fortin, c'était juste ; car enfin, il faut bien entretenir la chapelle du Saint, acheter des bouquets, des cierges et quelques autres petites décorations. Bref, je fis le vœu et je lui promis vingt sous, Monsieur ; oui, vingt sous pour sa commission. Je fus longtemps à les trouver, et quand je les eus, je fis le voyage à la chapelle de Saint-Eustache, et je fus guéri. C'est la pure vérité que je fus guéri de ma peur, et qu'à partir de ce jour je ne suis plus *tombé*.

— Et qui vous rendit la vue ?

— Cela arriva encore par la permission de Dieu. Monsieur le Curé me conseilla de me rendre à Nantes, où je fus trouver un grand médecin qui guérissait bien du monde, et qui me dit qu'il ne me rendrait pas mes yeux, mais que je pourrais encore voir un peu. Il m'enleva en partie la cataracte, me donna gratis tous ses soins pendant plus de quinze jours, et me mit en état de marcher et de me conduire sans le secours de personne. Je ne distingue pas bien les objets, mais, j'ai l'habitude d'aller dans les mêmes lieux, de voir les mêmes personnes ; ça me suffit.

— Je vois, mon père Fortin, que vous avez été soulagé de deux grandes misères, mais la troisième subsiste toujours. Vous êtes pauvre et presque manquant de pain.

— Pas tout à fait, Monsieur ; d'abord, le bon Dieu ne m'a jamais laissé manquer de pain, et, si je suis pauvre, il y a plus pauvre que moi. J'ai une petite pension du gouvernement, comme ancien soldat de l'empire. Ce secours m'est arrivé d'une façon si inattendue que c'est comme s'il m'était tombé du ciel. Je ne saurais vous dire par qui, ni comment il m'est venu, car je n'avais jamais pensé à rien demander au gouvernement.

— Vous vous serez, sans doute, adressé à Saint-Eustache, et c'est lui qui vous aura obtenu cette nouvelle faveur.

— Je ne le crois pas, Monsieur ; je ne lui ai demandé

que la première grâce pour laquelle j'ai été exaucé. Mais, je prie la sainte Vierge, c'est une habitude que j'ai prise, étant soldat. Pendant que nous étions en Suisse, j'étais, un jour de faction, et je m'ennuyais beaucoup d'aller et de venir sans rien dire ni rien faire. Tout à coup il me vint une pensée : pourquoi ne dirais-je pas mon chapelet, que je me dis à moi-même. C'est une bonne chose, ça ne peut pas me nuire. Et comme je n'avais point de chapelet, je me procurai une petite corde que je nouai en dizaines, et, tout le temps que j'avais l'arme au bras, je défilais mes nœuds; et les heures passaient, passaient si vite, que quand je voyais les camarades venir pour me relever de ma faction, j'étais tout surpris de voir que ma garde était déjà finie. Maintenant, j'ai un bon chapelet, et je le dis par les chemins sans que ça paraisse; c'est ce que je faisais, quand vous m'avez rencontré en sortant du village.

— Vous n'êtes donc pas trop malheureux, père Fortin, puisque vous ne *tombez* plus, puisque vous voyez passablement et que le gouvernement vous pensionne ?

— Je ne me plains point, Monsieur. La Providence a été bonne pour moi jusqu'ici, je compte encore sur elle pour l'avenir. J'ai eu bien de la misère dans le cours de ma vie, je ne suis point à ce moment-ci exempt de peines. Mais il est bon d'avoir des croix; oui, heureux ceux qui ont des croix, répétait Fortin en s'éloignant, et en levant vers le ciel ses yeux demi voilés.

Et moi, tout ému et ravi, je regardais ce bon vieillard, témoignage vivant du soin que prend de ses créatures, la divine Providence, et qui pratiquait si simplement le plus sublime enseignement de l'Évangile. G.

# LE DOCTEUR BONNELLE

### ET

## L'HOPITAL DE LA TOURRIÈRE, EN NOYAL

## Le docteur **Bonnelle** et l'hôpital de la Tourrière, en Noyal.

—

Paul-François Bonnelle, qualifié de noble homme dans le registre paroissial de Fercé, naquit dans cette humble bourgade, alors de l'Evêché de Rennes, en 1668 (1). Après avoir achevé ses études, à Montpellier, il revint en son pays, et y exerça la médecine avec tant de succès, qu'il ne tarda pas à se faire une réputation d'habileté extraordinaire. Sa renommée grandissant de jour en jour, il eut l'honneur d'être souvent appelé à la cour, où les relations qu'y avait sa mère n'avaient pas peu contribué à le faire connaître. On venait des provinces voisines et de toutes les contrées de la France se faire traiter par un si habile praticien. De tous les côtés, il n'était mention que du *fameux médecin de Fercé*.

Bientôt l'affluence des malades fut si grande, que sa

(1) Il était fils de Pierre Bonnelle, médecin, et de demoiselle Anne de Charlery, dame d'honneur du Prince de Condé, laquelle était née dans la paroisse de Saint-Denis de Candé, en Anjou, le 28 avril 1632, et fut inhumée dans la même église, le 3e jour de mai 1706, à l'âge de 74 ans.

maison, ainsi que les misérables auberges du bourg, ne pouvaient suffire à les loger tous. Son mariage avec demoiselle Françoise Herbette, dame de la Bastinais, vint remédier à cet état de choses, qui n'attristait pas moins le docteur, qu'il était préjudiciable à ses malades. Car c'était un cœur généreux et sensible, secourable aux pauvres gens, qu'il soignait gratis, avec cette charité qui attend de Dieu seul sa récompense (1).

Comment la famille Herbette se trouvait-elle en possession de la maison noble de la Tourrière, et depuis combien de temps? C'est ce que nous ne saurions dire. Ce qu'il y a de certain, c'est que le registre paroissial de Noyal atteste que Raoul Bonnier en était seigneur en 1632.

Ce château, situé en Villepôt, et sur les confins de trois paroisses, a dû être habité par cette puissante famille des Bonnier, soutien des protestants dans ce pays. Il aura été rasé pendant les guerres de religion, comme ses voisins de Fercé, de Villepôt et de Soudan, et reconstruit au siècle suivant, avec aussi peu de goût et de solidité qu'eux. Nous inclinons vers cette dernière supposition ; car le chemin voûté et souterrain que nous y avons vu, il y a peu d'années, et qui conduisait

(1) Le mariage fut célébré à Notre-Dame de Villepotz, le 27 juin 1702. Le docteur avait alors 34 ans, quoique Jacques Paulle, prieur-recteur de ladite paroisse, ne lui en attribue que 31, et demoiselle Herbette, *dame de la Tourrière*, en avait 27 *environ*.

dans les bois de la Connelière, nous paraît avoir été fait en vue des surprises auxquelles on était exposé dans les temps de troubles religieux. Des restes de meurtrières dans les murs du jardin, ainsi que des fossés à moitié comblés, sont encore les indices des moyens de défense dont on armait les manoirs dans les siècles précédents.

Quoiqu'il en soit du passé de la Tourrière, en 1715, ainsi qu'on peut le lire sur une ardoise placée au faîte du logis, suivant l'usage du pays, monsieur Bonnelle fit réparer et mettre en état cette vaste maison sans ornements, portant un étage avec mansardes au-dessus, et réserva, au rez-de-chaussée, deux vastes salles qui comprenaient toute la longueur et toute la largeur du bâtiment. Ces deux salles étaient destinées aux malades; pour lui, il se tenait, du moins pendant le jour, dans l'un des deux pavillons qui s'élevaient dans le jardin, aux extrémités d'une terrasse, d'où la vue s'étend sur les prairies qu'arrosent les eaux de la Brutz.

Ainsi, le château, dans la pensée du bon docteur, était destiné autant à servir d'hopital que d'habitation à lui et à sa famille. Elle atteste encore aujourd'hui le grand nombre de malades, souvent des plus riches et des plus distingués, qui étaient reçus à la Tourrière où se confondaient tous les rangs, surtout quand une épidémie sévissait dans la contrée, ce qui n'était pas rare alors.

Il est à croire que Monsieur Bonnelle, d'ailleurs bon

chrétien, avait puisé cette pensée dans ses voyages à Paris, où les établissements de charité de Saint-Vincent-de-Paul étaient déjà florissants, et se répandaient rapidement dans les provinces. D'ailleurs, il existe encore, sur les murailles décrépites du château, un monument précieux de la charité et de la religion du *fameux médecin de Fercé*, que nous voulons recueillir et faire connaître, avant qu'il disparaisse entièrement, pour en transmettre le souvenir à la postérité.

Au pied du large escalier, par lequel on monte aux étages supérieurs, s'ouvre, à droite, une de ces salles qui, comme nous l'avons dit, occupe près de la moitié de l'édifice, et n'a pas moins de cinq mètres de hauteur. Lorsqu'on y est entré, on a, à gauche, une porte qui donne accès dans un jardin, où les malades pouvaient facilement aller respirer l'air pur dont on jouit sur le coteau qui domine le cours de la petite rivière; à droite, une large et haute fenêtre laisse entrer un jour abondant; au fond, s'élève une immense cheminée, et tout autour, sur les murs, sont des fresques reproduisant des scènes de la vie de Notre-Seigneur Jésus-Christ, avec des sentences rimées, dont malheureusement beaucoup ont été détruites par le temps et la négligence des hommes.

Nous allons en donner une description aussi exacte qu'il est possible, vu l'état de détérioration et même d'effacement où sont ces peintures.

Le premier tableau qui attire l'attention en entrant dans cette salle, est celui qui représente, sur la cheminée, la naissance de Notre-Seigneur. Le divin Enfant est couché dans la crèche, sur de la paille ; Marie et Joseph sont à ses côtés ; le bœuf et l'âne traditionnels sont à leur place, et le tout est abrité par un toit qui, en réalité, n'abrite rien. Les bergers arrivent en jouant sur de longues flûtes, et même sur des binioux, et des bergères, plus élégantes assurément que celles du pays, apportent sur leurs têtes des oiseaux de basse-cour en cage, pour les offrir au nouveau-né. Le ciel est animé par des anges, qui chantent et jouent de divers instruments.

Cette fresque ne manque ni de vie, ni de fraîcheur ; les personnages ont une grâce qui va jusqu'à la beauté. Il est évident que l'artiste a mis une complaisance toute particulière à traiter ce sujet. Mais, déjà la moisissure et de grandes taches noires, produites par l'humidité, ont envahi la moitié du tableau qui bientôt sera méconnaissable.

A droite et à gauche, sur les replis de la cheminée, on aperçoit encore deux bergers dont l'un joue de la flûte, et l'autre tient en sa main une houlette.

Faisons maintenant le tour de la salle, en commençant par la droite de la cheminée.

Un grand médaillon, dans le style de la renaissance, élevé jusqu'à la hauteur des poutres, renferme une sentence en écriture de forme ronde dont voici le contenu :

> Ce que tu vaux est en toy-mesme :
> Tu fais ton prix par tes vertus ;
> Tous les encens... sont encens superflus
> Et ce qu'on est aux yeux du Monarque suprême,
> On l'est partout et rien de plus.

Belle pensée sur l'amour de soi-même et la vanité de la louange, admirablement rendue par le vers final !

Au-dessous devait se trouver un tableau qui rendait sensible cette pensée ; mais il a disparu complétement.

Le mur, à droite, du côté de la cour d'entrée, ne retient, de toutes les fresques qui y étaient peintes, qu'un seul médaillon, portant, d'un côté, deux oiseaux aux brillantes couleurs ; de l'autre un paon, emblême de l'orgueil. Dans le champ, on lit :

> Tu dois plustost choysir d'attirer sur tes bras
> L'orgueil de tout un monde animé de colère,
> Que d'offenser Jésus, que d'oser lui déplaire,
> Que de vivre un moment et ne le chérir pas.
> Donne-luy tout ton cœur et toutes tes tendresses ;
> Et ne souffrant chez toy personne au mesme rang,
> Répons en quelque sorte à ses pleines largesses
> > Qui pour achepter tes caresses
> > Luy firent donner tout son sang.

Nous arrivons à la porte d'entrée au-dessus de laquelle étaient écrits six vers, dont on ne peut plus lire que les quatre derniers :

. . . . . . . . . . . . . . . . . . . .
. . . . . . . . . . . . .   en poudre
Les bergers et les rois également troublés,
Craindront de cet arrest l'épouvantable foudre.
Ces abymes ouverts des célestes rigueurs
D'un tremblement égal rempliront tous les cœurs.

C'était comme l'épitaphe du genre humain.

Au-dessous devaient, sans doute, être représentés le bouleversement universel du ciel et de la terre, et la crise suprême qui doit mettre fin à ce monde. Ce tableau est l'image anticipée du cahos que les yeux effrayés devaient y considérer, car on n'y distingue plus rien.

Près de là, en regardant avec attention, on voit le chef des apôtres, saint Pierre, que l'on reconnaît aux clefs qui sont en sa main. Au-dessus, était une inscription dont il ne reste que quelques lettres ; elle est absolument illisible.

Nous sommes arrivés au milieu de la muraille qui fait face à la cheminée. C'est un des sujets qui occupe le plus de place, et qui fait pendant à son vis-à-vis. Malgré le mauvais état de cette peinture, il est facile d'y reconnaître l'Adoration des Mages. Sous un toit de chaume, on voit encore la sainte Vierge et saint Joseph, puis les trois rois dans tout l'éclat de leur costume oriental ; les chamaux, tenus par des serviteurs, sont à quelque distance, mais l'Enfant Jésus a disparu sous les taches et les placards de chaux dont on a agrémenté la muraille. Plus de traces d'écriture, quoiqu'il dût en exister.

Le sujet qui suit est facile à reconnaître : c'est le Baptême de Notre-Seigneur dans les eaux du Jourdain. D'une main, saint Jean verse l'eau sur la tête du Sauveur, et de l'autre, une croix avec banderolle sur laquelle on lit ces mots : Voici l'Agneau de Dieu. Au-dessus des personnages, est un médaillon sur les côtés duquel sont perchés un aigle et une colombe. Le milieu est occupé par une sentence morale ainsi conçue :

> Tire-toy d'esclavage et sache te purger
> De ces vains embarras que font les créatures ;
> Saches en effacer jusqu'aux moindres teintures ;
> Romps jusqu'aux moindres nœuds qui puissent t'engager.

Il nous faut passer sur un autre enseignement moral tout à fait indéchiffrable, pour arriver au quatrième côté de la salle, où se trouve un très-grand médaillon qui en occupe presque la moitié, et où l'artiste s'est plu à jeter plus d'un sujet mythologique. D'un côté, le Temps, sous la figure d'un vieillard, debout et marchant, tient, de la main droite, la faux impitoyable qui moissonne la vie de toutes les créatures, et, de la gauche, l'inépuisable sablier qui la leur mesure. De l'autre côté, le cours de la vie est symbolisé par un personnage appuyé sur une urne renversée, d'où sortent les eaux d'un fleuve : sur ses bords hérissés de roseaux et autres plantes fragiles, une cicogne mélancolique promène ses pas.

Voici maintenant le commentaire du poëte :

> Qui de la créature embrasse les appas,
> Trébuchera comme elle, et suivra pas à pas.
> D'un si fragile appuy le débris infaillible.
> L'amour de Jésus-Christ est d'un contraire effet :
> Qui le sait embrasser en devient invincible
> Et sa défaite est impossible
> Au Temps par qui tout est défait.

Avant d'arriver à la porte qui ouvre sur le jardin, la vue est vivement frappée par une image de l'*Ecce homo* ou de la flagellation. Le corps du Christ est de grandeur naturelle ; les poignets sont réunis et serrés par des cordes ; un long roseau, signe dérisoire de sa royauté, est à son côté ; une couronne d'épines ceint sa tête, en inondant de sang son visage ; des ruisseaux de sang sillonnent son corps et descendent jusqu'à terre.

Quel malade n'aurait pas eu patience à endurer ses souffrances, en contemplant l'homme de douleurs, traité si inhumainement en son corps innocent par la main des pécheurs !

Après avoir passé la porte, le visiteur se trouve en face d'une peinture dont il n'est pas facile de démêler le sujet. Cependant à travers le barbouillage, opéré par les injures du temps et l'incurie des propriétaires, on parvient encore à distinguer plusieurs têtes, entr'autres celle d'un personnage élevant une sorte d'oriflamme, dont la hampe est terminée par une croix. Ce doit être la Résurrection, et le personnage doit être Jésus-Christ lui-même, sortant triomphant du tombeau.

Ce qui donne à cette supposition une sorte de certitude, ce sont les vers suivants sur la mort de Jésus-Christ : ils sont écrits sur un cartouche que soutiennent deux léopards.

> Tu vois ton maître en croix où le péché le tue,
>> Et tu peux à sa vue
>> Te rebuter de quelque ennuy ?
> Ah ! ce n'est pas ainsy qu'on a part à sa gloire,
> Pauvre pécheur, change dès aujourd'huy,
> Si tu veux avec luy partager sa victoire.

Il n'est pas douteux que, sous cette invitation à la souffrance et à la patience, l'artiste n'ait représenté Jésus-Christ mourant sur la croix. Mais il n'en reste plus rien.

Le médaillon suivant retrace, en d'autres termes et avec d'autres sentiments, la même scène du calvaire :

> Le monarque du ciel, le maître du tonnerre
>> Méprisé sur la terre,
> Dans l'opprobre y finit ses jours.
> Au milieu de sa peine, au fort de sa misère,
> Il vit tous ses amis, lâches, muets et sourds,
>> Tout luy refusa du secours,
> Et tout l'abandonna jusqu'à son propre Père.

Tout porte à croire que le crucifiement et la mort de Jésus-Christ étaient représentés en cet endroit d'un manière très-vive, et que le poëte-peintre avait placé ces deux inscriptions de chaque côté des pieuses représentations, afin de mieux toucher les cœurs malades, tristes, délaissés et peu-être agonisants en ce lieu.

Pour terminer la revue de ce musée religieux et poëtique, il ne nous reste plus qu'à décrire le sujet représenté sur la partie du mur à gauche de la cheminée qui a été notre point de départ. Cette partie est une des mieux conservés : c'est la moins bonne au point de vue moral. Nous croyons que l'artiste a voulu peindre la volupté sous les traits de deux femmes, sortes de Vénus se regardant assez effrontément, et n'ayant pas, pour voiler leurs poitrines, entièrement découvertes, les cheveux de Madelaines repentantes. Entre elles s'élève une colonnette, fort élégamment ciselée, sur laquelle repose un vase de parfums, sans doute. Mauvaise reminiscence payenne, idée malheureuse, dont l'exécution peu chaste est fort déplacée dans ce musée chrétien, où tout parle des souffrances et des humiliations de Jésus-Christ, et rappelle les sévères leçons de l'Evangile. Le correctif est auprès, il est vrai ; mais, quelque belles que soient les pensées exprimées dans les vers qui accompagnent cette exhibition inconvenante, nous doutons qu'elles fûssent assez vives, assez puissantes, pour paralyser

l'effet que ces images lascives devaient produire en
ceux qui les contemplaient.

> Homme, apprends qu'il te faut renoncer à toy-mesme,
> Que pour suivre Jésus, il faut porter sa croix ;
> Pour beaucoup de mortels voilà de rudes lois !
> Voilà de fâcheux mots pour un esprit qui s'aime !
> Mais il sera plus rude encore et plus fâcheux
> Pour qui n'aura suivi ce chemin épineux,
> D'entendre au dernier jour ces dernières paroles :
> Loin de moi, malheureux, loin, maudits criminels,
> Qui des biens passagers avez fait vos idoles ;
> Trébuchez loin de moi dans les feux éternels.

On le voit, l'intention était bonne, mais l'artiste a
été mal inspiré.

Quel était l'auteur de ces peintures ? La tradition
nous apprend que cet intéressant travail fut l'œuvre
d'un *prisonnier* malade, que le docteur Bonnelle avait
recueilli dans son hopital, et à qui il donna ses soins.
La reconnaissance aura porté cet homme à employer
utilement le temps de sa convalescence, en gravant
sur ces murs les sentiments chrétiens dont il était
animé, afin qu'ils servîssent à soutenir et à consoler,
dans leurs peines et dans leurs souffrances, ceux qui
viendraient en ce lieu, comme ils l'avaient soutenu et
consolé lui-même.

Il est certain que ce que nous avons vu et décrit,
annonce un esprit cultivé, des connaissances et un
pinceau exercé. Les conditions matérielles dans
lesquelles il travaillait, lui étaient peu favorables,

comme l'atteste la chûte assez prompte de l'enduit grossier et peu solide qui recevait ses conceptions. Mais il y a du distingué, du fini et du savoir dans les détails comme dans l'ensemble, et ce qui reste nous fait regretter sa ruine prochaine ainsi que ce que nous n'avons pu voir.

Faut-il attribuer les stances religieuses au peintre ou à Monsieur Bonnelle ? Ce que nous savons de la religion, de la charité et des talents de ce dernier nous fait supposer qu'il pourrait bien en être l'auteur. Mais ce n'est qu'une supposition.

Le célèbre docteur qui consacra ses talents et sa fortune au soulagement de ses semblables, mourut à la Tourrière, au milieu de ses enfants et de ses malades, le 8 janvier 1745, à l'âge de 78 ans, et fut enterré à Fercé.

De son mariage avec Françoise Herbette, il avait eu quatre enfants :

1° Paul-François Bonnelle, marié, à Châteaubriant, avec Mademoiselle Barbarin, et décédé sans postérité, le 9 mars 1776. Il fut médecin comme son père ;

2° Aimée-Lias, qui épousa, le 3o mai 1773, écuyer Joseph de Massar, fils de feu Jacques et de Marie-Magdelaine de Chaumont, sieur et dame de Mixe-Grande, natifs de la paroisse de Sainte-Cécile, évêché de Luçon, et demeurant depuis plusieurs années à la verrerie de Javardan, en Fercé ; desquels descend, m'a-t-on dit, la famille des Tredern, de Rennes ;

3° Jeanne-Françoise, mariée, le 7 novembre 1740, à François-Gilles Bullourde du Bois-Halbran, officier d'infanterie, dont naquit un fils, François Bullourde qui, au moment de la révolution, était inspecteur des fermes de Bretagne, à Dinan ;

4° Anne-Françoise Bonnelle, mariée à Augustin Rodrigues, sieur des Marais, procureur au Présidial et Comté de Nantes.

Notre docteur avait, en outre, contracté le 22 janvier 1728, un second mariage avec Françoise Buret, de Villepôt, de laquelle il avait eu une fille naturelle, baptisée sous le nom de Anne-Françoise Clermont et qui fut reconnue et légitimée par ses parents.

Le château de la Tourrière était encore habité, en 1775, par Demoiselle Pauline-Françoise de Massar, fille d'écuyer Joseph de Massar et de Aimée-Lias Bonnelle. Cette Pauline, qui n'avait que 10 ans, contractait, le 30 mars de cette année 1775, des fiançailles avec honorable garçon, Pierre Laeridon, originaire de Juigné, et domicilié en la paroisse d'Armaillé, diocèse d'Angers.

Nous savons que les diverses branches de la famille Bonnelle comptent encore de très-dignes et très-honorables représentants.

# MONSIEUR JEAN MÉNARD

ou

## LE BON MAITRE D'ÉCOLE D'ERBRAY

## Monsieur Jean Ménard

*Ou le bon Maître d'École d'Erbray*

—

I

Vers le milieu du mois de février 1788, Vénérable et Discret Missire Jacques Grigné, né à Ancenis, d'une famille honorable, prenait possession de la cure d'Erbray. Il n'y vécut pas longtemps tranquille, car on était à la veille des mauvais jours. Le décret de l'Assemblée nationale — 27 novembre 1790 — touchant la constitution civile du clergé, vint promptement jeter le trouble dans les consciences, et forcer les prêtres à s'éloigner. Monsieur Grigné se cacha dans sa paroisse et pourvut à ses besoins spirituels, jusqu'à ce qu'il sentit qu'il n'y était plus en sûreté. Son vicaire, monsieur Duronseur, originaire de Normandie, suivit l'exemple de son curé, refusa le serment schismatique, et tous deux, préférant l'exil à l'apostasie, allèrent chercher, le premier en Espagne, le second en Angleterre, une terre hospitalière, et y attendre des jours qui les rendîssent à la liberté de leur saint ministère.

Monsieur Grigné ne revint pas. Les privations, la maladie, les tristesses de l'exil, conduisirent rapidement au tombeau le vénérable prêtre, fidèle à ses devoirs jusqu'au martyre. Mais dès que parurent, du côté de la France, les premières lueurs de paix, Monsieur Duronseur s'empressa d'accourir vers sa chère paroisse d'Erbray, berceau de son enfance, et premier théâtre de sa vie sacerdotale.

Il accourait, le saint prêtre, le cœur brûlant de zèle, le front ceint de l'auréole des confesseurs de la foi. Mais, hélas ! que de vides autour de lui ! que de ruines accumulées pendant son absence, par l'ouragan déchaîné des passions politiques ! Plus de cloches aux joyeux carillons ; plus de clocher avec sa flèche élancée pour annoncer au loin la présence du Dieu de l'Eucharistie ; quelques pans de murs seulement étaient debout, mutilés et noircis par l'incendie, les habitants par un élan de foi, ayant mis le feu à leur église, pour en chasser les sacrilèges, qui en avait fait le séjour de l'impiété et de toutes les abominations. Le pauvre prêtre pouvait, nouveau Jérémie, s'asseoir sur ces tristes débris, et répéter comme lui au milieu de ses larmes : « Les chemins qui conduisent à Sion sont dans le deuil, parce qu'il n'y a plus personne qui vienne à ses solennités ; ses portes sont détruites ;

ses prêtres sont gémissants...... Sion est plongée dans l'amertume. »

Monsieur Duronseur qui revenait à Erbray avec le titre de curé — 27 février 1803 — se fraya tristement un passage au milieu de ces ruines, et se mit avec ardeur, aidé des paroissiens, ravis de le revoir, à rendre habitable la cure incendiée, et à relever les pierres du sanctuaire. Il lui fallut aussi trouver des serviteurs pour célébrer avec quelque décence les offices divins. Pendant qu'il se livrait à cette recherche, son œil intelligent ne tarda pas à distinguer parmi les enfants de son âge, le jeune Jean Ménard, comme on distingue une blanche fleur au milieu des épines.

Jean naquit au bourg d'Erbray, en juin 1794, d'Anthoine-Ménard et de Jeanne Letort, honnêtes artisans, jouissant d'une modeste fortune, mais surtout de l'estime générale. L'enfant fut baptisé dans un fossé; puis, huit mois plus tard, il fut porté à l'église, pour y recevoir les cérémonies du baptême, de la main de quelque prêtre caché dans le voisinage. Avec ses six printemps, Jean avait un front pur, un visage candide, une piété tendre et une gravité qui charmèrent tout d'abord le cœur du bon curé. La vertu semblait innée dans cet enfant, ou plutôt il n'eut ni enfance ni jeunesse. Il passa au milieu de la corruption de ce monde sans en être atteint, et, durant sa longue carrière, aucun de ceux qui l'ont connu, n'ont pu surprendre en lui quelqu'une de ces faiblesses qui s'attachent au cœur de l'homme, comme la poussière aux pieds du voyageur.

Monsieur Duronseur pensa que Dieu n'avait pu douer cet enfant de qualités si précoces et si rares, sans avoir sur lui des vues particulières. Il s'attacha donc au petit Jean avec une tendresse toute paternelle, et se fit son instituteur. Il lui apprit ses prières et son catéchisme, lui donna les premières leçons de lecture, d'écriture et d'arithmétique, et en fit son enfant de chœur. Comme il avait une fort belle voix, son maître lui enseigna le plain-chant, et l'élève l'apprit avec une telle perfection, que dans la suite, les prêtres de la paroisse se reposèrent entièrement sur lui du soin de former les chantres dont ils avaient besoin.

L'enfant croissait chaque année en science, en sagesse et en vertu devant Dieu et devant les hommes, selon qu'il est écrit du divin Maître. Sa piété était admirable. Un jour, une mère avait conduit sa petite fille à l'église; au retour, elle lui demanda ce qui l'avait le plus frappée dans le lieu saint : Oh! ma mère, répondit l'enfant, quel est donc celui qui était en prières dans le chœur ? il paraît plus pieux et plus modeste que les prêtres.

— Ma fille, c'est Jean Ménard; si nous lui ressemblions, nous serions plus sûres d'aller au ciel.

Tel était ce jeune homme à peine âgé de quatorze ans. Est-il étonnant qu'en lui donnant ses soins dé chaque jour, Monsieur Duronseur songeàt à le diriger vers l'état ecclésiastique ? Le sujet en était digne, et le maître était bien capable de lui faire faire ses études de latin, et même ses humanités. Prêtre, il eut été l'ornement du sacerdoce, et la gloire de l'église qui avait alors si grand besoin de ministres pieux et zélés. Nous aurions certainement à ajouter son nom aux noms bénis de tant de prêtres, qui honorèrent le clergé par leurs vertus, consolèrent l'église en deuil, et réparèrent les maux causés par dix années de persécutions et de malheurs. Et ne doit-on pas regretter la décision trop sévère peut-être, qui éloigna notre saint jeune homme des rangs de la milice sacerdotale ?

Voici quelle fut là cause de ce refus. Le protégé de Monsieur Duronseur allait atteindre sa quatorzième année, quand, à la suite d'une maladie dont on ignore le caractère, il contracta un tic, ou mouvement nerveux, qui le forçait à hausser fréquemment l'épaule droite. Les supérieurs consultés, craignirent que cette habitude, quelque peu choquante qu'elle fût, ne compromît la dignité du prêtre, et conseillèrent au respectable curé d'Erbray de ne pas donner suite à son généreux dessein. C'est ainsi que la Providence permit que Monsieur Ménard demeurât au milieu de ses frères, pour leur offrir en sa personne un modèle accompli de ce que doit être un disciple de Jésus-Christ sur la terre.

L'élève de Monsieur Duronseur vit dans cet arrêt la volonté de Dieu; il s'y conforma sans murmure, peut-être même avec joie, car, avec cette foi si vive qui lui faisait témoigner tant d'amour et de vénération pour les prêtres, on peut supposer qu'il ne fut pas fâché d'échapper à la terrible responsabilité du ministère des âmes.

Il entra alors résolument dans la boutique de son père, et apprit l'état de maréchal-ferrant. Cette position nouvelle, loin de rien changer à ses habitudes de piété, ne fit que mettre en plus vive lumière la grandeur de sa foi et la solidité de sa vertu. Il fut dans la forge ce qu'il avait été au presbytère, chrétien fidèle à ses devoirs religieux, à la piété même. Il communiait tous les dimanches, et, s'il n'allait pas chaque jour à la messe, c'est que son travail l'en empêchait. Les heures de repos étaient employées à faire de pieuses lectures et à visiter le très-saint Sacrement. La pensée de Dieu lui était si familière, que sa prière était, pour ainsi dire, continuelle. Quand cette âme, comme un oiseau du ciel, avait donné à son corps le grain de nourriture qui lui était indispensable, on la voyait, joyeuse et légère, prendre son vol vers les pures régions où elle rencontrait Dieu avec les biens éternels qu'elle aimait uniquement. Le jour ne suffisait pas à épuiser ses ardeurs, car bien souvent, au milieu des nuits, ses parents le surprenaient en prières.

La présence du saint jeune homme dans la forge du père Ménard en fit une école de bon exemple. Les querelles, les colères, les jurements, les propos malhonnêtes ou méchants en furent sévèrement bannis ; les ouvriers durent mener une vie régulière, et quiconque s'abstenait d'assister, le dimanche, à la messe, ne pouvait travailler chez lui. Bon et aimable envers tous, il savait tempérer par sa gaîté la gravité de sa conduite. Il ne se fâchait jamais, pas même lorsque des étrangers osaient tenir devant lui des conversations inconvenantes ou contraires à la charité. Aussitôt, on le voyait changer de visage, la peine qu'il éprouvait sensibilisait son cœur, on l'eut dit prêt à pleurer. Pourquoi parler ainsi ? disait-il, avec ce mouvement nerveux qui lui était habituel, il ne faut point parler de cela. Et les imprudents se taisaient à la réflexion du jeune homme.

Qu'on ne se figure point Jean Ménard comme un esprit chagrin ou misanthrope. C'était un caractère toujours égal, d'une inaltérable douceur, et nullement ennemi de la gaîté et des distractions honnêtes. Il eut aimé jouer aux boules avec les jeunes gens de son âge, mais les éclats d'une joie bruyante, surtout les disputes, les injures entre joueurs, les blasphêmes, le dégoûtèrent promptement de ces réunions. Il préféra la solitude à ces délassements où Dieu était offensé. On le vit alors, muni de quelque bon livre, se diriger vers le pré des Lauriers, situé près du bourg, et y passer les heures de repos que lui laissait le Dimanche. Quelquefois, neveux et nièces venaient l'y trouver, et, sous les yeux protecteurs du solitaire, se livraient à des ébats qui n'avaient même pas le pouvoir d'interrompre sa lecture.

Ainsi se passèrent les années de son adolescence. Tout le monde admirait une vertu qui se produisait sans ostentation comme sans respect humain, et qui semblait bien au-dessus de son âge et de sa condition. En modestie, Jean était plus qu'un enfant, plus qu'une jeune fille, c'était un ange. Toutes les personnes qui l'ont approché pendant sa jeunesse, assurent qu'ils ne l'ont jamais vu arrêter ses yeux sur une femme. On eut dit qu'il n'était point enfant d'Adam, tant sa vertu s'élevait au-dessus de l'humaine nature. Il est facile de comprendre qu'un esprit si peu terrestre ne se sentait point porté vers le mariage.

— C'est égal, disaient malicieusement ses nièces, si Jean Ménard ne s'est pas marié, c'est qu'il n'a jamais su comment s'y prendre pour avoir une femme. Un jour — c'était au temps où le grand empereur, faisait une si prodigieuse consommation d'hommes sur les champs de bataille de l'Europe — un jour vint où la loi allait l'atteindre, et le forcer de prendre un fusil ou une femme.

— Marie-toi, lui dit sa mère effrayée à bon droit du sort qui l'attendait, comme tant d'autres, sous les drapeaux.

— Je ne connais personne qui me convienne, répondit-il.

— Tiens, reprit la mère, il y a près d'ici une fille sage et bonne qui fera ton affaire ; va la trouver, je sais que tu ne seras pas refusé.

Le candide jeune homme, tout confiant en ces paroles, se laisse persuader, et vole vers celle qui lui a été désignée. Il la trouve dans son champ, occupée à cueillir des pois. Et Jean Ménard de se mettre à la besogne, causant avec plus de gaîté qu'à l'ordinaire, sans regarder celle dont la parole allait décider de son sort. Ainsi se passa la matinée ; mais pas un mot sur le sujet de sa visite. Quand il rentra chez lui :

— Eh ! bien, dit la mère, as-tu conclu l'affaire ?

— Il n'y a rien de fait, répondit le fils ; nous avons cueilli des pois ensemble toute la matinée... Nous devions avoir l'air bien gauche l'un et l'autre ; pour moi, j'étais bien embarrassé.

— Comment ! tu ne lui as rien dit ?

— Dame ! vous ne m'aviez pas dit ce qu'il fallait lui dire. Au surplus, j'aime encore mieux servir le gouvernement que me marier. Et il ne se maria pas.

S'il n'eût écouté que ses goûts, le jeune ouvrier eut abandonné sa forge pour vivre plus tranquille, et se livrer à des occupations moins profanes. Mais, c'était un cœur bon et dévoué. Près de lui vivait une sœur mariée, mère de huit enfants en bas âge, et l'aisance du père Ménard n'allait pas jusqu'à laisser

une fortune à chacun de ses enfants. Pour aider les
parents à élever leur nombreuse famille, il continua
donc à travailler, et cela, sans intérêt, par pur
dévouement. Loin de se prévaloir de son désintéres-
sement pour être moins âpre au labeur quotidien, ou
pour donner plus de temps à ses exercices de dévotion, il employa son temps avec le même scrupule
que s'il eût dû en rendre compte; aucun ouvrier ne
travaillait avec autant d'ardeur. Qui peut douter que
Dieu seul et les récompenses éternelles fûssent l'unique
motif d'une conduite d'autant plus louable qu'elle est
plus rare, même entre des parents ?

Toutefois, cette vie de sacrifices devait avoir un
terme. Quand il eût accompli la tâche qu'il s'était
imposée par amour pour sa famille; quand, devenus
grands, les neveux et les nièces purent voler de leurs
ailes, le forgeron abandonna l'enclume et le marteau,
et reprit sa liberté. Il l'annonça un jour à sa sœur en
ces termes :

— Jusqu'ici, j'ai vécu avec toi, ne voulant point te
laisser seule au milieu des ouvriers; maintenant,
qu'avec tes enfants tu peux te suffire, je vais quitter,
non la maison commune, mais la forge; je sens que
Dieu m'appelle à autre chose; je vais me mettre à
faire l'école.

## II

Le père du jeune forgeron venait de mourir. Depuis huit ans déjà, M. Duronseur était descendu dans la tombe — 20 Janvier 1816 — et Monsieur Greslé, son successeur, venait de disparaître, laissant la cure d'Erbray à Monsieur Loirat, qui en prit possession le 8 Février 1823. Le premier soin du nouveau recteur fut de chercher un bon maître d'école.

Pour nous, qui sommes comblés des bienfaits de la civilisation, et dont les besoins religieux et intellectuels sont amplement satisfaits, nous avons peine à nous figurer ce qu'étaient, à l'époque dont nous parlons, les pauvres communes éloignées du centre des administrations civile et religieuse. Beaucoup n'avaient ni instituteurs, ni institutrices.

A son retour d'Angleterre, M. Duronseur s'était mis à faire l'école à ses paroissiens : une grange servait de classe, et dans une dépendance de la cure, il avait installé quelques lits pour cinq ou six pensionnaires. Après lui, un vieux soldat, débris des cohortes du premier Empire, que le dégoût du métier des armes avait attaché à ce coin de terre, était le modeste flambeau qui éclairait les intelligences confiées à ses soins peu vigilants. Il avait réussi à grouper autour de lui une dizaine d'élèves, auxquels il n'avait pas de peine à infuser sa science, sans garantie aucune de l'Université, ni du Gouvernement.

Monsieur Loirat, sentant bien qu'un bon instituteur serait son bras droit et l'instrument le plus immédiat du bien qu'il voulait faire dans la paroisse, jeta les yeux sur Monsieur Ménard. Ce n'était pas tant la science qu'il cherchait, que la vertu et le dévouement, et il ne lui avait pas fallu beaucoup de temps pour découvrir en Monsieur Ménard toutes les qualités qu'il pouvait désirer. Le zélé recteur ne balança pas à lui ouvrir son cœur, à lui faire connaître son embarras, et le vif désir qu'il avait de lui voir accepter les importantes fonctions de maître d'école.

Pour une âme aussi profondément religieuse, un pareil désir était comme l'expression de la volonté divine; c'était une sorte de compensation, ménagée par la Providence, au chagrin qu'il avait éprouvé, lorsqu'il lui avait fallu renoncer à la carrière ecclésiastique. Exercer une mission dans la sainte Eglise, instruire les enfants de la religion de Jésus-Christ, de leurs devoirs envers Dieu et envers leurs frères, les préserver du mal, en les dirigeant et en les corrigeant, lui parut une tâche digne de son zèle, et à laquelle il n'était pas libre de se soustraire. Il l'accepta donc, mais il sentit la nécessité de s'y préparer. N'était-ce

pas quelque chose de bien admirable, de voir ce grand
et robuste jeune homme, habitué depuis de longues
années à battre le fer, se remettre au travail des études
élémentaires, et redevenir écolier à l'âge de trente ans !
Il alla à Nantes compléter les connaissances qu'il
avait reçues de son premier maître, Monsieur Duronseur, et, après avoir obtenu son brevet, il revint à
Erbray se mettre à la disposition de Monsieur le
Curé.

Chrétien avant tout, le nouveau maître d'école
comprit qu'avant tout, il devait s'appliquer à former
des chrétiens. Il n'ignorait pas que les parents se
déchargeraient entièrement sur lui du soin d'apprendre
le catéchisme à leurs enfants ; c'est pourquoi il se
livra à cette sainte occupation avec un zèle qui fut
vite récompensé, car le pasteur, interrogeant les
enfants des communions à l'église, trouvait beaucoup
plus d'instruction dans les élèves de M. Ménard que
dans les petites filles, chose qui n'est pas ordinaire.

Ce qu'il faut de science à l'homme des champs
pour régler ses affaires et conduire son négoce, ne
demande pas de longues études ni beaucoup de temps
dans les écoles : on voit tous les jours des esprits
peu cultivés fonder des maisons très - prospères.
Ainsi, négliger tout le reste pour ne chercher qu'à
faire des savants, est une erreur déplorable dans un
instituteur de la jeunesse. Il doit surtout former des
hommes d'une honnêteté, d'une probité, d'une justice

éprouvées, en leur apprenant, dès l'enfance, à appliquer les maximes et les enseignements de l'Evangile aux actes les plus ordinaires de la vie. C'est ainsi que Monsieur Ménard comprit toujours ses honorables fonctions. Interrogez ses anciens élèves; ils vous diront combien grande était sa sollicitude pour les former à la vertu. Que de pieuses exhortations il leur faisait entendre! Que de salutaires conseils il aimait à leur donner! Avec quelle douceur il les reprenait de leurs fautes! Bon et patient envers cet âge qui a besoin d'indulgence, il fermait les yeux sur beaucoup d'espiégleries, pour n'être pas obligé de sévir trop souvent.

La malice écolière n'était pas sans s'amuser du tic nerveux qui agitait son épaule et jusqu'aux traits de son visage;

> Cet âge est sans pitié,

a dit le fabuliste. Les méchants s'ingéniaient à le contrefaire; loin de s'en fâcher, le bon pédagogue était le premier à en rire, ou bien il se contentait de rappeler les lutins à plus de sagesse et de gravité. Néanmoins, dant cette âme où tout était si bien pondéré, la vertu éloignait les extrêmes, et la douceur n'allait point jusqu'à la faiblesse. Si la faute était grave, de nature scandaleuse par exemple, le maître faisait sentir le poids de son autorité, et ce n'était pas en vain qu'il s'armait de la redoutable férule. Il arrivait quelquefois que le coupable s'en retournait en riant.

— Revenez, disait-il alors avec dignité, et avec ce calme qui ne l'abandonnait jamais, il faut absolument que tout se purifie.

Du reste, il était le père de ses élèves par la tendre sollicitude qu'il leur témoignait en toute occasion. La paroisse d'Erbray est une des plus grandes paroisses du Diocèse : il est des villages qui n'ont pas moins de six et huit kilomètres à faire pour venir à la messe. Or, à cette époque, il n'existait ni chemins carrossables, ni grandes routes. Il fallait vraiment de la foi dans les parents, et du courage dans les enfants, pour venir à l'église ou à l'école, par les pluies d'automne et le froid de l'hiver. Mais du moins, quand les pauvres petits arrivaient à la classe, grelottants, mouillés, couverts de boue, leurs chaussures remplies de l'eau des ruisseaux débordés qu'il leur avait fallu traverser, ils étaient sûrs de trouver un bon feu ; le bon M. Ménard les réchauffait, faisait sécher leurs habits, ou leur en procurait d'autres, et, souvent, une soupe bien chaude achevait de rendre aux petits malheureux la chaleur et la joie qu'ils avaient laissées dans les mauvais chemins.

Qui pourrait dire le bien qu'un homme de ce caractère opéra autour de lui pendant les trente-six années qu'il tint l'école ? Beaucoup de pères de famille qu'il a instruits et formés, proclament qu'ils doivent à ses leçons et à ses exemples l'honneur de leur vie ; tous sont parfaits chrétiens, et, on peut ajouter, la gloire de la paroisse.

C'est avec cette vie laborieuse et méritante que M. Ménard atteignit ses soixante-six ans. La vie diminuée dans son corps affaibli, une vue très-fatiguée, une activité qui ne se soutenait plus que par la nécessité du devoir à remplir, l'avertirent qu'il était temps de songer à la retraite. Le repos du vieillard est un droit et une majesté. Le spectacle de la paix qui couronne ses ans, la vue de sa tête blanchie sous le joug d'un travail incessant, le souvenir du bien qu'il a fait, tout en lui charme, attire et éveille dans les autres le désir de la vertu. Notre bon magister avait largement payé sa dette au travail; il avait consciencieusement rempli la tâche que Monsieur Loirat lui avait imposée. D'ailleurs, les temps étaient bien changés : de nouveaux maîtres d'école se présentaient qui pouvaient, en le remplaçant, continuer le bien qu'il s'était efforcé de faire dans la paroisse. Par toutes ces raisons, il se décida à résigner ses fonctions et demanda sa retraite. Il n'eut pas de peine à l'obtenir, et, grâce à l'honnête aisance qu'il tenait de l'héritage paternel, il put vivre tranquille et sans souci de l'avenir.

## III

Alors commença pour M. Ménard une vie nouvelle, vie qu'il avait toujours désirée, vie de recueillement en Dieu, de prières, de bonnes œuvres, terminée par les souffrances et par une mort de prédestiné. Désormais, libre de toute entrave, il put se livrer tout entier aux douceurs de la solitude. Dans la chambre commune, il s'était réservé un petit coin qui était tout à la fois son oratoire et sa salle d'étude. Il y avait rassemblé ses objets de dévotion et ses livres de piété ou de délassement, avec beaucoup d'ordre et une sorte d'amour religieux. C'était là qu'il passait une partie de ses journées, priant, méditant et lisant. Il n'y a pas de moine dans son couvent, pas de reclus dans sa cellule, qui fût plus séparé du monde. Que pouvait être pour lui le monde ? Il ne l'avait jamais connu, et il lui était si étranger, qu'il pouvait dire comme l'apôtre : « Je suis crucifié au monde, et le monde est pour moi comme un mort avec lequel je ne communique plus. »

Dans l'arrangement de son nouveau genre de vie, *il n'eut* pas besoin d'un règlement bien différent de celui qu'il suivait précédemment. Levé bien avant l'aurore, il était le premier rendu à l'église, afin d'assister à la première messe. Il arrivait fréquemment que l'enfant de chœur, moins matinal, faisait défaut : on voyait alors l'ancien maître d'école quitter tout doucement sa place et tomber aux pieds du prêtre, surpris de voir à ses côtés, au lieu de l'enfant, le vieillard octogénaire. Avec quelle foi, avec quel respect profond il remplissait ce pieux ministère !

Une des privations les plus sensibles à laquelle le condamna la maladie, fut de ne pouvoir plus assister chaque jour au saint sacrifice. Il s'en dédommageait, autant qu'il lui était possible, en se recueillant, comme s'il y eût assisté réellement. Il était inutile de lui rien offrir pendant ce temps; il voulait être tout à ses pensées, tout à Dieu. Personne n'était capable de le faire manquer à ce qu'il regardait comme un devoir sacré.

Un jour, — c'était un dimanche, — Monsieur Etienvre, un des derniers curés d'Erbray, accourut du fond de sa retraite pour lui apporter les consolations de sa vieille et constante amitié. Pendant vingt-cinq ans, ils avaient vécu dans une intimité sainte, se soutenant mutuellement dans les bonnes œuvres, spécialement dans la construction de l'église, à laquelle Monsieur Ménard coopéra avec un dévouement qui ne redoutait aucun sacrifice, lorsqu'il s'agissait d'aplanir les difficultés. Quelle joie pour le pauvre malade de revoir et d'entretenir celui qui, si longtemps, avait été le directeur et le père de son âme! Tout-à-coup les cloches s'ébranlent et sonnent à toutes volées, annonçant le chant du *Gloria in excelsis*. Monsieur Ménard s'interrompt aussitôt, et se faisant une extrême violence : « Excusez-moi, Monsieur le Curé, dit-il ; j'aurais bien du plaisir à causer avec vous, mais je n'ai point encore *dit* ma messe. » C'est ainsi que l'admirable vieillard faisait parler la conscience et le devoir plus haut que le cœur et le plaisir, quelque légitime qu'il parût.

Il communiait plusieurs fois par semaine : dans ces moments, son cœur s'embrasait au contact du Dieu de l'Eucharistie ; son âme, toute ravie dans son bonheur et dans l'amour, n'était plus de la terre ; l'homme était devenu un ange, tant le feu sacré transfigurait son visage ! C'était dans la communion fréquente et dans les visites au Saint-Sacrement, répétées trois fois le jour, qu'il nourrissait cette piété vraiment angélique, qui ne fit que croître avec les années.

Lorsqu'il était occupé près de ses écoliers, il trouvait encore le moyen de passer des heures à l'église ; mais quand il eut plus de loisirs, il y passait une partie de ses journées, priant avec une ferveur qui tenait de l'extâse. Prier, pour cette âme si intimement unie à Dieu, était un besoin non moins impérieux que celui de respirer. Souvent, on l'entendait se lever au milieu des nuits, pour donner une heure, et même davantage, à la prière. Il est à croire que c'était une heure d'adoration nocturne, qu'il passait en esprit devant le tabernacle. Il est dit dans les Saintes Ecritures que la prière de l'humble pénètre jusqu'aux cieux. Comment Dieu n'aurait-il pas accueilli la prière d'une âme si fervente et si pure ?

« Depuis longtemps, nous dit Monsieur Chouan, (1) vicaire d'Erbray, qui le visita souvent dans ses derniers moments, j'étais inquiet au sujet d'une âme éloignée de Dieu, et qui résistait à la grâce ; j'avais épuisé sans succès tout les moyens pour la toucher et la convertir. J'allai trouver Monsieur Ménard, et je le pressai vivement de la recommander à Dieu ; le lendemain, je remportai la victoire ».

De tout temps, la prière du soir et la récitation du chapelet se faisaient en commun avec les personnes de sa famille qui vivaient près de lui. Cette chrétienne habitude fut continuée, même pendant sa dernière maladie. Il arriva plus d'une fois qu'une crise survenant au milieu du pieux exercice, on se levait pour le soulager ou pour lui faire prendre quelque chose : « Après... après, disait-il, en écartant doucement la main qui voulait lui rendre ce bon office. » Sa prière était continuelle, et, lorsque dans les derniers jours, il ne pouvait ni parler ni lever la

---

(1) Auquel nous devons la plupart des détails intimes de la vie et de la mort de M. Ménard.

main, il traçait encore le signe de la croix avec la tasse qu'on lui présentait.

Nous aurions plus d'un trait à rapporter de sa douceur, si souvent mise à l'épreuve par ses élèves, par leurs parents, par les personnes mêmes de sa famille.

On raconte qu'une mère, emportée par la colère, était venue lui faire des reproches qu'il était loin d'avoir mérités. Le maître, sans témoigner aucun émotion, laissa cette femme répandre sa bile, et quand elle eut fini, il se contenta de la renvoyer avec des politesses et des remerciments.

Une autre fois, il faisait route avec un jeune homme de son âge qui avait peine à le suivre, parce que Jean Ménard était agile et bon marcheur ; son compagnon, se laissant aller à la mauvaise humeur, et cédant peut-être à un sentiment de jalousie, le poussa avec une telle violence, qu'il devait nécessairement tomber. Jean se retourna vers le brutal, et lui dit avec une douceur qui montrait bien que son cœur était sans rancune : pourquoi m'en voulez-vous ? si j'ai plus d'agilité que vous, c'est Dieu qui me l'a donnée.

Dans une autre circonstance, un membre de sa famille, coupable et peu repentant d'une faute qu'il avait commise, s'oublia devant lui jusqu'à tenir les propos les plus grossiers, et à vomir toutes les injures que la colère peut suggérer à un homme qu'elle transporte. Cette scène de violence ne fit rien perdre de son calme à M. Ménard. Toujours maître de lui-même, il prit le coupable par la main et le conduisit à la porte. Mais tel était l'ascendant de sa vertu sur les cœurs, que celui-ci, terrassé et confus, demanda, les larmes aux yeux, le pardon de sa faute, et s'empressa de la réparer à l'instant même.

Il était aussi rare de le voir se laisser aller à quelque vivacité, que de l'entendre parler mal du prochain. En toute occasion, il se faisait l'avocat de la personne que l'on attaquait devant lui :

« Est-ce que pareille chose ne pourrait pas nous arriver ? Ne sommes-nous pas capables d'en faire autant ? » disait-il, quand il ne pouvait nier la faute.

Apprenait-il que le déshonneur avait atteint quelque famille ?

« Oh ! les pauvres gens ! s'écriait-il avec l'accent d'un cœur véritablement désolé, qu'ils sont malheureux ! ».

Tous venaient à lui avec confiance, les pauvres pour être secourus, les affligés pour être consolés. S'il connaissait quelqu'un dans la peine, il trouvait facilement quelque prétexte pour s'en approcher, et pour lui dire de ces paroles pleines de bonté et de charité compatissante qui adoucissent bien des amertumes, et fortifient les courages abattus. Il n'est guère de pauvres mourants qu'il n'ait assistés dans leur maladie, et surtout à leur dernière heure. C'était l'homme bon par excellence ; aussi l'appelait-on communément *le bon Jean Ménard*, ou *le bon père Ménard*. L'on ne trouverait pas une voix dans la paroisse qui ne rendît témoignage à cette bonté, image de la bonté du Divin maître.

Si Monsieur Ménard était l'ami de tous ses frères, il était particulièrement l'ami fidèle et dévoué du prêtre pour lequel il avait une estime qui allait jusqu'à la vénération. Sans parler de Monsieur Duronseur, auquel il témoignait un amour tout filial, Messieurs Loirat et Etienvre qui gouvernèrent la paroisse chacun pendant 25 ans, ne pouvaient se passer de leur Jean Ménard. Ils n'eûssent rien entrepris sans sa participation et sans prendre son avis. Que de fois, au commencement de la soirée, la servante venait surprendre l'excellent homme ! « Il faut absolument que vous veniez, lui disait-elle ; Monsieur le Recteur ne soupera point ce soir, si vous ne venez lui tenir compagnie. » Et Monsieur Ménard s'empressait de tout quitter, trop bon pour faire jeûner ainsi volontairement le père de son âme. Aussi leur rendait-il en amour la confiance dont ils l'honoraient. On ne saurait dire avec quelle joie il recevait la visite d'un prêtre pendant la longue maladie qui mit fin à ses jours. Pour lui, Monsieur le Curé était tout, l'expression des volontés divines, le représentant de Dieu, la voix de Dieu même. Cette voix seule avait le privilége d'être entendue et reconnue dans l'espèce d'insensibilité et de torpeur où le jetèrent les dernières souffrances.

Avant de parler de sa mort édifiante, il nous reste à dire combien il fut scrupuleux à l'égard des biens du prochain. Il s'était acquis une réputation de justice qui était devenue proverbiale dans la paroisse; on disait : *juste comme Jean Ménard*. Jamais on ne lui eut fait faire la fraude, quelque minime qu'elle parût être, et même avec l'assurance de l'impunité. — Tout près de sa maison, se trouvait une vaste prairie, exposée au soleil du midi, et au milieu de laquelle les pieds des passants avaient tracé un étroit sentier : c'était sa promenade favorite à ses heures de récréation. Or, il arriva que le propriétaire, jaloux de ses droits, fit défense au public de passer à l'avenir à travers cette prairie. Pour Monsieur Ménard ce fut un ordre sacré; même quand le foin était récolté, il observait la défense, et préférait faire un long détour, tant était grand son respect pour les droits d'autrui!

Cet amour de la justice, il en avait été rempli dès sa jeunesse. Voici un trait que nous devons à un de ses amis d'enfance, devenu son collègue dans la fabrique de la paroisse. Tous deux se promenant un jour à travers champs, arrivèrent à un chemin creux, rempli des plus belles pommes, tombées d'un arbre, dont le voisinage indiquait assez à qui appartenaient les fruits. La tentation était pressante, et le mal ne paraissait pas grand. « Si nous en mangions, dit le compagnon de Jean; puisqu'elles sont sur la route, c'est le bien de tout le monde. » Ce principe est généralement reçu et appliqué dans nos campagnes. — Non pas, répond le rigide Ménard; elles ne sont pas à nous. » Et ce disant, il se baissait, ramassait les pommes et les rejetait dans le champ du propriétaire. L'autre regardait tout surpris, et le laissait faire. « Allons, dit Jean, fais comme moi; nous serions contents qu'on en fît autant, si ces fruits nous appartenaient. Et, quelques instants après, les deux amis avaient rendu à César ce qui était à César.

## IV

Les Saints qui ont eu le plus de ressemblance avec Notre Seigneur Jésus-Christ ont tous participé à ses souffrances. La vertu de Monsieur Ménard avait besoin de passer par ce creuset épurateur, afin de recevoir sa forme dernière et cette beauté divine qui est le cachet des élus. Personne n'a connu tout ce qn'il eût à souffrir dans les deux dernières années de sa vie. Une plaie profonde lui faisait éprouver des douleurs très-vives. Longtemps il garda le silence. Un jour qu'il allait voir son ancien Curé, le mouvement de la voiture rendant la souffrance intolérable, il ne put s'empêcher de l'avouer à son compagnon de voyage. — « Vous devriez vous soigner, lui dit celui-ci. « Bah! reprit Monsieur Ménard, ce n'est rien. » Plus tard, quand il fut obligé de garder le lit, les personnes de sa famille l'engagèrent à appeler un médecin. — « C'est inutile, leur répondit-il d'un air qui témoignait du peu de cas qu'il faisait de la vie; ne faut-il pas mourir de quelque chose? »

Deux grandes consolations lui furent réservées sur la fin de ses jours. La première fut le pélerinage de

Lourdes : les détails nous manquent sur les sentiments qu'il éprouva dans la grotte vénérée, où la Vierge Immaculée daigna descendre et se montrer à une humble bergère. La seconde fut la mission de 1876, à laquelle il eut encore le bonheur de prendre part. Ce fut comme son acte de préparation à la mort. Les cérémonies terribles et touchantes qui partagent ce temps de grâces et de renouvellement pour une paroisse, le jetaient dans le ravissement, et le faisaient vivre dans une sorte d'enthousiasme. Que c'est beau! répétait-il souvent, que c'est beau! Quelqu'un lui demandant ee qu'il trouvait si beau : « Ne voyez-vous pas tout le monde accourir et la foule remplir l'église? Jamais je n'ai vu tant de foi dans ma paroisse d'Erbray. Prions... prions pour la conversion des pécheurs. » — Il est permis de croire que parmi les nombreux retours à Dieu qui signalèrent cette mission, il en est qui furent la récompense de son ardente charité envers ses frères, car depuis longtemps il priait pour le succès de ces saints exercices.

Un soir, Monsieur le Vicaire, entrant sans bruit dans l'église, avait aperçu Monsieur Ménard, les genoux en terre, devant l'autel de la Sainte Vierge, les mains jointes avec ferveur, les yeux fixés sur la sainte image, la figure rayonnante. Une heure plus tard, il retourna à l'église, et le retrouva toujours dans la même attitude. A quelques jours de là, il rencontra le fervent vieillard, et le gronda amicalement de ce qu'il ménageait si peu sa santé. — « Mais, lui répondit-il, je ne me suis pas aperçu du temps que je suis resté là; je demandais à Marie Immaculée le salut des pécheurs et leur conversion pendant la mission. Et quand je tomberais malade, n'aurais-je pas assez vécu, s'ils se convertissent? »

Il avait assez vécu, en effet, car le dernier jour de la mission, il tomba frappé d'une fluxion de poitrine dont il ne se releva pas. Aux incommodités de la maladie se joignirent d'autres souffrances. Mais son union à Dieu, son amour pour le Sauveur mourant en croix, soutenaient son courage, et conservaient son âme dans une patience inaltérable. Monsieur le Curé et Monsieur le Vicaire venaient souvent le voir; leur présence était pour le pauvre malade une joie, un baume, la plus puissante des consolations. Jamais on n'entendit une plainte sortir de sa bouche. Si la violence de la douleur venait arracher un gémissement à la nature, il en demandait aussitôt pardon, quelquefois avec larmes. Et pourtant si grandes étaient par moments ses souffrances, que ses traits en étaient tout contractés.

« Vous souffrez, mon ami, lui disait le prêtre? — Oh! Monsieur, tout cela vient de bonne main, répondait-il. Qu'est-ce que cela auprès de ce que mon Sauveur a souffert pour moi? »

Ou encore : « C'est bien peu de chose, comparé au

bonheur du ciel où l'on est heureux pour toujours...
pour toujours... pour toujours, répétait-il avec une
douceur ineffable. »

Alors, ce visage que la douleur venait de torturer
se transfigurait soudainement, ses yeux s'animaient
et brillaient comme s'ils eussent entrevu quelque
chose des célestes clartés.

Monsieur Ménard s'était montré, pendant toute sa
vie, rigide observateur des lois de l'Eglise, et n'avait
jamais tenté de se faire dispenser de la loi du jeûne et
de l'abstinence, tant qu'il fut debout : à quatre-vingts
ans passés, il jeûnait encore. C'était sans doute dans
les retraites qu'il avait l'habitude de faire, chaque
année, à l'Abbaye de Meilleray, qu'il avait pris cette
souveraine estime pour les mortifications. Il ne
passait pas de jour sans en pratiquer quelqu'une. Les
jours de jeûne, il ne faisait qu'une légère collation.
Pendant le dernier carême qu'il passa sur son lit, il
s'ingéniait, aux jours d'abstinence, à suppléer, par
des privations volontaires, à la loi de l'Eglise qu'il ne
pouvait plus accomplir. La veille même de sa mort,
qui était un vendredi, on ne put jamais le déterminer
à prendre du bouillon. « Oh! non, disait-il; pas le
jour où mon Sauveur est mort! »

Que pouvait avoir à expier pour elle-même une
âme si fidèle à tous ses devoirs envers Dieu et envers
les hommes, si chaste et si pure? Tout nous porte à
croire que c'était une de ces victimes volontaires qui

s'immolent à Dieu dans le secret de leurs cœurs et dans l'oubli d'elles-mêmes, pour l'expiation des péchés de leurs frères, victimes d'autant plus agréables à Dieu, qu'elles sont plus pures et plus innocentes.

Tel était loin de se croire l'homme humble par excellence dont nous voudrions mieux raconter les vertus et les mérites. Sur le point de paraître devant son juge, il voulait purifier son cœur de ce qu'il pouvait retenir de trop terrestre dans ses affections. Au premier jour de l'année, qu'il ne passa pas toute entière, il reçut encore les vœux et les embrassements de ses nièces. « Je vous aime bien, leur dit-il, mais je sens que je vais bientôt mourir.. Le vœu que je forme, c'est de mourir sans regrets. Promettez-moi donc de ne plus venir m'embrasser jusqu'à ce que je sois mort, dans la crainte que vous ne laissiez quelque regret dans mon cœur. » Son désir fut accompli. Quand, à ses derniers moments, ses nièces accoururent lui donner un dernier témoignage de leur tendresse, il leur dit d'une voix assurée et calme : « Mes pauvres amies, je m'en vais vers mon Dieu, sans regret de la terre... Non! je ne regrette rien... pas même ce qui m'était le plus cher..... ni vous..... ni Monsieur le Curé, ni Monsieur le Vicaire, que j'aimais tant à voir !... je ne regrette que le péché... le péché qui offense Dieu.... un si bon Maître. » A la pensée de ce Dieu bon, unique objet de son amour, unique amour de sa vie, son cœur était ému, ses yeux se remplissaient de larmes, et plein de confiance dans sa bonté, et s'en remettant à son infinie miséricorde : « Oh! le Bon Dieu est si bon »! s'écriait-il, avec l'accent d'un cœur qui débordait de confiance et d'amour. Le ton avec lequel il prononçait ces mots était si convaincu, que ceux qui l'entendaient en étaient attendris.

Ainsi mourut dans la paix et le baiser du Seigneur ce chrétien dont la vie fut aussi agréable à Dieu qu'utile aux hommes. Sa précieuse mort arriva le 1er juillet 1876, veille de la fête de la Visitation de la Sainte Vierge, pour laquelle il avait une dévotion si particulière, et dont il s'était efforcé d'imiter l'admirable pureté. Son âme virginale doit certainement être associée au chœur des vierges fidèles qui ont le privilège de suivre partout l'Agneau sans tache, et de chanter le cantique des cœurs purs.

Après sa mort, on eut dit que le bonheur du ciel, dont son âme était allée chercher la récompense, se peignait sur son visage, tant il y avait de douceur et de beauté répandues sur ses traits ! La paroisse entière suivit son cercueil, voulant lui témoigner et sa vénération pour sa vertu, et sa reconnaissance pour les services qu'il avait rendus. Ses restes mortels reposent, en attendant la résurrection, au milieu de ses frères, sans distinction aucune : sa tombe ressemble à toutes les autres tombes. Si son humilité s'en contente, la paroisse qui doit à sa générosité le nouveau cimetière, s'en contentera-t-elle? Pour nous, nous exprimons le vœu qu'une inscription, gravée sur son tombeau, apprenne aux générations futures que Monsieur J. Ménard vécut pendant 82 ans dans cette paroisse, en y faisant le bien, et en y donnant l'exemple de toutes les vertus.

*In memoriâ œternâ erit justus.*
La mémoire du juste ne doit pas périr.

# LE SAINT DE CHRYSANTHE

## Le Saint de Chrysanthe.

—

Il y avait une fois, en la paroisse d'Erbray, ce pauvre village que traversa Charles IX se rendant de Châteaubriant au château de la Motte-Glain, une bonne vieille fille, du nom de Chrysanthe, qui vivait paisiblement des fruits de son verger, du beurre et du lait de sa vache, et du produit du lin que lui rapportait son courtil.

Il arriva qu'un jour, le recteur d'Erbray, après avoir visité ses malades, entra chez Chrysanthe pour se reposer; car la paroisse est grande, et les chemins sont de ceux dont on peut dire que

> Le destin
> Adresse là les gens quand il veut qu'on enrage.
> Dieu nous préserve du voyage !

Après avoir parlé de tout un peu, du temps, des poules, de la vache, des voisins et des voisines, le recteur, son bâton à la main, son bréviaire sous le bras, allait se remettre en route vers le presbytère, quand il fut arrêté par la vue d'un superbe poirier, planté dans le verger, juste en face de la porte.

— Quel beau poirier! s'exclama le recteur en admiration devant l'arbre. Il doit donner au moins une barrique de cidre par an?

— Ah! ne m'en parlez pas, dit Chrysanthe; il n'est pas ce que vous croyez. C'est comme bien des gens, faut pas les juger à la mine. Il y a plus de cinquante ans que le planta mon défunt père, et je n'ai jamais su le goût de ses poires. Ce n'est pas qu'il manque de fleurs, comme vous voyez, mais, pour des fruits...

— Il est écrit dans l'Evangile que tout arbre qui ne rapporte pas de bons fruits sera coupé et jeté au feu. Faites-en autant de ce paresseux qui occupe une place inutile.

— Oh! que nenni, Monsieur le recteur. L'Evangile ne dit-il pas aussi qu'il ne faut pas achever de briser le roseau tombé à terre? J'ai mon idée. Ce serait vraiment dommage de brûler un si beau pied de poirier, qu'il n'y en a point de pareil dans toute la paroisse. Si vous le permettez, nous en ferons un saint que nous placerons dans notre église.

— Bien trouvé! dit le recteur enchanté. Nous avons justement une niche vide et qui semble l'attendre. Mais, ma bonne fille, continua-t-il en réfléchissant, et en traçant avec son bâton des cercles hiérogly-

phiques au pied de l'arbre condamné, une chose
m'inquiète. Pour que le poirier devienne un saint, il
faudra l'abattre, l'émonder, le porter à la ville, payer
le sculpteur et le peintre, le ramener et le mettre en
place; et tout cela sera bien du coût. La Fabrique
n'est pas riche, et le recteur non plus.

— C'est mon affaire : je me charge de tout.

— Ainsi soit-il! répondit le recteur. Vous êtes la
digne fille de Guillaume Massicot, qui dota jadis
notre église du grand saint Martin, patron de la
paroisse. Dieu bénisse tous les Massicots! Pour vous,
ma fille, vous aurez les prières du prône à la grand-
messe, quand le saint sera dans sa niche.

Ce qui fut dit, fut fait. Le poirier fut abattu; le
recteur en eut les branches, et Chrysanthe, après en
avoir tiré de quoi se faire une belle écuelle, l'envoya
à un artiste de la ville voisine, afin qu'il le transformât
selon son projet. L'année suivante, la sainte image
était achevée. C'était un saint comme il faut, avec
mître en tête, crosse à la main, ganté, chapé, chape-
ronné, et doré sur toutes les coutures.

Le jour où il fut installé, fut un jour de fête pour
toute la paroisse. Les cloches firent entendre leurs
plus jolis carillons; le sonneur, le sacristain et les
chantres burent encore un peu plus qu'à l'ordinaire;
tout le monde se réjouissait de l'arrivée du nouveau
saint, le recteur surtout qui n'épargna point les cierges
ni l'eau bénite, et Chrysanthe qui ne se lassait point

d'admirer la bonne mine qu'avait la statue dans sa niche fraîchement peinte et enguirlandée. Hélas !

Elle était de ce monde où les plus belles choses
Ont le pire destin.

A quelque temps de là, la mauvaise fortune visita la maison de la pauvre fille : sa vache tomba malade, et malade à mourir. Au lieu de se plaindre, et de se laisser aller au découragement, comme aurait fait une mauvaise chrétienne, Chrysanthe, au contraire, prit confiance.

Bon ! se dit-elle, voici une belle occcasion d'éprouver si mon saint est un vrai saint, comme ceux qui sont dans le paradis. Et elle courut à l'église lui faire sa prière.

« C'est à cette heure, lui dit-elle, qu'il faut montrer le crédit dont vous jouissez près de Dieu, et prouver que vous êtes au nombre de ses amis. Guérissez ma vache, mon trésor, le soutien de mes vieux jours ; et nul saint n'aura vu plus de cierges brûler devant lui, et des fleurs plus belles décorer son image. Mais, si je ne suis pas exaucée, quelle confiance pourrai-je avoir en vous ? »

Dieu voulut-il éprouver sa servante, ou bien sa prière ne lui fut-elle point agréable? toujours est-il que, le lendemain au matin, quand Chrysanthe entra dans l'étable, elle trouva sa vache étendue et sans vie. A cette vue, sa dévotion s'évanouit, elle éclata en plaintes amères, en reproches indécents contre celui qu'elle accusait de son malheur. La colère succédant à la douleur, elle court au presbytère, et du plus loin qu'elle l'aperçoit :

« Monsieur le recteur, lui crie-t-elle, chassez de votre église le saint que nous y avons placé, nous n'en ferons jamais rien qui vaille. Pendant sa vie, il n'a fait qu'un mauvais poirier; je vois bien qu'après sa mort, il ne fera jamais un saint utile à la paroisse.

Ainsi s'exprima celui qui m'a raconté cette très-véridique histoire. Si quelqu'un tient à savoir ce que devint le beau saint de la vieille Chrysanthe, qu'il se transporte à Erbray, non pas dans la nouvelle église, qui s'élève majestueusement au milieu de son bourg rajeuni, mais dans la grange ou dans le jardin de l'antique presbytère. Peut-être y trouvera-t-il une statue de saint, ayant subi du temps l'irréparable outrage, sur le socle poudreux de laquelle il lira, non sans peine, ces caractères gothiques :

SAINT GOBRIEN, P. P. N.

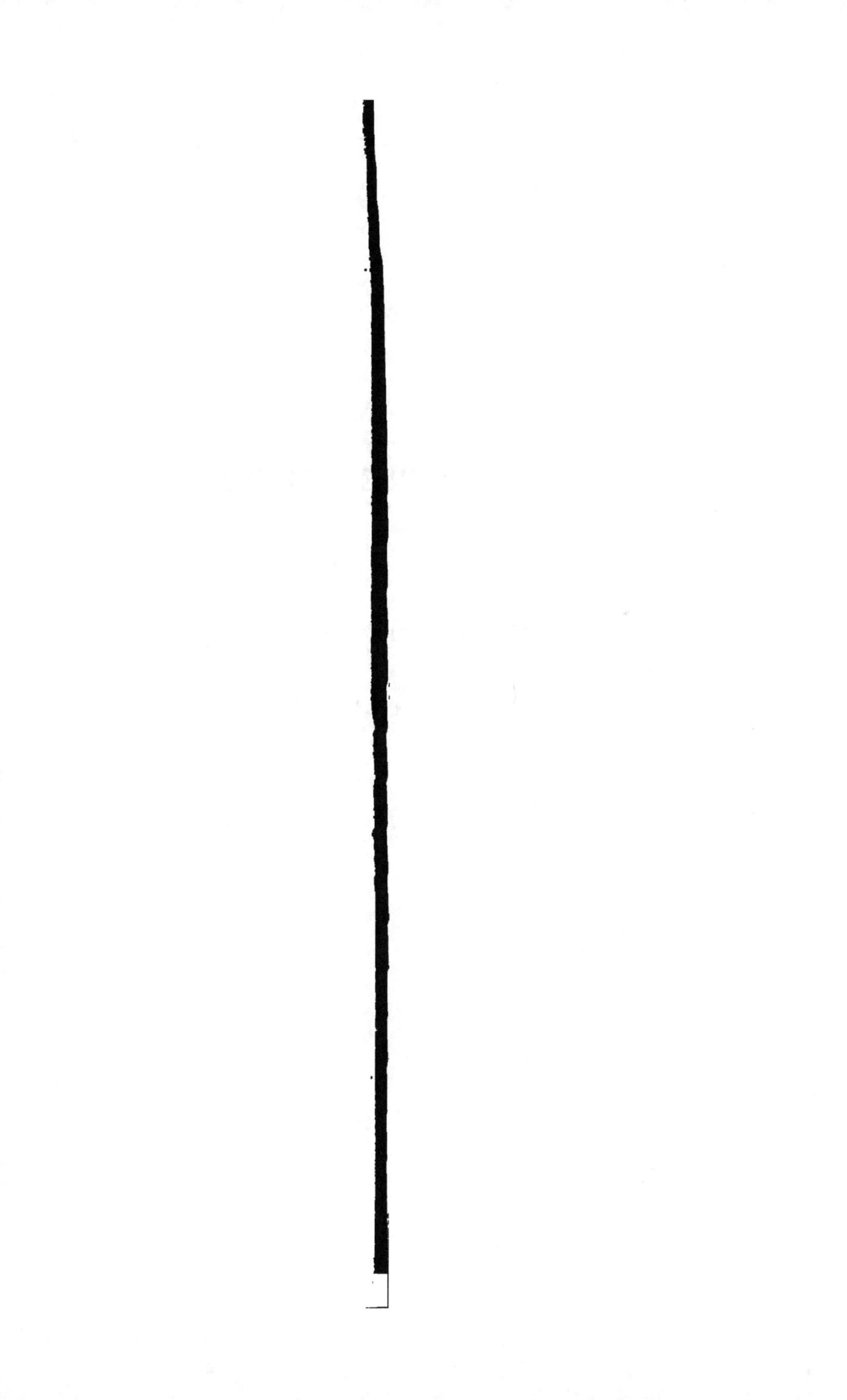

# LOUISE DAUFFY

OU

## LA BONNE CROIX DE LA GRAND'HAIE,

### EN AUVERNÉ

# LOUISE DAUFFY

OU

## LA BONNE CROIX DE LA GRAND'HAIE,

### EN AUVERNÉ

## LOUISE DAUFFY

OU

*La bonne Croix de la Grand'Haie, en Auverné*

—

Auverné ! quel parfum archéologique s'exhale de ce nom pour un ami des Gaulois ou des Romains ! Evidemment les Arvernes, ces intrépides montagnards à la suite du conquérant des Gaules, ont occupé ce délicieux coteau, et respiré l'air pur des belles campagnes qu'il domine. Ils y ont vécu et ils y sont morts, comme l'atteste le grand nombre de tombeaux extraits de cette curieuse nécropole, dont on a peine aujourd'hui à retrouver quelques minces débris. Mais, passons ; car les archéologues sont comme les avocats et les orateurs d'un temps qui valait bien le nôtre : ils ne pouvaient traiter une question ni faire une généalogie, sans remonter à Adam, ou au moins au déluge.

Sortons donc de l'antique bourgade ; quand nous aurons suivi pendant une lieue la petite route qui mène à *Saint-Supplice*, (comme disent les vieux papiers), nous cheminerons encore l'espace d'un kilomètre, et nous serons en pleine campagne, au village de la Grand'Haie. Dans les temps féodaux, c'était une seigneurie à haute justice, ni plus ni moins, et dont l'importance pourrait bien avoir eu pour cause, outre son antique origine, un illustre voisinage que nous nous réservons de dévoiler ailleurs.

C'est là que naquit de parents honnêtes, mais peu riches, Louise Dauffy (ou Dauffouy dans le langage du pays) vers l'année 1760. Ayant perdu son père et sa mère de très-bonne heure, la pauvre orpheline fût obligée d'aller, bien jeune encore, servir en qualité de *pastoure*, d'abord chez Hugé, au Grand-Bourg d'Auverné, puis à Maupiron, puis ailleurs, comme nous le dirons en son lieu.

On dit que, dès sa plus tendre enfance, la petite Louise eut des inspirations secrètes et des communications extraordinaires du ciel. Elle attestait avoir vu des choses étranges, qu'elle communiqua à son confesseur ; mais, celui-ci la traita de visionnaire, et la renvoya à ses moutons. Le plus souvent c'était une *voix* qui lui parlait, mais qu'elle seule avait le pouvoir d'entendre. Dieu qui avait sur elle des desseins particuliers, lui envoyait sans doute, ses messages par l'intermédiaire de son céleste gardien. La *voix* l'invitait toujours à prier, et alors elle disait à ses compagnes : n'entendez-vous pas ? — Eh !

qu'entends-tu ? — La *voix* qui me dit de prier. On avait beau la traiter de folle, elle pressait ses petites compagnes avec tant d'instances, qu'elles finissaient par céder, et toutes se mettaient en prières.

Mais Dieu qui se plait à éprouver les âmes saintes et pures, pour les purifier davantage et accroître leur vertu, ne ménagea point les épreuves à sa petite servante. Si l'humble fille était agréable au Seigneur, si elle entendait la voix des Anges, elle était au plus mal avec le démon qui la tourmentait de plus d'une manière, et lui jouait les plus mauvais tours. La *voix* lui ordonnait-elle d'aller prier en un certain lieu, où s'élevait un bel arbre au doux et frais ombrage ? alors que Louise se disposait à s'y rendre, une force surnaturelle la retenait, et l'empêchait de marcher, de sorte qu'elle était réduite à se traîner pour s'y rendre. Cheminait-elle tranquillement au milieu des champs ? *l'Ange noir* lui apparaissait sous la figure repoussante d'un être moitié bête et moitié homme, dont la vue la faisait reculer et frissonner d'horreur.

Mais, plus souvent il empruntait la forme d'une bête sauvage, qui se jetait au travers du troupeau. L'enfant criait : au loup ! au loup ! et tout le village d'accourir pour donner la chasse à la bête maudite. Mais, personne ne voyait rien, rien, sinon le troupeau affolé, dispersé, et la pauvre petite haletante, épuisée, roulée dans la poussière des chemins, et tout endolorie des coups qu'elle avait reçus. Il arriva même que lorsqu'elle revenait de ces alertes, des tourbillons de vent impétueux l'enveloppaient, la jetaient à terre et l'empêchaient de revenir au lieu où elle se tenait habituellement, sinon en rampant sur ses pieds et sur ses mains. Dieu la consolait alors de ces mauvais traitements par de nouvelles faveurs.

Un jour, pendant qu'elle goûtait les douceurs de la prière, la *voix* lui dit qu'il fallait qu'elle renonçât aux hommes, et qu'elle se donnât toute à Dieu, en lui consacrant sa virginité : ce à quoi elle fut fidèle toute sa vie.

Comme Louise ne pouvait rester à la Grand'Haie, les Belloir, qui étaient son parrain et sa marraine, la recueillirent chez eux. Ils demeuraient à Maupiron, sur les limites de la paroisse, du côté de Meilleray. On l'envoyait tous les jours garder les troupeaux avec la petite fille de la maison qui était plus jeune qu'elle. Louise, qui ne se lassait point de dévotion, priait toujours, et engageait sa petite compagne à faire comme elle. Chacune, à tour de rôle, se rendait sous un arbre voisin pour y prier, pendant que l'autre travaillait et gardait; de sorte que les deux enfants étaient en prières jusqu'à l'heure où il fallait ramener le troupeau à l'étable.

Dieu voulut récompenser par un prodige admirable la piété naïve des deux petites bergères. Un jour que le maître et la maîtresse étaient allés entendre la messe à l'Abbaye de Meilleray, les habitants d'un village, situé sur le chemin qui conduit à la chapelle, leur dirent : « Vous avez chez vous de bonnes gardiennes, en vérité ! On les voit passer par ici tous les jours et toute la matinée, l'une après l'autre, tant qu'il y a des messes. Vous n'avez qu'à y faire attention. »

Les fermiers de Maupiron avaient trop grande confiance en Louise Dauffy pour la croire capable d'une telle négligence. Cependant, le même propos lui ayant été tenu par d'autres personnes, Belloir résolut de surveiller les deux enfants. Sous prétexte de travailler dans ses champs, il se rend près du lieu ou paissaient les brebis, et, caché dans un épais fourré, il observe à son aise les deux petites pastoures, sans qu'elles pûssent soupçonner sa présence. De sa cachette, il les aperçoit distinctement se livrant sans défiance à leurs pieux exercices de tous les jours : l'une, pieusement agenouillée sous l'arbre, égrène à mi-voix son chapelet, tandis que l'autre, assise sur un tertre de gazon, fredonne un doux cantique en filant sa quenouille, les yeux fixés sur le troupeau commis à ses soins. Puis, les rôles changent : celle qui priait vient remplacer la gardeuse qui se rend à son tour sous l'arbre de la prière. Et pourtant, les dénonciateurs assurent qu'elles ont fait le même trajet que précédemment, ce jour là et toute la semaine.

La pieuse fille ne pouvait se consoler qu'on l'envoyât aux champs pendant la grand'messe. C'étaient des désolations et des lamentations auxquelles le Seigneur ne pouvait demeurer insensible, d'autant plus qu'elle se résignait et se montrait très-obéissante aux ordres de ses maîtres. « Seigneur, mon Dieu! s'écriait-elle dans son ardente prière, accordez-moi la grâce d'entendre la sainte messe comme si j'y étais présente réellement. » Et Dieu, qui se plaît aux prières des petits et des humbles, exauçait cette bonne et simple fille des champs. Donc, un Dimanche que Louise était occupée, comme d'habitude, à faire paître ses bêtes, et paraissait tout attentive à ce soin, un homme qui revenait de l'Abbaye, la trouvant assise dans le champ où elle gardait ses moutons, lui dit d'un air surpris : « Pourquoi marchiez-vous si fort en revenant de la messe, et comment se fait-il que vous m'ayez devancé? Mais Louise lui affirmant qu'elle n'avait point abandonné ses bêtes, bien ébahi fut ce paysan qui l'avait vue sortir de l'église, et ne pouvait s'expliquer comment elle pouvait être en même temps en plusieurs lieux.

Non moins charitable que pieuse, Louise Dauffy ne pouvait satisfaire ce bon sentiment au gré de ses désirs. Dieu lui en donna quelquefois les moyens d'une façon bien merveilleuse. Ainsi, un jour que les fermiers de Maupiron étaient absents, un pauvre se présenta à la porte, demandant un morceau de pain. Louise coupe un gros morceau et le lui donne. Un second se présente, elle fait de même; puis un troisième qui reçoit encore la même aumône. Cependant, elle ne pouvait continuer à donner ce qui ne lui appartenait pas. « Ne vous arrêtez pas, dit-elle au quatrième, je ne suis pas la maîtresse de la maison. » Le mendiant insiste, et Louise se laisse toucher. Toute la matinée les pauvres se succédèrent et reçurent la même part, sans que le pain eût diminué, le Seigneur renouvelant par les mains de son humble servante la multiplication des pains que nous lisons dans l'Evangile. Le soir, quand les maîtres furent de retour, la petite fille qui avait tout vu, raconta à ses parents ce qui était arrivé, mais ils ne voulurent point la croire.

Cependant Louise avait une mission à remplir : la *voix* qu'elle entendait toujours lui avait enjoint de travailler à élever *une croix pour le soulagement des âmes du purgatoire.*

— Où voulez-vous que j'élève cette croix, demandait la jeune fille ?

— Ne t'en mets pas en peine ; quand le moment sera venu, tu le sauras.

Le ciel, paraît-il, se chargea de le lui apprendre. Pendant les longues heures qu'elle passait aux champs, Louise fut maintes fois comme ravie en esprit. Elle vit le lieu prédestiné à sa croix ; six chemins y aboutissaient, et par tous ces chemins arrivaient des foules de fidèles, conduits par des prêtres en habits de chœur, chantant des psaumes, priant et faisant tour du lieu béni.                                    9

Ces faveurs la consolaient grandement; néanmoins, quand la pauvrette considérait les difficultés, elle ne se sentait plus le courage de mettre la main à une si laborieuse entreprise. Elle reculait toujours, alléguant sa pauvreté, prétendant que personne ne voudrait la croire, qu'on se moquerait d'elle, qu'on ne manquerait pas de dire qu'elle cherchait à se marier, et bien d'autres railleries de ce genre. Mais la *voix* devenait plus pressante; elle l'assurait que cette croix aurait une vertu si merveilleuse, qu'il n'y en aurait qu'une autre dans le monde qui lui serait supérieure, pour les grâces qu'on y obtiendrait. Louise eut à soutenir à ce sujet un grand combat avec elle-même, ne sachant quel parti prendre. La peine qu'elle en ressentit lui ôta l'appétit, et elle vint à maigrir d'une manière effrayante.

Elle était dans cette triste situation d'esprit, lorsqu'elle quitta Maupiron pour aller servir au Grand-Chemin. A cette époque, une grande retraite eut lieu à Saint-Mars. Louise, âgée alors d'environ 18 ans, résolut de s'y rendre, espérant y trouver des lumières qui mettraient fin à ses incertitudes. Mais pendant trois jours, ses maîtres s'opposèrent à son départ, quoiqu'elle leur eût proposé de se faire remplacer. Sa persévérance triompha pourtant de leur mauvaise volonté, et elle vola vers le lieu où il lui semblait qu'elle trouverait quelque ange consolateur.

Les derniers tintements de l'Angelus achevaient de

se faire entendre, lorsqu'elle arriva à la porte de l'église. Les exercices du matin étant finis, les fidèles s'étaient retirés; le saint lieu était désert. Il ne s'y trouvait qu'un prêtre qui, ayant tenté par trois fois de sortir, s'était vu forcé par une force mystérieuse et irrésistible d'y rentrer autant de fois. Quoique bien fatiguée de la longue route qu'elle venait de faire, la pauvre voyageuse le pria de vouloir bien l'entendre. Elle lui découvrit les secrets de sa conscience avec le sujet de ses tourments, et lui demanda ce qu'elle devait faire. Surpris de ces révélations inattendues, le charitable directeur crut d'abord que cette fille des champs était conduite par des voies extraordinaires, et lui donna des conseils et des encouragements qui firent sur cette âme malade l'effet de la rosée sur une fleur brûlée par les feux du soleil. Sa joie fut courte : le lendemain, quand elle revit le prêtre de la veille, toutes ses dispositions avaient changé à son égard. Il ne crut plus devoir la soutenir, revint sur ses premières appréciations, et renvoya la malheureuse enfant qui retomba dans toutes ses défaillances.

Heureusement que, quand les moyens humains venaient à lui manquer, le ciel lui venait en aide. Elle entendit sa *voix* lui annoncer qu'elle trouverait bientôt un directeur qui comprendrait mieux les desseins de Dieu sur elle, et terminerait ses angoisses.

Elle ne tarda pas à apprendre qu'au Petit-Auverné était arrivé un missionnaire en grande réputation de sainteté et de sagesse. Sa première pensée fut de courir vers lui comme vers un libérateur. Soit défiance, soit prudence, l'homme de Dieu ne s'en laissa pas facilement approcher ; elle eut de la peine à s'en faire écouter, et en fut mal accueillie une première fois. Cependant sa persévérance, sa foi, son humilité finirent par toucher le cœur du saint prêtre, et par triompher de son premier mouvement d'incrédulité. Dès qu'il fut convaincu que le doigt de Dieu était sur cette pieuse fille, et qu'elle n'était que l'instrument de la volonté divine, il la consola, l'encouragea, lui vint en aide et la pressa de se mettre à l'œuvre.

Louise comprit alors qu'elle ne pouvait plus différer, sans s'exposer à désobéir à Dieu même ; elle se décida donc à chercher l'arbre destiné à faire sa croix. Elle fut bien accueillie d'une de ses tantes, qui lui permit même de choisir le plus beau chêne qu'elle trouverait sur ses terres. Tout semblait marcher au gré de ses désirs, mais ce n'était pas le compte de l'ennemi de tout bien qu'elle avait si souvent rencontré sur sa route. Quand les bûcherons arrivèrent pour abattre l'arbre, ils virent que le pied et le tronc étaient entourés d'une effroyable quantité de *venins* ou serpents sifflant, dressant leurs têtes hideuses, et menaçant de leurs morsures quiconque tenterait d'approcher. Si grand était leur nombre, qu'ils égalaient un tonneau en grosseur : c'était à glacer d'épouvante le cœur du plus brave. Les ouvriers s'enfuirent, et allèrent conter le cas au missionnaire. « Ne craignez rien, leur dit-il, c'est le diable qui, comme toujours, fait la guerre à Dieu et à ses saints ; venez avec moi. » Arrivés près de l'arbre, le prêtre se munit du signe de la croix, prit la cognée, en donna plusieurs coups, et toutes les bêtes infernales disparurent, sans que les ouvriers en fûssent désormais inquiétés.

Le chêne abattu, émondé, dégrossi, il fallait le façonner et lui donner sa dernière forme. Mais quand le charpentier, accompagné de son jeune fils, voulut se mettre à l'ouvrage, il trouva les mêmes bêtes qui se serraient autour de l'arbre, et l'enlaçaient de leurs corps impurs, comme pour en défendre l'approche. Le pauvre homme s'en retournait, non moins effrayé que découragé, lorsque se ravisant tout-à-coup : Quand ce serait le diable, dit-il, j'y retourne. Et faisant le signe de la croix, il lève sa hache qui retombe sur le bois débarrassé soudain de l'épouvantail inventé par l'enfer.

Est-il étonnant que le démon, qui pressentait tout le bien que les âmes allaient recevoir par le moyen de cette croix, dressât et multipliât toutes sortes de stratagèmes, pour décourager ceux qui cherchaient à la mettre en honneur. Mais que peuvent toutes les puissances de l'enfer contre la volonté divine ?

La croix fut achevée et élevée sur son piédestal, au milieu du pâtis de la Grand'Haie, selon que la *voix* l'avait ordonné à Louise. Pour l'abriter, on l'entoura de quatre colonnes ou piliers, sur lesquels reposait un dôme. Un étranger, qui demeurait près de là, prit soin de l'orner, et il le faisait avec tant de goût, disaient ceux qui l'avaient vue, que c'était un vrai paradis.

La renommée de la *Bonne Croix* — c'est ainsi qu'on l'appela désormais — et de la *sainte* qui l'avait fait planter, franchit promptement les limites des paroisses voisines et du pays environnant. On y venait de toutes parts, surtout de la Basse-Bretagne, de l'Anjou et de la Vendée. Le concours était continuel, comme les grâces signalées que les dévots pèlerins y obtenaient. La mémoire des anciens a conservé le souvenir de quelques guérisons particulières, mais à quoi bon les rapporter? Elles ne pourraient donner une idée des miséricordes dont il plut à Dieu d'enrichir ce lieu privilégié. Pourtant, il ne sera peut-être pas inutile de dire que Monsieur Lelarge, curé de la paroisse, qui avait fait opposition à Louise, et ne croyait guères aux guérisons qui s'opéraient à la Grand'Haie, fut bien heureux d'être guéri d'une fièvre intense et continue, ainsi que de violentes douleurs au bras droit, par la vertu de la Bonne-Croix où son sacristain le conduisit en pèlerinage. Ainsi se réalisait la prédiction de Louise Dauffy.

C'était principalement le jour du Vendredi Saint et le 14 septembre que la foule des pèlerins devenait innombrable. Ils affluaient par tous les chemins ; le pâtis était petit pour les contenir ; les champs voisins en étaient remplis. Les offrandes en argent qui s'y faisaient afin de faire dire des messes pour le soulagement des fidèles trépassés, étaient si abondantes, qu'on les portait *par charges* à l'abbaye, où les moines les disaient à de moindres honoraires qu'à la paroisse, ce qui fut sans doute la cause de la mauvaise intelligence qui régna toujours entre Louise et les curés d'Auverné.

Ce fut pour la Bonne-Croix des jours de gloire ; et ce temps dura jusqu'à ce que l'impiété révolutionnaire, après s'être étendue sur la France, s'abattit sur ces paisibles contrées. Des signes précurseurs en avait signalé l'approche. Louise avait-elle eu connaissance des jours néfastes qui devaient éclairer tant de profanations sacriléges ? La tradition semble autoriser à le croire. Car, autour de ce lieu consacré par la prière, dans le silence des nuits qui n'était troublé que par le bruissement des feuilles, agitées par le vent, et par le léger murmure d'une source qui jaillissait près du pieux monument, des bruits étranges se faisaient entendre ; c'était, disait-on, comme le cliquetis des armes et le tumulte d'une armée en marche.

Un jeune paysan du voisinage qui n'y croyait pas, voulut s'en convaincre. Il y vint avec ses bœufs qu'il se mit à garder, et, par un beau clair de lune, il vit dans le ciel une multitude de gens armés qui remplissaient l'air d'un bruit sinistre et de cris confus. Et puis, un jour, une bande de soldats se jeta sur le pauvre village et, après s'être gorgés de boissons, ils se mirent à abattre les colonnes et le dôme qui protégeaient le signe auguste de notre rédemption. Le lendemain matin, leur rage se porta sur la Croix elle-même. Un paysan qui travaillait dans un champ voisin, la vit trembler sous les coups des ennemis de Dieu, puis, arrachée de son piédestal, faire trois fois le tour de l'enceinte, et se coucher doucement à terre, comme si une invisible main l'y déposait avec respect. Le sacrilège n'en fut pas moins consommé, et la malheureuse fille, le cœur navré, ne put que recueillir et cacher les vénérables débris de cette croix qui lui avait coûté si cher !

Pendant ces jours néfastes, Louise se borna à gémir et à prier, confondant ses regrets et ses espérances dans les larmes qu'elle versait sur les ruines dispersées de sa croix profanée. Il paraît que Dieu voulut encore la consoler, en lui découvrant les mystères d'un avenir meilleur pour la religion et pour la France. Elle annonça hautement le retour du Roi et l'arrivée des étrangers qui devaient arracher notre infortunée patrie à ses égorgeurs. Ces prédictions, dont la précision étonnait à bon droit ceux qui les entendaient, finirent par effrayer ceux qu'elles contrariaient. Les républicains de Saint-Julien la firent saisir et comparaître devant leurs majestés alarmées. Ils lui reprochèrent aussi d'avoir donné asile et assistance à de pauvres réfractaires, blessés dans les luttes qui ensanglantaient souvent le pays. Intrépide en sa foi de chrétienne et de royaliste, Louise leur répondit sans crainte, avoua tout ce dont on lui faisait un crime, ajoutant qu'elle était prête à recommencer ce qu'elle avait fait, et à répéter ce qu'elle avait dit, affirmant de nouveau qu'ils seraient bientôt convaincus de la vérité de ses paroles. On la relâcha et on ne l'inquiéta plus.

Ils se levèrent enfin ces jours de paix si ardemment désirés, et la croix du pâtis de la Grand' Haie étendit de nouveau ses bras protecteurs sur ce pays fidèle, mais non plus avec la même splendeur. Une troisième a même succédé à cette dernière : on l'appelle toujours la *Bonne Croix*. La ferveur, refroidie par le temps et une interruption fâcheuse, n'amène plus à ses pieds ces milliers d'étrangers qui avaient porté si loin sa renommée et ses bienfaits. Néanmoins, on voit encore trois fois par an — le Vendredi-Saint, le premier Vendredi de Mai et le quatorze Septembre, — des centaines de pèlerins venir prier pour les fidèles trépassés, pour l'accomplissement de quelque vœu, ou pour demander des guérisons que le ciel accorde souvent, en récompense de cette foi simple et ardente à laquelle Jésus-Christ à promis de transporter les montagnes.

Quant à l'humble villageoise dont nous venons de retracer la vie et les épreuves, elle mourut en son hameau, dans un âge avancé — vers 1834 — pauvre comme elle avait vécu, et l'objet de la vénération de toute la paroisse.

Elle aurait bien voulu ériger près de sa croix une chapelle où l'on aurait célébré des messes pour les âmes du purgatoire, au soulagement desquelles elle avait consacré toute sa vie ; elle n'eut pas cette consolation. « Un bon vieillard viendra, dit-elle avant sa mort, qui fera bâtir cette chapelle ». Il ne serait pas difficile de réaliser cette pieuse pensée. Il suffirait de consacrer à cette œuvre les offrandes que les chrétiens dévots déposent au pied de la croix, en témoignage de leur piété et de leur reconnaissance.

---

*Cette notice a été écrite d'après les notes laissées par M. Goulet, vicaire de la paroisse ; d'après les témoignages recueillis par l'auteur de la bouche de Jeanne Barthélemy, femme Fougère, grand'tante de Louise ; de Perrine Dauffy et Pierre Dauffy, petits neveux de Louise ; enfin de diverses personnes des paroisses voisines, parmi lesquelles ces faits sont très-connus.*

# LA CHAPELLE ET LES FOSSES

DE

## SAINT CLÉMENT

## La Chapelle et les Fosses de St-Clément

*Dans la paroisse de St-Sulpice*

—

Au milieu des vastes landes que renfermait naguère encore, la petite paroisse de St-Sulpice, s'élève, à demi cachée par des monticules de sable, une modeste chapelle, dédiée à St-Clément, pape et martyr. Enveloppé, comme un tombeau, de silence et de mystère, le pauvre oratoire eut péri depuis longtemps dans la mémoire des hommes, si la dévotion des peuples qui l'environnent n'en avait prolongé l'existence, en lui donnant une véritable célébrité. Que ne pouvons-nous lui assurer l'immortalité, en lui consacrant une page dans l'histoire !

A vrai dire, il n'est facile de satisfaire la curiosité des chercheurs d'antiquités, car un double mystère scèle et scèlera peut-être bien longtemps l'origine de la dévotion qui s'y est attachée, ainsi que l'explication du phénomène qui se produit à ses pieds. Néanmoins, pour jeter quelque lumière sur la cause des pélerinages qui se font en ce lieu, il est à propos de rappeler certaines particularités de la vie et de la mort du saint qu'on y honore.

## I

### HISTOIRE DE S<sup>t</sup>-CLÉMENT PAPE ET MARTYR

Clément, disciple de Saint-Paul, et coadjuteur de Saint-Pierre dans le gouvernement de l'Eglise de Rome, ne succéda au prince des Apôtres qu'après Saint Lin, et par conséquent, il n'est que le troisième dans la série des papes.

Il fut traduit, pour son zèle et les nombreuses conversions qu'il avait faites, devant le préfet de Rome, et, comme il refusait de sacrifier aux idoles, il fut condamné à l'exil, et banni dans la Chersonèse ou Crimée. Là, le saint Pontife trouva plus de deux mille fidèles déportés pour la même cause, et condamnés à tirer des marbres des carrières. Une de leurs plus grandes souffrances était d'être obligés d'aller chercher de l'eau à deux grandes lieues de l'endroit où ils travaillaient, et de l'apporter sur leurs épaules. Clément, touché de compassion, les fit mettre en prières, et pria avec eux. A peine avait-il achevé son oraison, qu'il vit sur la montagne un agneau qui ne cessait de frapper du pied la terre, comme pour inviter à la fouiller. Clément s'y rendit aussitôt, donna un coup de bêche, et fit jaillir une source qui servit au soulagement de toute cette armée de confesseurs.

Ce miracle, qui fit grand bruit dans toute la province, devint l'occasion d'une infinité de conversions. La connaissance en vint jusqu'à l'Empereur. Pour y mettre un terme, Trajan envoya un de ses officiers qui, n'ayant pu ébranler la fidélité des chrétiens et du saint Pontife, condamna celui-ci à être jeté dans la mer, une ancre au cou. La sentence fut exécutée, et Clément mourut au milieu des flots.

Peu de temps après sa mort, deux de ses disciples conseillèrent aux autres chrétiens de demander à Dieu qu'il leur fit connaître où était le corps de leur saint pasteur. Mais, voilà que pendant leur prière, ils virent la mer qui se retirait devant eux à la distance d'une lieue et demie. Ce que voyant, ils suivirent à pied sec le mouvement des eaux, et trouvèrent en ce lieu, naguère sous les flots, une petite chapelle de marbre d'une admirable structure, bâtie par la main des anges, et dans laquelle reposait le corps du martyr de Jésus-Christ, avec l'ancre, instrument de son supplice. Après avoir vénéré cette précieuse dépouille, les disciples furent avertis par révélation, de ne point l'emporter, mais de la laisser en ce même lieu, parceque, tous les ans, au jour anniversaire de ce martyre, et pendant les sept jours suivants, la mer se retirerait jusque là, et donnerait un libre accès à tous ceux qui viendraient y adresser leurs prières. Ce prodige, en effet, a continué pendant plusieurs siècles, et était toujours accompagné de guérisons et de grâces sans nombre, de sorte que tout ce pays fut si parfaitement converti, .qu'il n'y restait pas un seul infidèle.

Parmi les merveilles opérées au tombeau de Saint-Clément, Saint-Ephrem, martyr et évêque de Georgie, dans la Chersonèse, en rapporte une qui mérite d'être recueillie et admirée. — Dans un de ces pélerinages, un des principaux habitants de cette ville de Georgie et sa femme, ayant laissé, par mégarde, leur petit enfant endormi dans cette admirable chapelle de Saint-Clément, il y demeura toute l'année, enseveli vivant au milieu des eaux, jusqu'à l'année suivante, que ses parents le retouvèrent sain et sauf, sans qu'il eût eu d'autre aliment que celui que la divine Providence lui avait fourni.

Saint-Grégoire de Tours et Baronius qui rapportent ce prodige, assurent que les preuves en sont si constantes dans l'antiquité, qu'il ne saurait être révoqué en doute. (1)

______________

(1) **Les petits Bollandistes** — Vies des Saints. XIII. 564.

## II

### LES PÈLERINAGES

Ainsi, deux choses ressortent principalement dans la vie de Saint-Clément : premièrement, il procure de l'eau aux chrétiens qui en manquent ; deuxièmement, il fait retirer les eaux de la mer, et en déssèche l'espace nécessaire pour arriver facilement jusqu'à son tombeau. Ce sont ces particularités qui, sans doute, auront frappé ceux qui ont importé en ce pays la dévotion envers le grand serviteur de Dieu, puisque les processions qui se font à sa chapelle n'ont d'autre but, d'autre grâce à demander à Dieu, que de l'eau quand la sécheresse est trop prolongée, ou du beau temps lorsque les pluies sont excessives.

Du reste, le Saint à montré maintes fois combien grand était son pouvoir auprès de Dieu, en exauçant presque instantanément les vœux qu'on venait lui adresser. Ce qui lui a valu la confiance des fidèles de toute la contrée. Si souvent ils ont été soulagés dans leur détresse, si souvent ils ont éprouvé son intervention miraculeuse lorsqu'ils venaient implorer son secours, que rien ne pourrait arracher de leurs cœurs la foi et la piété qu'ils ont pour leur saint protecteur. Nous ne pouvons mieux faire, pour convaincre les incrédules — il y en a toujours — que de mettre sous leurs yeux quelques-uns des procès-verbaux contenus dans le registre paroissial de Saint-Sulpice : ils sont, à les bien prendre, comme les *ex-votos* de la reconnaissance.

Si ce n'est qu'en 1860 qu'on voit figurer pour la première fois, sur le registre paroissial, la mention d'un pélerinage, à la chapelle de Saint-Clément, cela ne prouve pas que les pélerinages ne remontent pas à une époque antérieure, car tous les anciens affirment les avoir toujours vu pratiquer et en avoir entendu dire autant à leurs ancêtres; la raison est que Monsieur Emeriau, alors curé de la paroisse, est le premier qui ait eu l'heureuse idée de les inscrire.

Donc, au mois de Juin 1860, les paroisses de Freigné (Anjou), de la Chapelle-Glain, de Saint-Sulpice, de Moisdon, de Bonœuvre, et de Saint-Mars-la-Jaille vinrent processionnellement à la chapelle de Saint-Clément demander la cessation des pluies qui compromettaient fortement les récoltes, et leurs prières furent exaucées.

En Mai 1861, la Chapelle-Glain, le Pin, Saint-Sulpice, Moisdon, Pouillé, Maumusson, Saint-Julien-de-Vouvantes, Bonœuvre, Saint-Mars, organisèrent des pélerinages à Saint-Clément, afin d'obtenir la pluie nécessaire aux biens de la terre qu'une trop longue séchéresse menaçait de faire périr. Les pélerins furent si bien exaucés, et les pluies furent si abondantes, que les mêmes paroisses revinrent au mois de juillet prier le bon Saint de les faire cesser : ce qu'elles obtinrent encore.

Le registre note que *les Fosses marquaient bien.*

Tout était édifiant dans ces réunions, quelquefois très-nombreuses. Le clergé les présidait. On partait à trois heures du matin, croix et bannière en tête ; le chapelet se récitait pendant tout le voyage. Arrivé à la chapelle, on y entendait la messe ; mais, comme peu de personnes pouvaient y trouver place, tout le monde se rangeait à genoux autour des fosses, dans l'eau desquelles, comme dans un miroir, se réflétaient tous ces corps immobiles et priant, ce qui était un spectacle d'une beauté non moins originale que touchante. Puis, chacun assis sur le pâtis, prenait un peu de nourriture ; les pèlerins retournaient prier à la chapelle, et lorsque tout le monde avait satisfait sa piété, la procession se remettait en marche, et, le chapelet à la main, effectuait son retour à la paroisse.

Le 28 Mai 1866, les habitants de Saint-Julien, présidés par leur vicaire, partirent de grand matin de leur église, et vinrent demander à Saint-Clément de mettre un terme à la sécheresse qui désolait les campagnes. Le registre remarque que depuis le

16 Février, le phénomène des Fosses continuait encore, c'est-à-dire que quand tout le pays manquait d'eau, les fosses en regorgeaient. Les vœux des pèlerins furent exaucés : trois jours plus tard, la pluie tombait.

Dans les mois de Septembre et d'Octobre de la même année, la même paroisse avec Bonœuvre, Saint-Sulpice, Moisdon et Freigné, toutes désolées de voir leurs travaux des champs entravés par des pluies continuelles, eurent de nouveau recours à Celui qu'elles n'avaient jamais invoqué en vain. Elles ne furent point trompées dans leurs espérances : les semailles du mois d'Octobre purent se faire dans des conditions favorables.

Mais le 23 Novembre, jour de la fête de saint Clément, il y avait de l'eau dans les fosses, ce qui ne s'était jamais vu ! !

Pendant les mois d'Avril, Mai, Juin et Juillet de 1870, la chapelle de Saint-Clément vit jusqu'à dix-neuf paroisses venir, soit seules, soit plusieurs ensemble, déposer dans son enceinte leurs bannières et leurs supplications pour obtenir la fin des chaleurs excessives et non interrompues qui menaçaient de tout brûler. Ces paroisses étaient Mésanger, Pouancé, Pouillé, Freigné, Maumusson, Vritz, le Pin, Saint-Mars, Bonœuvre, Riaillé, Trans, Meilleraye, Grand et Petit-Auverné, Moisdon, Erbray, Saint-Julien, la Chapelle et Saint-Sulpice.

Mais les fosses ne marquaient plus : elles étaient à sec, à la grande surprise et désolation des pèlerins.

Terminons ici les citations des procès-verbaux dont la répétition peu variée finirait par devenir fastidieuse. Mais qu'on nous permette d'ajouter à ces témoignages, si glorieux pour le saint qu'on vénère en ce lieu, deux traits qui nous ont été racontés à nous-même, et dont l'authenticité ne saurait être mise en doute.

Voici le premier : la paroisse de Moisdon conduisait un jour sa procession aux célèbres fosses, pour obtenir la cessation d'une sécheresse persistante. On priait avec ferveur et dans la chapelle, et au dehors, car l'enceinte trop petite ne pouvait contenir tout le monde. Cependant, malgré les prières, le ciel demeurait d'airain, et paraissait peu disposé à accorder la grâce désirée. Pas un nuage sur l'azur du ciel pour tempérer l'ardeur d'un soleil de feu, et pour rafraîchir par un peu d'ombre la terre desséchée. Le découragement commençait à gagner les esprits ; le doute refroidissait les cœurs : on priait, mais on priait mal. Tout-à-coup le père Chevalet, mieux inspiré que ses compagnons, se lève et leur dit : « Comment pourrions-nous espérer d'être exaucés, et obtenir de la pluie, puisque, quand elle tombe, saint Clément et sa chapelle en sont inondés ? Si vous m'en croyez, ouvrons nos bourses pour faire réparer cette toiture ouverte de tous côtés, et saint Clément pourra nous écouter. » L'avis parut sage et à propos. Séance tenante, on fit une quête à laquelle tous s'empressèrent de contribuer avec joie; on se remit en prière, et le dernier pèlerin n'était pas sorti de la chapelle, que la pluie tombait à souhait.

Venons au second trait que nous avons promis de citer, pour mieux faire connaître l'extrême bonté de notre saint Clément envers ceux qui venaient à lui avec confiance. Il ne sera peut-être pas inutile; la foi et la piété diminuent parmi nous, et bientôt les enfants dégénérés ne voudront plus croire aux faveurs que leurs pères arrachaient au ciel et aux saints qu'ils s'étaient donnés pour protecteurs. Notre récit les convaincra d'ingratitude, et pourra les rappeler à de meilleurs sentiments. Nous laissons la parole à la pieuse femme qui a bien voulu nous transmettre ce qu'elle avait vu et entendu.

« Lorsque nous savions que la paroisse de Freigné, où nous habitions, devait venir en pélérinage à Saint-Clément, nous nous y rendions à l'avance, afin d'offrir à déjeuner à nos prêtres dans notre métairie de Coicàult qui en est peu éloignée. Or, il arriva en l'un de ces jours, qu'au moment où le repas fini, chacun se levait pour aller à la chapelle, Monsieur le Vicaire (Dieu ait son âme!) se tourna vers nous, et fit entendre ces paroles : Si saint Clément ne nous donne pas de pluie en nous en retournant, jamais, non jamais, je ne reviens lui demander quelque chose!

Cette mise en demeure me causa une douleur profonde, car je craignis qu'elle ne fit perdre la confiance que tout le monde avait en saint Clément. « Oh! Monsieur l'Abbé, lui dis-je, que vous êtes audacieux envers notre bon saint! » En même temps, je fis au fond de mon cœur cette prière : Grand saint! montrez à notre abbé et à ceux qui l'ont entendu que vous avez le don des miracles.

Quand chacun eut satisfait sa piété, la procession reforma ses rangs, et se mit en marche pour le retour. Mais, déjà le ciel s'était couvert de nuages, et nous étions à peine sortis du pâtis, que la pluie se mit à tomber avec abondance, et nous poursuivit jusqu'à Freigné. Comme personne ne doutait de la bonté et de la puissance du saint qui, tant de fois nous avait exaucés, chacun avait apporté son parapluie, précaution que notre vicaire peu croyant n'avait pas jugée nécessaire. On lui fit porter la peine de son incrédulité; personne n'en eut pitié, et ne lui offrit de le couvrir. Il lui fallut recevoir, pendant tout le voyage, cette pluie diluvienne, et, mouillé, trempé jusqu'aux os, rentrer au presbytère où il put, en se séchant, faire amende honorable à Saint Clément de sa provocation injurieuse. »

Un grand nombre de témoins de ces faveurs vraiment extraordinaires vous diront que des paroisses entières se mettaient en voyage sous la pluie, et par des chemins tellement affreux, qu'il fallait aller à cheval. Mais la foi et la peine de ces braves chrétiens étaient promptement et grandement récompensées, puisqu'ils s'en revenaient la joie au cœur, ramenant en triomphe le soleil et le beau temps. Ils éprouvaient. ainsi la vérité des paroles de Notre-Seigneur qui disait à ses Apôtres : Si vous aviez de la foi gros comme un grain de sénevé, vous transporteriez les montagnes.

Pour rompre la monotonie de notre récit, il est temps de faire intervenir la légende qui a cours en cette religieuse contrée. Il est à craindre qu'elle ne perde beaucoup de sa naïveté et de sa fraîcheur locale en passant sous notre plume, ainsi qu'une perle qui est bien plus belle au fond des eaux où elle s'est formée, qu'enchâssée dans le cercle le plus riche et le plus brillant. Mais, il est bon de la faire connaître aux chrétiens dévots à Saint-Clément : ils apprendront, non sans étonnement, d'où lui vient le crédit extraordinaire dont il jouit près de Dieu, et dont ils ont éprouvé si souvent les salutaires effets. Voici, à peu près, comme la chose se raconte :

Saint Mandé de Trans, Saint Jouin ou Jouan de Moisdon, et Saint Clément en Saint-Sulpice, ont vécu, paraît-il, en ces parages, quoique l'histoire n'en parle guère. La légende dit même que tous trois étaient frères. Or, pendant qu'ils étaient petits, et qu'ils allaient à l'école (ce qui remonte à une époque difficile à préciser, vu que Saint Clément vivait à la

fin du 1ᵉʳ siècle, Saint Mandé au milieu du ɪᴠᵉ, et
Saint Jouin au ᴠɪɪᵉ; mais un chroniqueur ne s'embar-
rasse pas pour si peu), il arriva sans doute à nos trois
petits saints ce qui arrive encore aujourd'hui entre
enfants qui vont aux écoles, c'est que les bons et les
faibles sont victimés par les méchants et par les plus
forts, — les brebis n'ont-elles pas été de tout temps
mangées par les loups? — Pour se défendre, ils se
lièrent d'une étroite amitié, se jurèrent qu'ils se
soutiendraient mutuellement en toute occasion, et
qu'ils agiraient de concert en tout ce qui toucherait
leurs intérêts réciproques. Comme on ne fixa point de
terme à cette sainte alliance, nous devons croire
qu'elle dure encore.

Voilà pourquoi les demandes, faites à l'un des trois
patrons de ces paroisses, sont toujours exaucées,
étant soutenues par les deux autres. Que les protégés
de Saint-Jouin, par exemple, trouvent que les chaleurs
ou des pluies excessives compromettent leurs mois-
sons, et accourent à Saint Clément réclamer son
assistance; vîte, celui-ci s'adjoint ses deux frères ou
amis d'enfance, et, se présentant avec eux devant la
face du Tout-Puissant, tous trois obtiennent par leurs
supplications réunies ce qu'un seul n'aurait peut-être
pu obtenir.

De même, si des fièvres pernicieuses déciment les
paroisses de ses deux confrères, et que leurs malheureux habitants viennent à Trans, supplier Saint

Mandé de leur être propice, celui-ci a bien soin de faire appel au traité conclu avec ses deux voisins, afin que leur triple prière fasse violence au Père cèleste pour faire cesser le fléau destructeur.

Ce qui prouve, une fois de plus, que l'union fait la force au ciel aussi bien que sur la terre.

### III.

LA CHAPELLE

Elle est située à trois kilomètres du nouveau bourg, autrefois grand village, appelé la Barre-David. Aucune habitation ne l'environne, et le pauvre hameau de Coicault qui en est le plus voisin, en est encore éloigné de quelques cents mètres. Le monument ne se distingue pas par son architecture : c'est un carré, long de huit mètres environ, sur cinq à six de large. Au couchant, ouvre la porte principale, baie cintrée, surmontée au pignon d'une étroite cage qui abrite la cloche ; au midi, le mur est percé d'une petite porte, près de laquelle une bien modeste vitre, la seule qui existe, éclaire l'intérieur de l'édifice. L'autel est décoré d'un tableau, peu Raphaëlique, représentant St-Clément en habits pontificaux, la tiare sur la tête, et à ses pieds, l'ancre, instrument de son martyre. Au dessus de cette toile, se dresse la statue du même saint, dont la vue, loin d'inspirer la dévotion, doit faire rêver un archéologue sur les temps reculés, où quelque artiste de village découpa ses contours anguleux. Plusieurs bancs à accoudoirs nous ont surpris par leur présence (1). Du reste, la chapelle est dans un état propre et décent : il s'y trouve des ornements convenables pour y dire la messe.

Depuis quand une chapelle existe-t-elle en ce lieu ? Par qui a-t-elle été construite primitivement ? Comment la dévotion envers St-Clément s'y est-elle établie ? Autant de questions auxquelles il nous est impossible de répondre pour le présent. Nous n'avons pu mettre la main sur aucun titre, et la tradition est muette à cet égard. Le style trop simple de l'édifice religieux ne peut faire supposer aucune date. Celle qui se lit au-dessus de la grande porte est la date d'une restauration, comme nous l'apprend le registre paroissial. S'il faut en croire le récit qui nous a été fait sur place, voici qu'elle en aurait été l'occasion :

(1) L'un d'eux appartient à Madame veuve Neveu, née Huguenin, dont les ancêtres possédaient les deux métairies appelées le Grand et le Petit Coicault, et habitaient une maison bourgeoise que les habitants du lieu nomment encore le Château. Nous en avons vu les ruines qui n'accusent pas une construction importante. Avant la révolution, ce château appartenait à M. Lemarié de l'Aubrière, mort sans enfants, lequel avait afféagé beaucoup de terres sans valeur du seigneur de la Motte-Glain.

Le pâtis sur lequel s'élève la chapelle dépend uniquement du village voisin, et, comme les métairies formant ce village appartenaient à Monsieur Lemarié, il n'est pas étonnant que sa famille ait pu considérer la chapelle comme une dépendance du château. De là, les droits prétendus par Madame Neveu, qui y a toujours eu son banc et une clef privative, dont elle se sert à sa volonté, quand elle habite ce lieu.

« Le meunier de l'étang — probablement celui du Janeau ou Jehannau, désespéré de n'avoir ni eau pour faire tourner sa roue, ni vent pour son moulin des landes, étant venu à passer devant la chapelle de St-Clément, il lui vint en pensée d'aller y faire sa prière. L'adversité rend les hommes humbles et dévots : nous en voyons ici la preuve.

« Grand Saint! lui dit notre enfariné dans sa détresse, si vous remplissez d'eau mon étang, je promets de rétablir à neuf votre chapelle. »

Elle en avait, en effet, le plus grand besoin, car la toiture s'effondrait de toutes parts, et les pierres se détachaient des murailles. Sa prière fut entendue ; en peu de jours il eut la satisfaction de voir son étang, long de plus d'un kilomètre, se remplir jusqu'aux bords. La reconnaissance de l'heureux meunier ne se fit pas attendre : il se mit aussitôt à l'œuvre, charroyant lui-même la pierre, la chaux, le sable et tout ce qui était nécessaire à la complète réparation de la chapelle. Ceci se passait en 1758.

Aujourd'hui, la chapelle est très-convenablement entretenue. Les murs sont d'une blancheur éblouissante, et l'on trouve avec les ornements, tout ce qui est nécessaire pour la célébration du Saint-Sacrifice de la messe, grâce aux soins du curé actuel de la paroisse, qui ne peut mieux faire que d'employer à cet entretien les offrandes des fidèles.

# IV


## LES FOSSES


Si ce petit coin de terre a été prédestiné du ciel pour les grâces qu'il se plaît à y accorder, il n'a pas été aussi favorisé par la nature. Le terrain qui entoure la chapelle est d'une nudité et d'une aridité qui refusent à la plume toute inspiration poëtique, pour ne laisser à l'esprit que les graves pensées de la foi, et rendre plus faciles les élans de la prière. Pas un arbre qui offre au pélerin son ombre hospitalière ; pas d'eau pour s'y désaltérer ; une herbe courte et rare couvre à peine ce sol exposé au soleil brûlant du midi. En ce lieu solitaire, où le vent souffle sans obstacle, la chapelle, sous son toît sombre avec ses blanches murailles, apparaît aux yeux surpris du voyageur comme ce blanc tombeau que virent les chrétiens de Crimée au milieu des abîmes. Tout autour, et en plusieurs endroits, on dirait que le sol sablonneux aurait été exploité et fouillé par des mains intéressées. A droite et à gauche, c'est-à-dire sur le flanc septen-

11

trional et méridional de la chapelle, on remarque deux excavations plus vastes et plus profondes que les autres. C'est là que se passe le phénomène que nous allons décrire.

Pendant les plus grandes sécheresses, ces fosses sont remplies d'eau, et dans les temps de pluie, elles demeurent à sec. Tant que les choses se passent ainsi, on dit *qu'elles marquent,* et c'est ce qui a eu lieu durant de longues années. Ce fait, tout le pays vous l'attestera parce qu'il en a été le témoin. Une tradition constante et universelle, dont il nous a été impossible d'atteindre l'origine, ne permet pas le doute à ce sujet.

« Un jour, nous racontait un vieillard de la paroisse, mes affaires m'appelaient à suivre la route qui passe tout près de la chapelle. La chaleur était étouffante; partout on ne remuait que de la poussière; depuis longtemps tous les fossés étaient désséchés, et les puits taris; la disette d'eau se faisait durement sentir dans le pays, car il n'était pas tombé d'eau depuis plus de cinq mois. Grande fut ma surprise de voir couler à travers la route un ruisseau qui semblait sortir d'une source abondante. J'approche, et j'aperçois les fosses tellement remplies d'eau, qu'elles débordaient jusque dans la chapelle, et formaient un courant qui s'échappait à travers les chemins et les champs. »

Il est donc de notoriété publique que dans les plus

grandes sécheresses, ces fosses regorgeaient tellement d'eau, qu'il fallait dresser un ponton pour pouvoir entrer dans la chapelle, dont le sol même était inondé, et quand les campagnes voisines étaient, pour ainsi dire, ensévelies sous les eaux, les fosses étaient complètement vides. C'était un véritable baromètre, indiquant la pluie par leur sécheresse, et la sécheresse par leur humidité.

Il faut avouer cependant que depuis quelques années, il y a eu interruption dans cette régularité ; les fosses *ne marquent plus*, dumoins aussi régulièrement que par le passé. On y voit de l'eau par les temps de pluie, et on les trouve à sec dans la chaleur. Lorsque nous les visitâmes (le 2 octobre 1877) il y avait deux mois qu'il n'était tombé d'eau, cependant, le fond de la fosse du midi en contenait encore. Si vous voulez en savoir la cause, amis lecteurs, je vous répondrai avec nos bons et religieux paysans : les fosses ont été profanées. Autrefois, on avait un tel respect pour elles, que personne n'eût voulu y laver ni y abreuver les bestiaux. Mais, depuis qu'on y a porté du lin à rouir, depuis qu'on y va laver, et qu'on y tire du sable, elles ont *cessé de marquer*.

Quant à expliquer la cause du phénomène que nous venons de rapporter, et sa cessation, nous avouons humblement que notre science en géologie et en hydrostatique ne va pas jusque là. En attendant que les savants nous dévoilent ce mystère, laissons au peuple sa foi et ses croyances, plus précieuses que la science et que l'or.

Le 23 Novembre, jour de la fête de St-Clément, il se tient, autour de la chapelle, une foire qui offre ceci de remarquable, que le gros bétail en est exclus. Il ne s'y vend que des moutons, des chèvres, des porcs, et tous les instruments nécessaires au labourage. L'affluence y est considérable et les transactions importantes. Le matin, le Curé de St-Sulpice y vient célébrer la messe, et, pendant toute la journée, il évangélise les enfants.

# SAINT-JULIEN-DE-VOUVANTES

## ET

## SON PÈLERINAGE

Eglise de St-Julien-de-Vouvantes

Dessin de Félix Benoist, emprunté au bel Ouvrage de l'Éditeur Henri Charpentier *Nantes et la Loire-Inférieure*

# PREMIÈRE PARTIE

## SAINT-JULIEN-DE-VOUVANTES

### ARTICLE PRÉLIMINAIRE

Il n'entre pas dans le plan que nous nous sommes tracé, de faire l'histoire civile et religieuse de Saint-Julien. Nous tenons cependant à consigner ici ce que nous avons pu apprendre de plus certain sur l'origine de cette paroisse.

On a voulu donner à ce bourg une antiquité et une importance qu'aucun fait et qu'aucun monument ne sont venus confirmer. Ogée, dans son dictionnaire de Bretagne, est le seul qui ait avancé qu'on y avait découvert des restes de murs, attestant que c'était une place de défense. Si l'auteur avait vu de ses yeux ces pans de murailles, nous croirions plus volontiers à l'existence d'une forteresse; mais, en cette occasion, comme en bien d'autres, il a été mal renseigné, et nous pouvons affirmer que jamais personne n'a eu connaissance de ces prétendues fortifications, qu'aucune brique romaine n'y a été trouvée, que rien, enfin, dans les noms, dans les titres, ni dans la tradition, ne peut venir en aide à cette prétention. Si Saint-Julien-de-Vouvantes a eu quelque célébrité dans le passé, il ne la doit qu'à son pélerinage, dont l'origine, loin de se perdre dans la nuit des temps, date d'une époque relativement moderne, et, par cela même, certaine, parce qu'elle est appuyée sur des faits et des monuments indiscutables, comme nous nous proposons de le prouver en ce travail.

## § I. — Étymologie

Puisque nous allons parler de Saint-Julien-de-Vouvantes, il ne sera peut-être pas hors de propos de dire quelque chose sur l'étymologie de ce nom, qui est et restera, malgré nos éclaircissements, assez obscure.

Deux opinions se sont fait jour : la première a été énoncée à l'occasion du bourg de *Vouvent*, en Poitou (1). Ce nom lui viendrait du latin *volvere, volvens, volventis, qui tourne, roule autour*, à cause de la rivière qui entoure ce lieu de ses eaux. C'est ce que dit expressément la charte de fondation du monastère de *Vouvent*, rapportée à l'an 1025. « *Placuit mihi Wuillelmo construendi castrum in loco qui, propter influentem aquam, vulventus dicitur. Erat enim, juxta illud castrum, mons qui, ex omni parte claudebatur aquâ, nisi ex parte modicâ* (2). Il a plu à moi Guillaume, de construire un château en un lieu qui, à cause de la rivière qui l'arrose, s'appelle Vouvent. Il y avait, en effet, près de ce château, une élévation qui

______

(1) A 3 lieues de Fontenay-le-Comte, évêché de la Rochelle.
(2) Revue des Provinces de l'Ouest. 6ᵉ année, page 6.

*etait entourée d'eau à l'exception d'une petite partie.* »
La position de notre Saint-Julien étant assez
conforme à celle du Vouvent Poitevin, puisqu'un
ruisseau le contourne aussi en partie, nous inclinons
à croire que ces deux localités ne portent le même nom
que parce qu'elles occupent une position physiquement
semblable.

La seconde opinion qui se trouve formulée dans la
même revue (1), mais très-timidement formulée,
admet que si *Vouvantes* n'est pas l'ancien nom
gaulois, il vient du latin *vovere, vovens, voventis*, qui
signifie *vouer, faire un vœu*; soit parce que le patron
du lieu s'était voué, en expiation de son crime, au
service des voyageurs — ce qui ne convient nullement
à Saint-Julien-de-Brioude dont il s'agit ici — soit,
parce que les pélerins qui y venaient en voyage,
sollicitaient son intercession pour leurs personnes et
leurs biens, en lui faisant des vœux : ce qui n'explique
rien, parce que le nom de Vouvantes à très-
certainement existé avant le pélerinage, et que la
seigneurie de ce nom a dû précéder tout établissement
religieux, les seigneurs ayant été, au moins dans ce
pays, les premiers à appeler des prêtres ou des
moines pour instruire les peuples, éloignés de tous
monastères et séparés des villes par des forêts et des
chemins impraticables.

(1) Revue des Provinces de l'Ouest, 6e année, page 361.

Notre opinion est que ce mot de *Vouvantes* n'est qu'un mot défiguré de la langue du peuple qui habitait jadis le pays, d'autant plus que, dans presque tous les titres latins du XIIᵉ siècle, ce lieu est appelé *de Voantis*. On le retrouve ainsi jusqu'à six fois, ce qui n'a pas été assez remarqué. En sorte que l'on devrait écrire et prononcer Voant, et non Vouvantes. Cette origine lui serait ainsi commune avec la plupart des autres bourgades de ce pays, dont les noms sont évidemment celtiques ou bretons, comme Sion, Moisdon, Erbray (Arbray), Noyal, Ercé, Béré (Bairiac), etc., etc. Mais assez sur ce sujet qui n'intéresse pas tout le monde.

## § II. Seigneurie

La seigneurie de Vouvantes avait haute justice, et ressortissait en arrière-fief, — sauf une petite partie relevant de Châteaubriant — de la Rivière-en-Haut-Bois, paroisse d'Auverné, qui relevait elle-même de la Motte-Glain, laquelle relevait de Châteaubriant, à cause de la baronnie de la Roche-en-Nort. Et voilà pourquoi nous verrons le seigneur de la Motte-Glain, présider, comme seigneur principal, aux jeux du pélerinage, donner et décerner le prix au vainqueur.

Nous ne savons si le seigneur de Vouvantes avait là un château. Ce n'était peut-être qu'une terre et une juridiction, avec un ruisseau, un étang et un moulin, que l'on appelle encore aujourd'hui le ruisseau et le moulin de Vouvantes. Le seigneur percevait sur ce petit cours d'eau un droit de péage pour toutes les marchandises entrant sur ses terres ou en sortant, péage sur lequel quelques seigneurs du voisinage (d'Erbray et de Freigné) exerçaient un droit de dîmes, nous ne savons à quel titre. Toujours paraît-il certain que, depuis le milieu du xv⁵ siècle, les seigneurs de Vouvantes possédaient ailleurs des seigneuries plus considérables, au milieu desquelles ils résidaient habituellement.

Voici la liste des seigneurs de Vouvantes, telle qu'elle nous est fournie par l'Essai sur le Dictionnaire des terres et des seigneuries de l'ancien comté Nantais, par M. Ern. de Cornulier : Jean de Vouvantes, en 1158. — Pierre de Saffré, 1444. — Christophe Leet, 1530. — Mathurin de la Roche Saint-André, petit-fils de Jeanne Leet, 1570. — Jean Guéhenneuc, 1597. — Louis Guéhenneuc, 1680. — Henri-Laurent Guéhenneuc, 1750. — Rose Simon, femme de Jacques Rousseau, S$^r$ de la Meilleraie, en 1760.

## § III. — LA PAROISSE

Laissant de côté l'*oppidum* gaulois et le *castrum* romain, nous croyons que la paroisse de Saint-Julien, comme beaucoup de celles qui portent des noms de saints, est d'origine beaucoup plus récente, et que son établissement religieux pourrait bien ne pas avoir devancé les dernières années du xe siècle, ou la première moitié du siècle suivant, c'est-à-dire l'époque où les victoires décisives d'Alain Barbe-Torte sur les Normands, ayant rendu la sécurité aux campagnes, peuples et seigneurs se mirent à construire des églises, à relever les ruines de leurs châteaux et des monastères. Combien devaient être modestes ces premiers oratoires élevés par des populations décimées et appauvries ! La plus grande difficulté était de se procurer des pasteurs. L'horrible dévastation, exercée par les vautours du Nord sur la Bretagne, avait atteint particulièrement les églises et le clergé : de clergé, il n'y en avait plus. Les monastères, où s'étaient réfugiés les hommes pieux et dévoués, étaient seuls en mesure de venir en aide aux besoins religieux les plus pressants, en envoyant leurs sujets baptiser, instruire et sauver les âmes.

Les centres principaux, plus populeux et plus favo-
risés par les seigneurs, furent les premiers servis.
Ceux-ci appelèrent au milieu d'eux des moines qui
organisèrent promptement le service paroissial. Châteaubriant eut recours à l'Abbaye de Saint-Sauveur
de Redon et de Marmoutiers; Moisdon, qui, dès le
milieu du xi$^e$ siècle (1065) est déjà mentionné comme
paroisse, s'adressa à l'Abbaye de Saint-Florent de
Saumur. Maumusson, la Rouxière, Saint-Vincent,
Louisfert, n'eurent d'autre cause de leur dépendance
de cette dernière Abbaye, que d'avoir reçu de ses
mains les pasteurs qui servaient leurs églises. Sur
d'autres points moins importants, s'élevèrent de
petites chapelles, dans lesquelles quelque membre du
clergé paroissial venait, à certaines époques, accomplir les principales fonctions du saint ministère, en
faveur de populations trop éloignées du centre religieux. Et telle est l'origine des trèves ou succursales,
ainsi que du titre de *curé primitif*, et des droits prétendus par les moines, pendant un long temps, sur
certaines paroisses. Tel est aussi le cas de St-Julien
et de Meilleray, que le Cartulaire de Redon appelle
des *trèves* de Moisdon, ce qui indique une infériorité,
une dépendance au spirituel. Le Cartulaire, après
nous avoir appris cette particularité, dont on comprend
toute l'importance, ajoute (page 515) que St-Julien
était un prieuré, uni au prieuré-cure de Moisdon,
sous l'Abbaye de St-Florent qui en présentait les
recteurs.

La première mention que nous trouvons de Saint-Julien-de-Vouvantes dans les chartes bretonnes, remonte à 1104, époque à laquelle l'Abbaye de Saint-Florent-le-Vieil fut confirmée par l'évêque Benoit dans la possession de l'église de St-Julien *de Voantis*. Raginald est le premier prieur que nous signale l'histoire. Dom Morice le fait vivre en 1158.

Mais voilà que vers 1160, on voit Bernard, évêque de Nantes, confirmer à l'Abbaye de St-Florent la posssession de l'église de St-Julien, avec le droit d'élection et de présentation du prêtre chargé de la desservir. Il est permis de croire que déjà un prêtre séculier gouvernait la paroisse, et que les moines s'étaient retirés, puisque l'évêque règle la part du desservant et celle de l'Abbaye dans les produits de l'église. Un extrait du pouillé de l'Abbaye de Saint-Florent, référé à l'an 1271, nous apprend que : *in ecclesia Sancti Juliani de Voantis, solebamus habere duos monachos, et debet de censa ad mensam abbatis LX solidos.* (Dans léglise de Saint Julien de Voant, nous *avions coutume* d'avoir deux moines, et doit ladite église à la mense abbatiale soixante sous.) D'où il résulte que si, dès le milieu du douzième siècle, le prêtre choisi par l'Abbé de St-Florent administrait en toute liberté la paroisse pour les choses spirituelles, il était loin d'être le maître dans son église pour les honneurs, prééminences, offrandes, enfin pour tout le temporel.

12

Ogée assure qu'en 1624, il y avait encore à Moisdon deux religieux de St-Florent, qui desservaient la paroisse. D'après les mémoires de M. Desprès, ces religieux avaient l'habitude de venir chaque année officier solennellement dans l'église, le jour de la fête de St-Julien, et d'y prélever 70 livres sur les offrandes des pèlerins, se regardant par là comme les curés-primitifs de cette paroisse.

Enfin St-Julien était encore soumis à la visite des Doyens et Recteurs de St-Jean-de-Béré, et obligé de recevoir de leurs mains les saintes huiles, pour l'administration des Sacrements.

Voilà peut-être beaucoup trop d'érudition, hâtons-nous d'arriver à l'histoire du Pèlerinage.

# DEUXIÈME PARTIE

## PÈLERINAGE

### § I. — DÉLIVRANCE MIRACULEUSE DU GALÉRIEN

Si nous voulions faire de l'histoire fantaisiste, nous dirions que le pèlerinage à Saint-Julien-de-Vouvantes remonte à l'origine même de la paroisse. Ne vaut-il pas mieux avouer simplement son ignorance, que de la dissimuler sous une apparente érudition? Vouloir regarder à plus de dix siécles en arrière, sans avoir aucun fait pour jalonner sa route, cela ressemble fort à un astronome qui prétendrait découvrir des étoiles avec une lunette sans verres.

Le fait le plus lointain sur lequel nous pouvons nous appuyer pour déterminer, sinon l'origine, au moins l'élan populaire qui rendit si célèbre le pèlerinage de Vouvantes, repose sur une tradition, bien connue dans la paroisse, et qu'Ogée a recueillie dans son dictionnaire de Bretagne. Voici comment l'historien la rapporte :

« On voit dans l'église une chaîne de fer, que les

habitants du lieu croient être celle d'un homme condamné aux galères. Voici comment ils racontent le fait : plusieurs de ces malheureux que l'on conduisait à Brest, passèrent par Saint-Julien. Un d'eux demanda et obtint la permission d'aller faire sa prière à l'église. Après quelques minutes, on le pressa de rejoindre ses compagnons, et, comme il n'obéissait point, on voulut l'y forcer en le maltraitant; mais, à peine l'eût-on frappé, que ses chaînes tombèrent. On l'enchaîna de nouveau, mais la même main invisible qui l'avait délivré la première fois, le remit encore en liberté, et ce fut inutilement qu'on essaya de l'enchaîner. On prétend qu'on rapporta procès-verbal de ce prodige, opéré en 1650. » Nous verrons bientôt ce qu'il faut croire de cette date.

Nous aimons à penser que, pour attester la faveur insigne dont il avait été l'objet, ce galérien, quel qu'il fût, laissa aux pieds du glorieux martyr Saint-Julien les chaînes, les menottes et le collier dont, par son intercession, il avait été délivré. Cependant, la tradition est muette à cet égard. Elle ne nous dit pas s'il fut gracié, pas plus qu'elle ne nous dit s'il était innocent, ou seulement agréable à Dieu par son repentir. Quoiqu'il en soit, nous attachons une importance capitale au miracle opéré dans l'église de Saint-Julien, en faveur de ce pauvre galérien. Nous le croyons très-réel, et nous allons en prouver la réalité au moyen de plusieurs monuments dont il nous faut parler.

## § II. — Preuves archéologiques et historiques

Le premier de ces monuments est une médaille commémorative du pèlerinage de Saint-Julien, découverte par M. Hucher, du Mans, et qu'il a décrite en ces termes dans le Bulletin monumental de 1853 : « c'est une plaque de plomb circulaire, pourvue, au revers, d'un petit anneau destiné à la fixer à l'habit : c'est littéralement un grand bouton. Au centre, un chevalier, armé de toutes pièces, portant la croix sur son armure et sur le pennon de sa lance. A la circonférence, la légende : SAINCT JVLIAN DE VOVANT. » (1).

Voici, ajoute un peu plus loin M. Hucher, une enseigne portant tous les caractères de la fin du xvᵉ siècle, qui consacre le souvenir d'un pèlerinage accompli *à cette époque...* en l'honneur de Saint-Julien.

Le second monument qui atteste la vérité du fait contenu dans la tradition dont nous nous occupons, est une paire de menottes que possède

(1) Revue des Provinces de l'Ouest 6ᵉ année, page 6.

M. l'abbé Marot, curé de Rochefort (Morbihan), parfaitement semblable à l'exemplaire que l'on voit toujours aux pieds de la statue du patron de Vouvantes (1). Elle nous apprend que la dévotion s'emparant de cet objet, en fit confectionner de semblables, que les étrangers se plurent à emporter dans leur pays et à placer dans leurs églises, afin d'entretenir la confiance dans le saint qui avait opéré le prodige que la vue de ces fers rappelait sans cesse.

Mais il est une circonstance importante que M. Hucher a oublié de faire connaître dans la description de la médaille dont la Revue donne la gravure, c'est la présence des menottes qui se trouvent dans le champ de la médaille, à droite du chevalier. Cette pièce nous prouve la foi de tout un peuple à un fait merveilleux, qu'on ne craint point d'exposer à sa vénération et à sa reconnaissance, et dont on cherche à fixer et à perpétuer le souvenir. Tout porte à croire que cette médaille de plomb, à la portée des plus petites bourses, devait être très-répandue, et que la plupart des pèlerins, ainsi qu'il se pratique de nos jours, devaient tenir à s'en parer, et à l'emporter dans leur pays, comme souvenir de leur pieux voyage. Ces fers sont donc le signe caractéristique du saint que l'on honorait à Vouvantes, et leur présence sur la médaille nous donne en même temps, selon le savant

(1) Même Revue, page 9.

qui nous l'a conservée, la date approximative du miracle, dont cette pièce est la consécration et le mémorial incontestable, c'est-à-dire la fin du xv⁰ siècle.

Ainsi, l'existence de cette double paire de menottes en des lieux assez éloignés l'un de l'autre, leur représentation sur la médaille du pèlerinage, comme la médaille elle-même, tout cela est bien de nature à détruire jusqu'au moindre doute sur l'événement extraordinaire que rappellent ces objets, événement qui dût nécessairement avoir un grand retentissement, non-seulement dans la paroisse où il se passa, mais encore dans tout le parcours suivi par les prisonniers qui se rendaient à Brest.

Cette chaîne de galériens, dont nous ne connaissons pas le nombre, fut le moyen naturel dont se servit la Providence pour proclamer, tout le long de la route, la puissance du saint dont l'un d'entre eux venait d'être l'objet, et dont tous avaient été les témoins oculaires. Il n'est donc pas indifférent de savoir quelle route parcourait le triste cortége. Or, nous le trouvons tout indiqué dans l'arrêt du Parlement du 1ᵉʳ avril 1776, rendu à l'occasion d'un procès trop fameux dont nous aurons à parler dans la suite. Voici ce passage : « ... Ordonne ladite Cour... que le présent arrêt sera affiché aux portes de ladite église, et publié tant au bourg de St-Julien, après la messe dominicale, qu'aux paroisses voisines, et dans celles de *Rochefort, Labry, Questembert, Sulniac, Larré, Elven, Gorvelo, Theix* et *Carnac.* » Or, toutes ces paroisses, situées à droite et à gauche de la route qui conduit à Brest, sont précisément celles que traversèrent nécessairement les prisonniers sur le territoire Morbihannais. Ce sont aussi les localités qui envoyèrent le plus de pèlerins, et les pèlerins les plus dévots à St-Julien.

Ainsi se trouve expliqué ce long et pénible voyage que des milliers de Bretons accomplirent pendant plusieurs siècles. Il n'est pas admissible que la dévotion à un saint, dont on ne possédait même pas les reliques, fût le seul mobile qui conduisit leurs pas aux fontaines de Vouvantes. Ces multitudes qui, chaque année, suivaient avec tant de spontanéité et une si rare persévérance, la route tracée par les ancêtres, est un fait historique dont personne jusqu'ici n'a cherché à se rendre compte, et qui constitue, à notre avis, une des preuves les plus convaincantes de la vérité du miracle rapporté par la tradition.

Il n'est pas étonnant qu'un procès-verbal ait été dressé à l'occasion de cet événement mémorable. Le contraire eut été étonnant. D'après l'auteur du Dictionnaire de Bretagne, ou plutôt, d'après la tradition dont il n'est que l'écho, cette formalité aurait été remplie. Combien nous regrettons la perte de ce document précieux !

Nous pourrions encore invoquer un autre témoignage dans les chaînes et le collier dont parle Ogée, et que le Parlement de Rennes confisqua, comme objets de superstition ; car, enfin, ils sont le complément nécessaire des menottes, non moins coupables, que la Cour ne mentionne et ne réclame pas, nous ne savons pourquoi. Mais nous croyons en avoir dit assez pour ôter à ceux qui en seraient tentés, l'envie de traiter cette tradition si respectable comme erronée et sans fondements.

## § III. — Prospérité du Pèlerinage

Si le miracle des chaînes n'a pas été l'origine du Pèlerinage à St-Julien-de-Vouvantes, il commença du moins pour cette église une ère de prospérité inconnue dans les siècles précédents. A la nouvelle du prodige, les peuples environnants accoururent, et la renommée s'étendant de proche en proche, on vit les pèlerins des provinces voisines, de l'Anjou, du Maine et de la Normandie, affluer en l'église de Vouvantes, au jour de la fête de son saint patron. Les Bretons du Morbihan se faisaient surtout remarquer par leur empressement et leur nombre. Si grande était leur dévotion pour l'illustre martyr de Brioude, qu'ils tentèrent un jour d'emporter la statue portée par eux en procession. Une ancienne tradition rapporte qu'ils échouèrent dans leur vilaine entreprise, parce que, arrivés au bois de la Bâtardière, près du bourg, la statue devint si prodigieusement pesante, qu'il leur fût impossible de la porter plus loin ; ils durent la laisser là.

L'humble bourgade était trop petite pour contenir la foule. Et comme tous ces chrétiens, pleins de ferveur, se faisaient un devoir d'apporter leur offrande, on conçoit les ressources dont le recteur put disposer

en faveur de son église. Aussi, avec cette fin du xv<sup>e</sup>
siècle, coïncide la construction du monument actuel,
dont l'architecture, style de l'époque, offre de réelles
beautés. L'œil ne se lasse pas de suivre les feuilles
longues et sinueuses, les roses des quatre-feuilles, les
trèfles aux angles effilés, qui dessinent dans la magnifique fenêtre du chœur et dans celles des transepts,
toute une riche broderie de pierre. Ces fenêtres,
aujourd'hui mutilées, eurent jadis leurs vitraux histo-
riés, et les vieillards racontaient, il y a encore peu
d'années, y avoir vu le martyre et le triomphe de leur
saint Patron.

Les Bretons avaient voulu décorer, à leurs frais,
une des fenêtres, de l'image de leur chère patronne.
Ce vitrail représentait le mariage de saint Joachim et
de sainte Anne, environnés d'Anges célébrant, sur des
instruments de musique, la joie que le ciel ressentait
de cette sainte alliance. Dans le bas, les Bretons y
apparaissaient dans l'attitude de pèlerins. Les murailles
furent pareillement enrichies par cet âge de foi de
fresques représentant les Apôtres, les Martyrs et
d'autres Saints les plus connus. Mais, à l'époque de
la Révolution, il ne restait plus çà et là que quelques-
unes de ces belles figures, entr'autres celle de sainte
Marguerite, qui se trouvait dans l'escalier du clocher. (1)

(1) Voir le rapport très-complet qu'a fait sur cette église
Monsieur l'Abbé Rousteau, à la Société Archéologique de la
Loire-Inférieure.

Il n'est pas douteux que les seigneurs de St-Julien, celui de la Briays, dont le nom P. de Brie, se lit près des symboles des Evangélistes, celui de Vouvantes, et surtout celui de la Motte-Glain, seigneur principal, n'aient grandement contribué à cet édifice, comme l'attestent les nombreuses armoiries qui s'y rencontrent partout. On a des raisons de penser que Robert Guibé, évêque de Nantes et cardinal, que cette paroisse a l'honneur de compter parmi ses Recteurs, quoiqu'il n'y résidât jamais, fit construire la nef du midi, aux vitres de laquelle se voyaient les armes de l'illustre prélat.

Mais l'obole des pauvres et les offrandes des pèlerins entrèrent très-certainement pour une large part dans cette œuvre que tous, grands et petits, considéraient comme un acte de piété et de reconnaissance. Les registres des paroisses environnantes attestent l'intérêt qu'elles prenaient à ce pèlerinage. Ceux de St-Jean-de-Béré, par exemple, ne manquent pas d'inscrire, chaque année, le voyage à St-Julien : on l'y trouve dès l'an 1506. La paroisse y alla deux fois processionnellement en 1537 : la première procession qui se fit le 10 Juin, est appelée le *Pèlerinage annuel;* ce qui nous apprend qu'il était entré dans les habitudes de la paroisse. La seconde eut lieu le 21 Avril, pour demander la guérison de Monseigneur Jean de Laval, malade de la fièvre.

Le XVI$^e$ siècle fut très-certainement pour St-Julien

l'apogée de sa prospérité; outre la construction de son église, sa décoration intérieure, la richesse de ses vases et ornements sacrés, nous en avons pour preuve l'abandon que le recteur du temps fit de ses dîmes, — 1559 — en faveur du séminaire de Saint-Clément de Nantes, qui devint plus tard le collége de l'Oratoire. Cette générosité atteste que les offrandes des pèlerins suffisaient, et au-delà, à son entretien et à celui de l'église.

Le pèlerinage donna encore lieu à la fondation d'un hôpital, sur la nature et les conditions duquel les documents nous font défaut. Le registre paroissial dit seulement que le vieux bois de son bâtiment fut employé à la charpente et couverture de la chapelle Ste-Anne, qui fut érigée dans le cimetière, et bénite en 1641. Cette chapelle, en l'honneur de la patronne vénérée des Bretons, nous semble comme un dédommagement offert à ces intrépides et généreux chrétiens, dont la charité avait ouvert un asile à leurs frères fatigués ou malades. Mais d'où pouvait venir l'abandon de cet hôpital? Est-ce qu'au milieu du XVIIe siècle, les ressources étaient moins abondantes et ne suffisaient plus à son entretien? (1) Quoi qu'il en soit, la

(1) Il existe dans le bourg, sur le penchant oriental du côteau où il est bâti, une vaste maison qui porte encore aujourd'hui le nom d'*Hôpital*. On y voit de grandes salles basses et hautes, avec de larges cheminées, des bancs de pierre dans les baies des fenêtres, une tourelle pour l'escalier avec un colombier, et un reste de galerie en bois qui régnait à l'extérieur du premier étage sur la

fidélité des Bretons ne se démentait pas. Chaque année les voyait arriver en aussi grand nombre, sans être arrêtés par aucune crainte humaine, pas même par les édits de nos rois ou des parlements qui, pour réprimer quelques abus, se mirent à supprimer les pélerinages, et à réglementer la dévotion populaire pour mieux l'étouffer. Nous verrons comment ils échouèrent devant la ténacité bretonne. Comme la présence de ces fidèles Morbihannais imprimait un caractère et un intérêt tout particuliers au pèlerinage de Saint-Julien, il convient que nous leur consacrions un article.

façade orientale. De là, la vue était délicieuse, et l'air qu'on y respirait des plus purs. Cet édifice qui nous a paru porter les caractères du xv$^e$ ou xvi$^e$ siècle, a dû être primitivement une demeure seigneuriale. Après la destruction de l'hôpital des Bretons, elle aura pu en tenir lieu pendant quelque temps : ce qui lui aura valu la dénomination qu'elle porte encore.

## § IV. — LES BAS-BRETONS A SAINT-JULIEN

Nous avons dit que parmi les peuples du voisinage, les Bretons du Morbihan avaient été des premiers instruits de la délivrance miraculeuse du galérien, parce qu'ils se trouvaient sur la route suivie par les prisonniers que l'on conduisait au bagne de Brest. Une fois assurés du prodige, leur foi et leur dévotion envers le saint qui l'avait opéré, furent inébranlables et sans bornes. Pendant plus de trois cents ans, cette race à la tête de granit, au cœur ferme comme ses chênes, parcourut, sans jamais faillir au rendez-vous, le chemin qui s'étend de Vannes à Vouvantes, c'est-à-dire plus de trente lieues. Qu'ils étaient beaux à voir, ces rudes enfants de l'Armorique, coiffés de leurs chapeaux à larges bords, leurs longs cheveux au vent, ornés de leurs habits si pittoresquement variés, et du bragou-bras des dimanches, traverser, en chantant leurs vieux cantiques, ces landes mono-tones, déserts brumeux et sans fin qui les séparaient de la bourgade, objet de tous leurs vœux !

Afin que tous pûssent satisfaire leur piété, ils se partageaient en deux bandes : la première, composée

de douze à quinze cents pèlerins , partait, la moisson
cueillie et battue, et arrivait dès le 25 Août, fête de
saint Louis, sans doute pour avoir le temps de se
mieux préparer au grand et solennel pardon de la
saint Julien qui se célébrait le 28 ; la seconde bande,
peut-être moins nombreuse, arrivait pour la mi-
Septembre, fête de l'Exaltation de la Sainte-Croix (1).

Tout était sur pied au lieu du pèlerinage ; tout était
en joie à l'arrivée de nos infatigables voyageurs. Le
clergé allait les recevoir solennellement avec croix et
bannières, à l'entrée du bourg, près d'une croix de
pierre qui a disparu, pendant que les cloches envoyaient
dans les airs leurs plus joyeux carillons. Là, ils se
mettaient en rangs, et commençaient, à genoux, le
chant des litanies de la sainte Vierge qu'ils poursui-
vaient jusqu'à l'église. Arrivée à la grande porte, sous
le ballet du clocher, la procession s'arrêtait, et on
mettait à l'enchère la messe du lendemain. C'était un
combat de générosité ; c'était à qui offrirait le plus fort
honoraire : souvent il s'élevait à 60, 80, et même

(1) Il est bon de remarquer qu'à Renac, sur la Vilaine, existait
une chapelle, dédiée à Saint-Julien, dans le style ogival, et
ajourée de trois belles fenêtres, dont celle du chevet avait de
riches meneaux. Le 28 Août, une nombreuse assemblée et une
foire se tenaient à l'entour ; les laboureurs y apportaient du grain
de semence à bénir, comme à Vouvantes, et leurs offrandes se
partageaient entre le seigneur et le recteur. Aujourd'hui — 1878
— il n'y a plus de chapelle, mais la foire se tient toujours, et
les laboureurs continuent d'apporter à l'église paroissiale leur
grain à bénir, le jour de la Saint-Julien.

jusqu'à 100 francs. Celui qui avait fait la principale offrande, avait l'honneur d'entrer le premier dans l'église, suivi de tous ses compagnons, portant le bâton de pèlerin sur l'épaule, le *pen-bas*, si redoutable entre les mains des Bretons. Avant d'entrer dans le sanctuaire, le chef de la pieuse troupe donnait le signal de halte, en abaissant son bâton qu'il faisait retentir sur le pavé. Tous se mettaient à genoux, et, leur prière faite, ils s'avançaient, les uns après les autres, aux pieds de la statue de Saint-Julien, pour déposer sur l'autel une offrande en argent, et un petit sac de grain qu'ils vidaient dans une cuve, placée là pour le recevoir. C'était le profit du recteur. En retour, ils recevaient une poignée de grain, bénit d'avance, qu'ils serraient dans leur sac, et qu'ils faisaient toucher, en même temps que leur chapeau, placé au bout de leur bâton, à la statue du saint, parce que cette statue, placée sur le retable de l'autel, se trouvait trop élevée, pour qu'ils pûssent la baiser enx-mêmes. Ils se retiraient ensuite dans le sanctuaire, toujours dans le même ordre, y priaient de nouveau, puis sortaient de l'église. Une députation, son chef en tête, se rendait au presbytère, et offrait au Recteur l'honoraire de la messe solennelle qui devait être chantée le lendemain. Alors, tous les pèlerins se dispersaient : les uns couraient sonner les cloches qui ne cessaient de se faire entendre toute la soirée, et jusqu'à une heure assez avancée de la nuit;

les autres se partageaient dans les hôtelleries du bourg, ordinairement bien insuffisantes pour les recevoir tous. Mais, dans ce cas, les habitants s'empressaient de leur offrir l'hospitalité.

Le lendemain, dès cinq heures du matin, ils arrivaient à jeun, pour communier à la messe du pélerinage. Cette messe était précédée d'une procession en dedans et au dehors de l'église. On y portait la bannière et la statue du glorieux patron, ainsi qu'une magnifique croix d'argent, chef-d'œuvre d'orfévrerie du XVI⁰ siècle, sur laquelle se voyait, d'un côté le Christ en croix, de l'autre, la très-sainte Vierge. Plus bas, sur un globe, s'élevaient à droite et à gauche, jusqu'aux pieds du Sauveur, les statues de Saint-Jean et du saint-martyr de Brioude, en costume de chevalier, armé du bouclier et de la lance. Les quatre évangélistes et tout le collége des Apôtres, presidé par Saint-Pierre, étaient disposés autour de ce globe avec un art et une symétrie qui ne laissaient rien à désirer. Cette croix avait coûté dix-huit cents livres. Les porteurs de ces différents objets changeaient à peu près de cinq pas en cinq pas, car le parcours n'était pas long, et chacun aspirait à un honneur dont il amait à se vanter de retour au pays. Telle était l'ardeur qui transportait ces vigoureuses natures, qu'il leur arriva, une fois au moins, dans cette émulation par trop énergique, de renverser et de mutiler la statue de Monseigneur St-Julien, qu'il fallut réparer.

La messe finie, ils se rendaient, en rang et en silence, chapeau bas et le chapelet à la main, aux fontaines situées à un demi-kilomètre du bourg, sur le versant du côteau de Girouy qui lui fait face. Tous approchaient de la grande fontaine, dite *Fontaine de Saint-Julien,* qui passe pour avoir la vertu de guérir de la fièvre, et buvaient un peu d'eau qu'ils puisaient dans le creux de leur main. Ceux qui étaient affligés de diverses infirmités, visitaient encore les deux autres fontaines, dont l'une porte le nom de *Fontaine des Aveugles*, et l'autre, celui de *Fontaine des Goutteux ou des Galeux.* Ces hommes simples croyaient à la parole de Jésus-Christ qui avait dit à ses Apôtres, qu'avec un peu de foi ils transporteraient des montagnes. Ils croyaient que l'ami de Dieu, qu'ils venaient implorer dans le lieu où il avait manifesté sa puissance, pouvait aussi les délivrer des maux corporels dont ils étaient atteints ou les en préserver. L'homme qui a recours aux remèdes d'un médecin, plus ou moins docteur, n'est-il pas aussi crédule que nos Bas-Bretons qui vont se laver aux fontaines ? Toute la différence, c'est que ceux-là ont foi dans les hommes, tandis que ceux-ci ont foi en Dieu.

Leur dévotion satisfaite, les pèlerins allaient se restaurer, et prendre des forces pour revenir, à onze heures, dans le *pré de la lutte* où les attendait une foule compacte, accourue de tous les environs, pour voir cette joute où l'on excelle en Bretagne. Ce pré, voisin du côteau de Girouy, était situé entre le ruisseau du Moulin de Vouvantes et la petite rivière du Don qui l'entoure comme d'une ceinture. Il est aujourd'hui traversé par la grande route; il était alors la propriété du seigneur de Vouvantes. La lutte était présidée par le haut seigneur de la Motte-Glain, assisté de beaucoup d'autres seigneurs, du clergé, des sénéchaux, procureurs et autres autorités de la contrée. Les combattants ne conservaient que la chemise et la culotte courte à larges braies. Ils devaient se saisir au-dessus des hanches, mais sans se serrer corps à corps. Pour être proclamé vainqueur, il fallait terrasser de suite trois adversaires, en les renversant sur le dos et non de côté, et sans tomber avec eux. Tout le monde ayant pris place, et les prétendants s'étant mis dans les conditions voulues, *le Capitaine* donnait le signal. Ce titre de *Capitaine* était très-recherché ; il ne s'obtenait pas au prix de la bravoure, il était la récompense de la générosité. C'était le plus offrant pour l'église qui était déclaré l'avoir mérité, pourvu qu'il fût prouvé qu'il était laboureur, car les autres professions ne pouvaient prétendre à cet honneur.

Le prix de cette lutte, offert et décerné par le seigneur de la Motte-Glain, consistait en une paire de gants blancs, un louis de 24 francs, et un certificat à présenter au seigneur du pays qui exemptait ordinairement le vainqueur de presque toutes les redevances seigneuriales de l'année. De plus, on déposait une couronne sur sa tête; on liait ses longs cheveux avec des rubans de diverses couleurs, et il était proclamé et accepté comme Roi du pélerinage par tous ses compagnons. C'était lui qui marchait à leur tête, lorsqu'ils rentraient au pays breton, et ce retour était un triomphe (1).

(1) Nous devons une partie de ce récit à Monsieur l'abbé Mérel, ancien vicaire de la paroisse, et à Monsieur Leroux, prieur de Bonœuvre à qui la paroisse doit le remarquable régistre qu'elle possède.

§ V. — DÉCADENCE DU PÉLERINAGE. —
VIE DE ST-JULIEN, SOLDAT ET MARTYR A BRIOUDE. —
M. DESPRÉS, RECTEUR, ENTREPREND
UN VOYAGE EN AUVERGNE, POUR ALLER CHERCHER
LES RELIQUES DU PATRON DE SON ÉGLISE.

Il est dans la nature des choses d'ici-bas d'être soumises à l'action dissolvante du temps. Avec le temps, les montagnes s'abaissent, les vallées se comblent, le chêne, après mille ans de force majestueuse et triomphante, s'abîme enfin dans sa propre poussière, et les palais, qui semblaient devoir éterniser la mémoire de ceux qui les avaient habités ou bâtis, s'écroulent pierre par pierre dans le silence et dans l'oubli. — Les institutions, nées au sein de notre religion divine et immortelle, n'ont pas un sort plus durable, parcequ'elles tiennent à l'homme qui change, et à la terre qui passe avec lui. Le pélerinage de Vouvantes en fit l'épreuve, ainsi que nous l'apprend l'un des plus zélés et des plus remarquables recteurs qui aient gouverné la paroisse.

Lorsque Monsieur Després prit possession de la cure — 1ᵉʳ janvier 1709 — il reconnut avec douleur que la dévotion envers le Patron, si vénéré des ancêtres, était tellement déchue dans les descendants, qu'elle semblait bien près de disparaître.

« A peine savait-on, dit-il en ses mémoires, ce qu'é-
tait saint Julien. On voyait bien, à sa représentation,
qu'il avait été homme de guerre, mais on ignorait
presque qu'il était mort martyr. Une ancienne légende,
touchant un saint Julien, qui avait tué son père et sa
mère, s'était glissée dans la croyance populaire, et
avait complétement défiguré le caractère de notre
grand saint. Je résolus de m'informer au juste de sa
vie, et d'en chercher les mémoires dans les véritables
sources, afin de rectifier la dévotion des fidèles, et de
ne leur proposer que des faits bien certains. »

Voilà donc notre recteur qui consulte le martyrologe, et surtout l'ouvrage de saint Grégoire de Tours
sur la passion, la vertu et la gloire de saint Julien,
dans son traité de la gloire des bienheureux martyrs.
Nous croyons utile au but que nous nous proposons,
d'en faire ici l'analyse la plus complète qu'il nous sera
possible.

Saint Julien naquit à Vienne, en Dauphiné, au troisième siècle de notre ère. Grand par sa naissance, il
le fut encore bien plus par la sainteté de sa vie. Il
suivit la carrière militaire, et obtint un grade élevé
dans l'armée de Dioclétien. Il se lia d'amitié avec le
tribun Ferréol qui adorait aussi lui Jésus-Christ, et
dans la maison duquel il vivait. Mais quand la persé-
cution s'ouvrit dans les Gaules, et que Crispinus, gouverneur de la province Viennaise, eut promulgué les
décrets impériaux, Ferréol conseilla vivement à son

ami de fuir, et d'attendre en un lieu sûr que la tempête fût apaisée. Julien déféra à ce conseil, et passa secrètement en Auvergne, dans l'intention de se retirer à Brioude. Sa fuite fut bientôt connue, et comme la cause qui l'avait provoquée, n'était un mystère pour personne, Crispinus envoya des soldats à sa recherche, avec ordre de le frapper partout où ils le trouveraient.

Cependant Julien était arrivé en un lieu nommé Vinicella ou Vincella, et était allé demander l'hospitalité à deux vieillards qui le cachèrent dans leur cabane. Mais quand l'intrépide athlète de Jésus-Christ apprit que les satellites de l'empereur le cherchaient de toutes parts, lui qui n'ambitionnait que la gloire du martyre, échappa aux efforts que les deux bons vieillards faisaient pour le retenir, et, se présentant avec fierté au-devant de ses ennemis, il leur dit : « C'est rester trop longtemps en ce monde ; je brûle d'un ardent désir d'être uni à Jésus-Christ. Voici que j'accours à vous pour vous offrir ma tête. Vous avez ce que vous demandez : frappez et satisfaites votre rage et mon désir. »

Il avait à peine fini de parler, que les soldats brandissant leurs framées, lui coupèrent la tête. Cette précieuse mort arriva le 28 Août 3o4. A l'endroit où tomba la tête, jaillit soudain une fontaine, dans laquelle les soldats lavèrent le chef vénérable du martyr, ils l'emportèrent à Vienne, comme témoignage de la fidélité qu'ils avaient mise à accomplir les ordres du gouverneur. Les deux vieillards, Ilpidius et Arcontius, qui l'avaient recueilli et caché, inhumèrent religieusement son corps au lieu même où il avait été décapité. Le ciel ne laissa pas sans récompense leur pieuse action, car ils virent leurs corps, courbés et affaiblis par l'âge, se redresser et reprendre toute la vigueur de leur première jeunesse.

En ce lieu là, continue Grégoire de Tours, s'opèrent tant de bienfaits et de miracles, que la langue humaine ne peut suffire à les narrer. Les eaux de la fontaine miraculeuse guérissent beaucoup de malades ; souvent les aveugles, après en avoir humecté leurs yeux, recouvrent la lumière. Là, ceux qui souffrent de la fièvre, se sentent soulagés dès qu'ils en ont bu. Quiconque est atteint d'un mal grave, et éprouve, par l'inspiration du martyr, le besoin de boire de ces eaux, y retrouve aussitôt la santé, et le peuple se réjouit toujours de la grâce d'un si grand Patron qui lui accorde tout ce qu'il demande avec amour. Ceux que ce lieu voit arriver tristes, il les voit s'en retourner pleins d'allégresse, sous le règne de Notre Seigneur Jésus-Christ, à qui, avec le Père et le Saint-Esprit, appartient l'honneur, la puissance et la gloire dans les siècles des siècles. Amen (1).

(1) Passion de saint Julien, martyr à Brioude, en Auvergne, écrite au vi<sup>e</sup> siècle, par saint Grégoire, évêque de Tours, d'après un manuscrit du v<sup>e</sup> siècle. — Tirée des vies de tout les saints de France, par Ch. Barthélemy. Tom. ii. Chap. xviii.

Or, ces grâces et ces merveilles, opérées à Brioude sur le tombeau de saint Julien, s'obtenaient pareillement à Vouvantes par l'intercession du saint qu'on y vénérait. C'est ce qu'atteste Monsieur Després dans les mémoires déjà cités : « J'avais interrogé quantité de pèlerins que j'avais vus venir à notre église, sur la cause de leur dévotion et l'objet de leur pèlerinage, et j'avais été édifié d'apprendre que la plupart avaient reçu des grâces singulières par l'intervention de notre Saint, ou avaient été tirés de dangers évidents, ou des maladies les plus pressantes, quelques-uns même apportant leurs suaires pour marquer la grâce qu'ils avaient reçue. »

Cette recherche et ces révélations inspirèrent aux pieux recteur un vif désir de soutenir et de ranimer « une dévotion si ancienne, si authentique, et qui subsistait depuis si longtemps, malgré la misère des temps, écueil ordinaire des dévotions populaires. » Il écrivit à Brioude, et fut tout étonné de recevoir une lettre signée des prévôt, doyen, chanoines-comtes et chapitre de cette église, qui l'assuraient de leur bonne volonté à seconder ses désirs et ses efforts. Son ambition était d'enrichir son église des reliques de son Patron, mais comment les obtenir ? En homme énergique, Monsieur Després ne fut pas longtemps à prendre son parti. Encouragé par la lettre qu'il venait de recevoir, fort de l'appui et de la recommandation de son évêque, il implore, aux pieds de la statue de saint

Julien et de l'autel, la bénédiction divine, se recommande aux prières de ses paroissiens, et saute sur son petit cheval, comme s'il s'agissait d'aller visiter un malade. Et pourtant, il entreprenait, avec cette frêle et modeste monture, un voyage de 150 lieues, à travers un pays de montagnes, sans provisions et sans autre défense que la protection de Dieu, dont il voulait procurer la gloire !

Nous ne suivrons pas l'intrépide voyageur dans la relation qu'il nous a laissée, soit sur son itinéraire, soit sur les diverses péripéties qui en marquèrent le cours. Il serait trop long de raconter, avec toutes leurs circonstances, les difficultés de toute sorte qu'il rencontra à Brioude pour obtenir ce qu'il y était allé chercher. Son courage et sa piété ravirent les uns, sa constance et son habileté triomphèrent du mauvais vouloir des autres. Enfin, il eut la satisfaction, après avoir couru maints dangers et enduré de mortelles fatigues, d'opérer son retour, après un mois d'absence, riche de deux précieuses reliques, un os du bras et du chef de l'illustre martyr, qui furent accueillies en triomphe par la paroisse et par tout le pays. La translation solennelle s'en fit le 17 Août 1710.

Le but que s'était proposé Monsieur Després était atteint. Il eut la consolation de voir les foules revenir à Saint-Julien avec autant d'empressement et de foi qu'aux plus beaux jours. Il ne fut pas difficile à ses successeurs d'entretenir le feu sacré que ce bon pasteur avait allumé dans les cœurs : le pélerinage fut des plus prospères pendant soixante ans, c'est-à-dire jusqu'au jour où la jalousie vint tout troubler, en jetant la discorde dans le champ du père de famille. C'est une douloureuse histoire, qu'en qualité d'historien fidèle, nous avons le devoir de raconter.

### § VI. — DIVISIONS INTESTINES. — TRACASSERIES DU PARLEMENT.

Pour l'intelligence de ce qui va suivre, n'oublions pas que nous sommes en plein 18ᵉ siècle. A cet époque, l'hérésie de Jansénius, l'esprit de révolte du Protestantisme et le Voltairianisme avaient gangréné une foule d'esprits dans toutes les classes de la société. Les hommes de loi notamment, et les parlements se distinguaient dans la guerre ouverte que, de tous cotés, on faisait à la foi, à l'esprit religieux, aux pieuses pratiques que les siècles avaient consacrées, et en particulier, aux pélerinages.

Depuis un an seulement — 1770 — Monsieur Jouneaülx gouvernait la paroisse, et déjà une coterie s'était formée contre lui, pour le forcer de renoncer aux offrandes que l'on faisait au pilier de l'Église, où étaient attachées les chaînes du galérien. Une dénonciation fut envoyée au procureur général du Parlement de Rennes qui, sans prendre de plus amples informations, rendit, le 19 Août 1771, un arrêté « faisant défense aux recteur et prêtres de Saint-Julien d'exposer des tonneaux dans l'église, sous peine de 300 livres, et à toutes personnes de placer aucune offrande en grains dans le sanctuaire, et de faire toucher leurs chapeaux et sacs à la statue de Saint-Julien. » Ce fut en vain que Monsieur Simon, seigneur de Vouvantes, essaya de faire rapporter cet arrêt ; il fallut que le recteur payât de sa personne dans cette lutte où son honneur et ses intérêts étaient engagés. Il profita de la dispersion du Parlement pour mettre sa requête — 22 Août 1772 — et obtenir un jugement qui cassait l'arrêt de 1771, et ordonnait qu'il en serait usé à l'avenir comme par le passé. Ce jugement fut affiché et publié : les tonneaux furent rétablis dans le sanctuaire, et la recette des offrandes devint plus abondante que jamais.

Ce n'était pas le compte des adversaires de Monsieur Jouneaulx. Ils revinrent à la charge, et, le 3 Août 1775, le Parlement, sur les conclusions et remontrances du Procureur général du Roi, renouvelait les défenses faites en 1771, et assignait le recteur à comparaître, pour être ouï, interrogé, et répondre aux conclusions du Procureur.

Mais pour mieux dévoiler le mauvais esprit de cette cabale, où les rancunes personnelles étaient bien plus en cause que le zèle religieux, faisons connaître les considérants de l'arrêt.

« Le Procureur général du roi a remontré que, par arrêt du 19 Août 1771, la Cour avait proscrit une *superstition* qui s'était accréditée dans l'église paroissiale de Saint-Julien-de-Vouvantes. Le recteur entretenait toute l'année, dans le sanctuaire de cette église, devant la statue de Saint-Julien, des barriques ou tonneaux ouverts. Une multitude de pélerins des paroisses voisines, et même des diocèses les plus éloignés de la Province, allait y verser des offrandes considérables en grains, dont le recteur seul profitait. Il avait soin de faire exposer au même lieu, dans un tonneau séparé, quelques mesures de son propre grain, qu'il bénissait publiquement en grande cérémonie. Il en faisait distribuer aux pélerins une poignée à chacun, qu'ils serraient avec soin dans leurs sacs, et les faisaient toucher, ainsi que leurs chapeaux, à plusieurs reprises, la statue du saint qui est au maître-autel, prétendant par là faire fructifier leurs semences et les préserver d'accidents.

» Depuis le 28 Août, jour de la fête de Saint-Julien, tous les dimanches, jusqu'à la fin de l'automne, l'affluence des pélerins était prodigieuse. Les tonneaux placés dans le sanctuaire étaient remplis et vidés dix fois dans le jour ; et, au temps même de l'office divin, une file de pélerins, apportant du blé aux tonneaux du recteur, ou les valets de celui-ci enlevant ces grains, occupaient l'église : ce mouvement continuel qui troublait le service divin, a quelquefois occasionné des querelles qui ont eu des suites fâcheuses. . . . .

. . . . . . . . . . . . . . . . . . . .

. . . . . . . . . . . . . . . . . . .

» Les offrandes en grains ne sont pas le seul objet

de dépense des pélerins ; outre l'argent qu'ils donnent pour faire dire des messes devant la statue de Saint-Julien, ils paient pour faire faire des processions en leur présence, pour faire sonner les cloches.

» Le tarif pour les ornements augmente en proportion de leur richesse. Une chaîne avec un carcan ou collier de fer, est scellée à un des piliers de cette église. L'ignorance et la superstition l'on consacrée : elle est devenue l'objet de la vénération des pélerins. *La tradition répandue parmi eux*, est que ce collier de fer vient d'un galérien, qui, ayant fait son vœu à Saint-Julien, fut dégagé par miracle. Tous les pélerins se passent cette chaîne au col, donnent quelque monnoie pour offrandes, et se croient préservés de la fièvre pour le reste de leur vie.

» Les fontaines publiques du bourg de Saint-Julien ont, dans l'opinion populaire, des vertus extraordinaires. Il suffit de s'y être plongé une fois, pour être préservé de certaines maladies. Laplupart des pélerins ne s'en retournent qu'après s'être baignés dans ces fontaines, dans lesquelles on puise journellement de l'eau pour boire.

» La Cour voit les inconvénients qui résultent de ces pratiques superstitieuses, et la nécessité d'y apporter un remède nécessaire. »

Ces juges qui qualifiaient la dévotion de tant de peuples comme une superstition et une ignorance, étaient, pour le moins, aussi ignorants qu'eux sur le sujet qu'ils condamnaient. Sous une apparence de zèle et de respect pour le lieu saint, ils osaient, sans scrupule, se substituer au ministère des pasteurs. L'effet de cet arrêt fut une révolte. Le 26 Août 1775, les pélerins nombreux auxquels s'étaient joints les habitants du bourg, vinrent attaquer dans sa maison le procureur fiscal de la Rivière en Haut-Bois, qui avait tenu la main à son exécution. Incapable de leur résister, quoique défendu par la brigade de Maréchaussée de Châteaubriant, il fut obligé de fuir avec les gendarmes. Alors, les pélerins enfoncèrent les portes, et rétablirent triomphalement dans l'église les objets de leur vénération.

L'affaire ne pouvait en rester là. On fit une information; les plus compromis parmi les habitants furent jetés en prison, et les autres condamnés à des amendes, dont le total s'éleva à l'énorme somme de deux mille livres.

Le premier Avril 1776, parut un nouvel arrêt du Parlement qui renouvelait les défenses et peines antérieures, et ordonnait spécialement que les chaînes et le collier de fer, attachés à l'un des piliers de l'église, seraient apportés au greffe de la Cour, et que le présent arrêt serait affiché aux portes de ladite église, depuis le premier Août jusqu'à la fin de Septembre, et publié, tant au bourg de Saint-Julien, après la messe dominicale, qu'aux paroisses voisines, et dans celles de Questembert, Carnac, Theix, Gorvelot, Sulniac, Even, Larré, Labry et Rochefort.

Monsieur Jouneaulx vit bien qu'il n'avait rien à attendre de la justice du Parlement de Rennes ; il se transporta à Paris, et sut si bien faire valoir la bonté de sa cause auprès des ministres du Roi; il tira si bien parti de la déclaration du Roi du 3o Juillet 1690 qui attribuait aux recteurs des cures à *portion congrue* toutes les offrandes faites dans leurs églises, que la Cour lui donna pleinement gain de cause. Aussi revint-il triomphant, et sa voiture pavoisée des lauriers de la victoire. Il était temps ; car, on était au 25 Août, jour de la fête de Saint-Louis, et les Bas-Bretons étaient arrivés ce jour-là, selon leur habitude, en grand nombre. L'église leur était fermée en vertu du jugement que l'on sait. Ils commencèrent à se plaindre et à murmurer ; puis ils s'irritèrent, et menaçaient de tout briser et d'entrer de vive force, lorsque heureusement l'arrivée du pasteur vint calmer leur colère.

Depuis ce temps, la chaîne et le collier sont restés à Rennes, et l'on ne fit plus d'offrandes que dans le chœur de l'église, où les menottes ont toujours été exposées.

Ces dissensions intestines, ces tracasseries des gens du Parlement, n'étaient que le prélude d'autres excès qui achevèrent de porter le coup mortel au pélerinage de Saint-Julien-de-Vouvantes. Pendant la révolution, tous les objets du culte furent profanés, et des saintes reliques du martyr de Brioude, que l'on avait eu tant de peine à se procurer, on ne put sauver que quelques parcelles. Les Bretons cessèrent de venir. Cependant sous la Restauration, on en vit encore un petit nombre s'efforcer de renouer la chaîne séculaire de la tradition. Mais, sous le gouvernement de Juillet, à la suite des demandes de passe-ports et de quelques emprisonnements, ils finirent par disparaître sans retour. Aujourd'hui, les habitants des paroisses voisines sont les seuls qui aient continué de venir assister à la fête du 28 Août.

Nous allons terminer cette notice par des couplets qui sentent beaucoup plus la complainte que le cantique. En les lisant, il nous semble voir le gigantesque parapluie qui abritait le ménestrel de cette poësie populaire, et entendre le son de l'instrument qui l'accompagnait.

# CANTIQUE OU COMPLAINTE

## SUR

## SAINT-JULIEN-DE-VOUVANTES

—

AIR : *de Saint-Hubert*

**I**

Connaissez-vous, Chrétiens,
Le grand saint que je chante?
C'est le puissant soutien
Du canton de Vouvante.
Je vais tâcher de dire
Ce que produit de bien
Le glorieux martyre
De notre Saint-Julien.

**II**

La grêle ni les vents,
La chaleur ou la neige,
Ne ruinent point les champs
Que Saint-Julien protège.
Voulez-vous dans vos terres
Abondante moisson ?
Adressez vos prières
A notre saint Patron.

**III**

Pour un boisseau de grain
Donné de confiance,
Il rend au pélerin
Plein sa main de semence,
Mais Saint-Julien qui veille
Aux grains qu'il a bénis,
Fait croître par merveille
Miraculeux épis.

**IV**

Que la stérilité
Afflige un bon ménage,
Que la mortalité
Tout un canton ravage ;
Procès, pertes, misère,
Ces malheurs ne sont rien
Pour qui fait vœu sincère
D'aller à Saint-Julien.

**V**

De pauvres estropiés
Par malheur ou par guerre
Se rendent à ses pieds
En se traînant à terre ;
Mais bientôt, sans béquilles,
Ils s'en vont marchant bien,
En laissant leurs anilles
En don à Saint-Julien.

**VI**

On connaît son pouvoir
Trente lieues à la ronde,
Il y vient pour le voir
Toute sorte de monde
Il arrive par bandes
Des cents de Bas-Bretons,
Apportant leurs offrandes
Pour messes et processions.

### VII

Malade et pèlerin
Vont boire à ses fontaines ;
Leur eau, mieux que le vin,
En santé les ramène.
Saint-Julien, chose sûre,
Les plaça dans ce lieu,
Le pied de sa monture
Se voit dans le milieu.

### VIII

La première guérit
Fièvre de toutes sortes ;
La seconde finit
Les douleurs les plus fortes.
On lave en la troisième
La gale et le gratin,
Ceux que Saint-Julien aime
En sont guéris soudain.

### IX

On revient en chantant
Un si heureux remède,
Le grand saint bénissant
A qui tous les maux cèdent.
Pour prouver le voyage,
Au chapeau branche d'if ;
On rentre en son ménage
Dispos, gaillard et vif.

## INVOCATION

« Allons, bons pèlerins, et vous, bons voyageurs, rendons grâce de tant de bienfaits au bienheureux saint Julien !

C'était un guerrier chrétien qui combattit longtemps pour la foi dans tous les pays, *en Basse-Bretagne* et dans la France entière. Il fut enfin martyrisé à Brioude, en Auvergne, dans le temps des persécutions de l'empereur Dioclétien contre toute la chrétienté, dès l'an *330* depuis Jésus-Christ. »

C'est bien là le boniment du marchand de chapelets et d'images à un sou, qui flatte ses auditeurs en estropiant l'histoire.

# RAVAGE

ou

## LE GARDE-CHASSE DU DIABLE

# RAVAGE

OU

## Le Garde-Chasse du Diable.

—

Le conte merveilleux que nous allons donner, est extrait des comptes-rendus et mémoires de l'Association Bretonne, session de Savenay, 1877. Né sur le sol de notre pays, nous l'avons recueilli avec empressement, et nous le présentons à nos lecteurs, en les invitant à joindre leurs remercîments aux nôtres, pour l'amabilité avec laquelle son spirituel auteur nous en a permis l'insertion.

Son héros, d'ailleurs, ne nous est pas inconnu ; nous le retrouverons dans nos promenades en Teillay. Sous un autre nom, ce sera le même personnage.

# RAVAGE

## OU

## **Le Garde-Chasse du Diable.**

—

CONTE BRETON.

Il y avait autrefois, entre le bourg de Sion et celui
de Saint-Sulpice-des-Landes, au milieu des grands
bois de Teillay, un vieux et sombre manoir où vivait
un seigneur fort redouté dans tout le pays. Il n'avait
jamais été marié et ce n'est pas étonnant, car le sire
de Teillay était aussi laid que méchant ; grand,
maigre, borgne et toujours aviné, le farouche châtelain n'avait qu'une idée, la chasse ; qn'une passion,
le vin.

Pourtant le garde du bois de Florange, un vieux
rude qui m'a raconté cette histoire, assurait que
Messire Robert de Teillay, dans sa jeunesse, avait

eu velléité de prendre femme, et qu'un jour, ayant habillé l'un de ses valets en *baz-valan*, comme disent les bas-bretons, il était allé frapper à la porte du château de Derval, où il y avait fille à marier. Par malheur, on avait oublié dans l'antichambre où le sire attendait, une bouteille d'eau-de-vie, laquelle étant tombée sous sa patte, avait été promptement mise à sec par notre amateur ; si bien que, quand on ouvrit la porte du salon pour le recevoir, le sire Robert alla tomber, tout de son long, aux pieds de la demoiselle épouvantée, sur le coin d'un tabouret où il laissa un de ses yeux... Après une telle aventure, notre doux sire, pestant contre toutes les jupes de Bretagne, avait juré de ne plus épouser que.... les bouteilles de sa cave.

En outre, le seigneur de Teillay était très-jaloux de ses droits de chasse, et faisait faire bonne garde sur ses domaines et dans ses bois. Aucun de ses nombreux gardes ne réussissait à préserver son gibier au gré de sa fantaisie. Voilà qu'un soir, ayant appris qu'un cerf avait été tué dans l'un de ses bois, il se rendit furieux chez le garde soupçonné de négligence, et lui ordonna de déguerpir à l'instant. Il faut vous dire franchement que, selon son habitude, le sire avait la tête un peu allumée et les jambes tremblantes, et que son petit œil unique avait l'air d'un charbon ardent. Cet homme-là devait être cousin-germain du diable lui-même, et ce n'est pas impossible, vu la fin de mon histoire. Or donc, il ordonne au garde délinquant de filer sans retard.

— A moins d'être le diable en personne, répondit le malheureux, il est impossible de protéger tous vos cerfs et chevreuils contre tant de maudits braconniers.

— Par l'enfer, s'écria le sire, pour sauver mon gibier de ces malandrins, je prendrais volontiers Satan à mon service.

— Dieu nous protége ! murmura le pauvre homme, puis il s'éloigna, en se signant, de la maison forestière où le châtelain resta seul absorbé dans ses méchantes réflexions.

Au même instant la porte s'ouvrit d'elle-même en grinçant sur ses gonds rouillés. On entendit au loin, sous la voûte de la forêt, le son terrible d'un cor qui sonnait une fanfare inconnue... Le sire de Teillay frissonna malgré lui, et un coup de vent ayant éteint la lampe, Robert le borgne s'écria :

— Qui donc ose chasser dans mes bois à pareille heure ?

Alors une lueur rouge éclaira les murs de la maison, avec un bruit de ferraille pas trop rassurant, et une odeur de brûlé qui devait venir d'une cheminée où les damnés font de la suie, comme disait le vieux Florange, qui était un maître pour en conter des plus carabinés... et Robert le borgne, dont le petit œil flambait rudement, vit entrer un grand chasseur,

aussi long et aussi maigre que lui, et si décharné,
que ses os jouaient de la crécelle en remuant; et puis
il avait un bonnet rouge fumant et un pourpoint noir
percé à jour, si bien qu'on voyait par les trous, sa
chair rouge comme braise. De larges guêtres de peau
de sanglier cachaient ses pieds énormes. Il portait sur
l'épaule une carabine de quatre aunes de long, et un
cor dont le pavillon ressemblait à la gueule ouverte
d'un dragon. Ah! ah! c'était un crâne chasseur,
comme vous voyez, et bien d'autres auraient filé ou
renoncé à l'aventure en demandant grâce; mais
Robert le borgne était un fier luron, et dès qu'il eut
aperçu la figure écarlate du grand squelette, il alla le
regarder sous le nez, afin de le mieux dévisager, et se
mit à éclater de rire.

— Par la mort bleue, s'écria-t-il, en voilà un qui
me ressemble. Que veux-tu, mon joli garçon?

— Ce que je veux, fit l'autre d'une voix à casser
les vitres, je veux la place de garde que tu as offerte
au Diable, si j'ai bien entendu de là-bas?

— Ah! ah! tu es donc Belzébuth ou son fils?

— Je n'ai point tout-à-fait cet honneur, mais on
me nomme *Ravage,* et je suis garde des forêts de
l'enfer.

— Diable, fit le sire Robert, à ce titre tu me plais
infiniment. Et quel gibier avez-vous donc dans vos
bois infernaux?

De toutes sortes : nous avons des daims, des

antilopes, des cerfs, des rennes, errant autour de
pâturages semés d'herbes brûlantes. Ces animaux
sont si maigres qu'on voit le jour, ou plutôt le feu, à
travers leurs os. C'étaient des lâches, des vaniteux,
des présomptueux sur la terre. Nous avons des
renards, des chacals décharnés, condamnés à guetter
sans fin des proies insaisissables. Ce furent des
fourbes, des envieux dans votre monde pervers.
Nous avons encore des loups affamés, des tigres
altérés, des lions à la crinière de flammes ; tous
privés d'ongles et de dents, et condamnés à mourir
de faim pendant l'éternité. C'était autrefois des
hommes avides, cruels et orgueilleux. Nous avons de
plus...

— Assez ! assez ! maître démon, interrompit le
sire de Teillay. Je vois que vous possédez là-bas vrai
gibier d'enfer. Satan, ton maître, est donc un
chasseur distingué ?

— Mais un peu, Messire, reprit le garde infernal.
Eh ! ne l'as-tu jamais rencontré dans tes courses ?

— Jamais, je pense, dit Robert qui commençait
à regarder le hideux compère avec une certaine
inquiétude, effet de sa conscience bourrelée.

— Jamais ! tu te trompes, s'écria le suppôt de
l'enfer en agitant ses ferrailles et ses os : ainsi, dans
tes jours de colère, d'injustice, de rapine, c'est mon
maître qui t'accompagne et qui excite lui-même la
meute de tes passions. Il court, il combat, il chasse

avec toi. Il est ton garde, ton génie, ta monture. Tu ne le vois pas, mais tu presses sa main, tu respires son haleine.... Ah! c'est un habile veneur que mon maître!!! Mais ce n'est point là ce qui m'amène ici : je suis venu à ton appel pour garder tes domaines, et cela à une condition...

— Voyons laquelle?

— C'est que mon maître aura l'âme de tous les braconniers et maraudeurs que je prendrai en état de péché mortel, et qui seront pendus sans rémission... Et de plus...

— Achève, par la mort, achève!

— La tienne... qui, du reste, lui appartient déjà au trois quarts.

— Oh! oh! voilà qui me semble un peu dur, double fripon, mon ami... Est-ce que tu ne pourrais en rabattre?

— Franchement, c'est difficile... Pourtant je suis bon diable. Donc, si javais un jour la griffe assez malheureuse (que Satan m'en préserve!) pour arrêter un juste, pris chassant en fraude ou volant ton bois, alors j'aurais perdu la partie.

— C'est toujours une chance, dit Robert le borgne en débouchant une bouteille. Tope-là, j'accepte et buvons un coup, car j'ai une soif...

— De damné, fit le nouveau garde qui exécuta une pirouette, et brisa son verre contre le mur après l'avoir vidé...

Au même instant, une fanfare sonnée par douze cors de démoniaques pour le moins, joua une gavotte à tout rompre. L'homme rouge saisit Robert le borgne par la main, et voilà que tous les deux se mirent à danser une ronde en mesure, avec une chaîne de plus de cent démons qui tournaient autour d'eux comme la roue d'un moulin.

— Allons, plus fort, plus fort, seigneur borgne, criait le grand Ravage ! En enfer, on danse mieux que cela. Allons, saute pour ta convoitise, saute pour ton orgueil : hop ! hop ! Bravo ! saute pour ta gourmandise, saute pour ton ivresse, hop ! hop ! ah ! tu as encore du jarret pour ton âge.....

Et il fallait voir le démon rire à se tordre, et Robert le borgne faire des contorsions et des sauts à se rompre le cou ; si bien qu'à bout de forces, il tomba raide sur le dos, et une meute de plus de cent démons lui passa, en trépignant, sur la poitrine...

Ouf ! comme disait Florange, lequel était un rude pour conter des histoires où le diable n'y voyait que du feu : ouf ! voilà une menée d'enfer, un vrai bal infernal ; faites-en part à ces messieurs et à ces dames, pour sûr que la danse et la musique seront de leur goût.

Allons, pas tant de raisons, ne faisons pas long feu et continuons bellement notre *randonnée ;* car la fin est triste et lugubre, quasi à pleurer..

Voilà donc notre démon installé garde en chef des

domaines du sire de Teillay... Hélas ! mes amis, que de gens en ce monde qui font comme lui, et qui livrent le domaine de leur conscience à la garde de l'esprit du mal ; que de gens qui courent à l'appel de ses fanfares, et qui ne songent qu'à chasser le gibier du diable. Hein, camarades ! faites-y attention ; amorcez bien, ne ratez pas, car le chasseur rouge vous guette, et son fusil ne rate jamais, jamais...

Cela dura longtemps, trop longtemps au manoir de Teillay. Le nouveau garde faisait ample moisson de braconniers ou voleurs, lesquels étaient pendus sans rémission, et Ravage empochait leurs méchantes âmes qu'il jetait dans la gueule du four, dont le boulanger s'appelle Satan. La besogne allait bien, trop bien pour lui, comme vous voyez.

Pourtant Robert le borgne commençait à s'effrayer de tant de pendaisons ; il s'enivrait moins souvent ; mais l'inquiétude de tomber lui-même dans les griffes du diable, le rendait encore plus morne et plus sombre qu'autrefois. Franchement, il faisait peur à voir, et se serait peut-être corrigé de son amour du vin, si chaque soir Ravage, en lui rendant compte de ses captures, ne lui avait versé à boire après son souper.

Le temps passait, et l'affreux garde n'avait pas fait la moindre erreur ; pas le moindre juste, pas le plus simple maraudeur, un peu repentant, ne lui était tombé sous la main. Comment faire ?

Enfin, un soir d'hiver que le châtelain réfléchissait avant l'arrivée du maudit limier, un vieux pauvre, nommé Job, vint demander l'aumône au château. Les valets commencèrent par le chasser à coups de fouet, mais Robert le fit rappeler et amener devant lui, dans la grande salle. Job eut une peur épouvantable en se trouvant seul avec cet affreux borgne qu'il prit pour le terrible garde de la forêt, vu leur ressemblance.

— Je n'ai jamais volé de bois, s'écria-t-il, ayez pitié de moi.

— C'est justement, reprit le sire, parce que tu n'as pas volé que je vais te faire pendre : tu es trop honnête pour un pauvre ; allons, je vais préparer ta potence, ainsi repens-toi !

— Me repentir, fit Job ; de quoi faut-il me repentir ?

— Eh ! par la mort bleue ! c'est de ne pas avoir volé.

— De ne pas avoir volé ; murmura Job en tombant à genoux ! Que voulez-vous donc que je fasse ?

— Je veux que tu voles mon bois, imbécile ; je suis le maître apparemment ; je t'y autorise, je te l'ordonne ; et si ce soir même, en t'en allant, tu ne me voles pas un beau fagot de bon bois, demain tu seras pendu.

— Pendu, répéta Job, pendu si je ne vole pas son bois !

Là-dessus, Robert le borgne le poussa à la porte, en lui faisant un signe terrible, comme celui de serrer une corde autour du cou.

Franchement, comme disait le brave Florange, c'était un peu dur d'être pendu, parce qu'on n'était pas voleur. Voilà qui ne s'est peut-être jamais vu.

N'importe, une demi-heure après, Job arrivé dans la forêt, se dit naturellement que puisque le maître l'avait autorisé, ce ne serait plus voler que de prendre un fagot, dont il avait d'ailleurs grand besoin. Le voilà donc à l'ouvrage.

— Halte-là, maraudeur! cria tout-à-coup une voix terrible, tout près de lui. Et notre pauvre homme vit avec épouvante comme un spectre rouge se dresser devant lui.

— Suis-moi au manoir, double malandrin, ajouta le limier; au manoir, où tu seras pendu pour avoir volé du bois.

— Pendu, fit Job ahuri! pendu si je vole! pendu si je ne vole pas! c'est à confondre.

Chemin faisant, le garde au toquet rouge s'aiguisait les ongles, en songeant qu'il tenait une âme de plus.

Quand ils arrivèrent près du manoir, il faisait nuit noire, mais les yeux de Ravage éclairaient la route comme deux lanternes. Alors il sonna une fanfare à réveiller les morts; des nuées de hiboux, chauves-souris et chats-huants sortirent, en criant, des trous, des créneaux et des toits pointus.

Robert le borgne arriva dans la cour en même temps, et les valets du château s'assemblèrent pour voir ce qui allait se passer.

En reconnaissant le pauvre Job, Robert éprouva un moment de joie.

— Ah! ah! suppôt d'enfer, s'écria-t-il, tu as perdu la partie, car le malheureux que tu as pris est le plus saint homme de la paroisse.

— Tu mens! vociféra le limier, d'ailleurs il volait du bois.

— Non pas, non pas, reprit le sire, il en prenait avec ma permission; je la lui ai donnée ici même, il n'y a pas une heure. Te voilà pris à ton tour, et tu vas être pendu. Allons, camarades, une corde, et une solide, à pendre un diable.

Pendre un diable! et franchement voilà du nouveau, comme disait Florange, et c'eût été une fameuse affaire; mais hélas! on ne sait que trop sur la terre que le diable, pour encore, n'a pas été pendu.

La corde de la potence fut donc passée autour du cou de maître Ravage, qui allait faire sa dernière randonnée. Son corps lançait des étincelles, et trois hommes des plus forts se mirent en train de le hisser. Oui, allez donc voir; Ravage ne bougeait pas plus qu'un poids de dix mille. Trois autres lurons et trois autres encore vinrent tirer sur la corde. Bah! peines perdues! la poulie grinçait, grinçait comme trente-six damnés; la corde cassa; tous les *pendeurs* roulèrent les uns sur les autres, et le mal pendu se mit à ricaner tout haut, si bien que Robert le borgne entra dans une fureur abominable, et qu'il cherchait déjà le pauvre Job pour le pendre bel et bien à la place du maudit, lorsque Job tout essoufflé s'avança au pied de la potence.

D'où venait-il si agité ? Vous allez le savoir, et la fin ne sera pas longue. Le pauvre Job venait de la chapelle du château; il tenait à la main une branche de buis mouillée, et aussitôt s'approchant du démon brûlant, il l'aspergea tant et tant, que la fumée empêchait de rien voir. Finalement, quand la fumée se fut dissipée, à la place où l'on avait vu la potence, la corde et le garde-chasse du diable, il n'y avait plus rien, rien qu'un petit tas de cendre rouge où l'eau bénite fumait encore un peu.... Et puis, dans le lointain, sous la forêt sombre, on entendit les sons étouffés d'une fanfare infernale.

Voilà mon histoire finie, et Robert le borgne, passablement converti ou *détourné*, comme disait Florange, le roi des gardes bretons. Et il ajoutait encore en manière de conseil à la jeunesse :

— Chasseurs imprudents, cavaliers téméraires, je vous le dis bien franchement, craignez de rencontrer le garde-chasse du diable, le terrible Ravage, qui court souvent dans les grands bois.

Comanna, 1ᵉʳ septembre 1877.

Du Laurens de la Barre.

# SOUVENIRS HISTORIQUES

## DE LA

## FORÊT DE TEILLAY

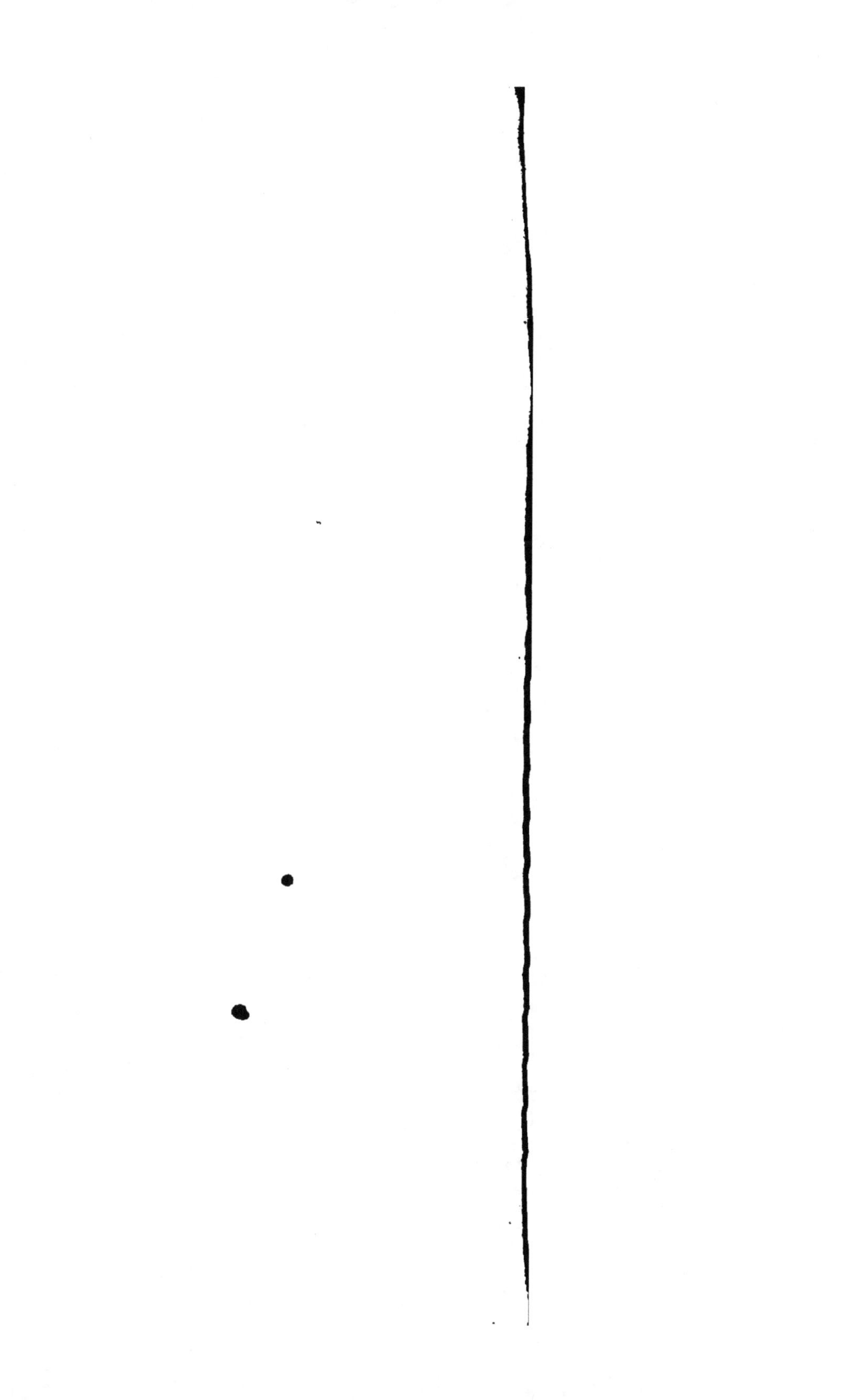

La Roche-Giffart, en Teillay (Château moderne).

# SOUVENIRS HISTORIQUES

## DE LA

## FORÊT DE TEILLAY.

—

La forêt de Teillay est un des lambeaux les plus considérables de ce massif immense, impénétrable, qui couvrit pendant des siècles le centre de l'Armorique. Elle fut, dès l'origine, la propriété de cette famille bretonne envoyée par les comtes de Bretagne en ce pays, pour en garder les frontières. Tant de faits intéressants pour l'histoire de cette contrée que nous voulons faire connaître, se sont passés en son enceinte, que nous croirions n'avoir pas atteint notre but, si nous n'en évoquions le souvenir.

## § I. — VILLE ET CHATEAU DE TEILLAY.

Que la pauvre et peu grâcieuse bourgade, qui porte ce nom, ait été jadis une ville, il faut bien le croire, puisque c'est le titre pompeux que lui donnent les plus anciens documents. Elle doit, sans doute, cette bonne fortune, d'abord à un chemin pavé, voie romaine qui la traversait dans la direction de Bain à Châteaubriant ; ensuite, à son droit de porte de ville qu'elle payait, dit Ogée, au prince de Condé, quoique ces portes n'aient jamais existées. Mais, ce qni donnait à Teillay une importance réelle, c'était son château et la résidence qu'y faisaient de temps en temps les sires de Châteaubriant. Les officiers de la justice seigneuriale, les agents de l'administration domaniale en ce quartier, y avaient leurs maisons ; et les pages et dames d'honneur avec tous les valets qui suivaient le baron, remplissant de bruit et de mouvement les rues de la petite bourgade, offraient l'image d'une cour et d'une ville aux yeux du peuple villageois, qui se prisait alors à l'égal des bourgeois de Château-briant.

Dire à quelle époque et par qui fut bâti le château de Teillay nous est impossible. Peut-être fut-il l'œuvre de quelque cadet des Brient, qui aurait reçu ces terres en apanage. Il est certain qu'il appartint toujours à cette famille, et que la Duchesse Constance, mère de l'infortuné Arthur, s'y cacha vers 1195, protégée par notre baron Geoffroy II, qui sans doute demeurait près d'elle. Elle pouvait y vivre en toute sécurité, car la place était forte, entourée qu'elle était d'un côté, par l'immense forêt, et de l'autre, par les eaux d'un vaste étang qui la reliait au moyen d'une chaussée, à la terre ferme. C'était le même système de défense et de fortification qu'au château de Derval. Pour y arriver, il fallait franchir un double rempart et deux douves, larges, profondes, et toujours remplies d'eau. Le second rempart était flanqué de cinq tours, dont les contours se dessinent encore parmi les ronces et les arbustes qui en défendent l'approche. Le donjon s'élevait au centre de ces fortifications, sur un tertre fait de main d'homme. De ces murs, derrière lesquels s'abritèrent la grandeur et l'infortune, il ne reste plus aucun vestige. La chapelle Saint-Eustache, muette et solitaire comme un tombeau, a remplacé la formidable demeure des puissants de la terre.

L'histoire se tait également sur les évènements qui amenèrent la destruction du château de Teillay. La guerre que Pierre Mauclerc, aidé du baron de Châteaubriant, soutint contre Amaury de Craon et les seigneurs bretons, a bien pu amener sous ses murs les partis hostiles — 1222 — mais la lutte plus longue et

plus désastreuse de la succession de la Bretagne —
1338 à 1364 — lui aura été plus funeste que toute
autre. Alors les tours auront été abattues, les fortifications rasées, le donjon seul aura été respecté pour
servir d'habitation inoffensive à son seigneur, puisque
en l'année 1446, François Iᵉʳ, duc de Bretagne, le
jugea propre à servir de prison à son malheureux
frère.

Ce point d'histoire locale est assez intéressant, car
jusqu'ici nous avions cru avec tous ceux qui ont écrit
ce drame, que Gilles de Bretagne avait été renfermé
dans les prisons de Châteaubriant, dont il était
seigneur, pendant que le Duc, accouru sur les lieux,
instruisait son procès avec toute la passion que peut
suggérer la haine. Mais la supplique que les habitants
de Teillay adressèrent, en 1452, à Guy de Laval,
nous fixe absolument à cet égard.

Voici ce que nous y lisons : « Au temps que
messeigneurs, vos prédécesseurs, seigneurs de Châteaubriant, demeuraient en votre château de Teillay,
lequel est abattu et délaissé par fortune (*malheurs de
la guerre*).... et au temps que feu monseigneur Gilles
— à qui Dieu pardonne — fut audit lieu de Teillay
pour le temps de cinquante jours..... lequel bien
informé..... donna mandement signé de sa main.....
duquel mandement n'avons aucunement joui pour le
cas qui intrevint de mondit seigneur Gilles..... etc. »
Toutes ces expressions sont claires et ne laissent rien

16

à désirer sur ce fait, resté inconnu jusqu'ici. Nous ne sommes pas éloigné de penser, que ce fut pendant que le malheureux prince était renfermé dans ces froides ruines, sorte d'oubliettes, à peine soupçonnées de ceux qui pouvaient s'intéresser à son sort, qu'on essaya sur cette jeune victime les effets du poison. On ne le tira de là que pour hâter l'affreux dénouement.

Tels sont les derniers et tristes souvenirs que l'histoire nous a laissés du château de Teillay.

Que Duguesclin ait bataillé en cette contrée, cela est indubitable. Chef de parti opposé à Robert Knolles, redoutable lieutenant du roi d'Angleterre, il trouvait, en ce pays de halliers et de forêts, tout ce qu'il pouvait désirer pour jouer des tours de son métier à son infatigable adversaire qu'il suivait partout à la piste. Knolles, à Châteaubriant, à Fougeray, à Derval, se regardait un peu comme chez lui, car Edouard III lui avait abandonné ces places, moyennant une redevance annuelle. Ce qui ne veut pas dire pourtant qu'il y couchait toujours, et que notre batailleur le laissait dormir tranquille. Tantôt il prenait ses quartiers d'hiver à Châteaubriant, tantôt du fond du château de Teillay, dont le maître guerroyait en Basse-Bretagne pour la même cause, il combinait ses plans, guettant sa proie et tombant sur tout ce qui était anglais. Car Duguesclin abhorrait les Anglais, auxquels il faisait une guerre semblable à celle que les chouans Bretons et Vendéens firent aux partisans de la république. Tapi, avec sa bande, composée de soixante gars, sur la lisière de la forêt de Teillay qui environnait alors la forteresse de Fougeray, il surveillait les Anglais de la garnison, pour les happer à la première occasion favorable. Ce qu'il fit, lorsqu'il s'empara de ce château, en se déguisant, lui et les siens, en bûcherons chargés de fagots qui leur avaient été demandés, disaient-ils, par le gouverneur de la place.

Un autre souvenir attaché à Teillay se rapporte à l'année 1420 environ.

Le sire de Laigle, aussi méchant traître que Marguerite de Clisson, sa mère, passa et repassa autour de ce château, à la tête d'une troupe de partisans aussi déterminés que lui. Cachés le jour dans l'épaisseur de la forêt, il ne marchait que la nuit, espérant surprendre, pour l'enlever et l'assassiner, le baron de Châteaubriant, Robert de Dinan, son beau-frère, fidèle allié du duc de Bretagne, que Marguerite venait de faire prisonnier dans le guet-à-pends de la Trouberde, en Anjou. Heureusement Robert était loin, et le complot avorta.

Tels sont les derniers et tristes souvenirs que nous a laissés l'histoire sur le château de Teillay.

## § II — NOTRE-DAME DE TEILLAY ET LE PRIEURÉ DE SAINT-MALO

Ce qui est aujourd'hui l'église paroissiale de Teillay, est précisément l'ancienne chapelle de Notre-Dame, création pieuse d'un baron de Châteaubriant, nommé Geoffroy III. Il la bâtit près de son château — 1221 — et y établit un chapelain qui devait la desservir personnellement, pour sa commodité et celle de ses serviteurs et sujets, trop éloignés d'Ercé, la paroisse.

A une toute petite distance de Notre-Dame, et toujours sur la lisière de la forêt, on voit les ruines du prieuré de Saint-Malo, dont la fondation remonte aux commencements de l'Ordre fondé par Robert d'Arbrissel, c'est-à-dire aux premières années du douzième siècle. Tout porte à croire qu'il dût son origine à la pieuse libéralité des seigneurs de Châteaubriant. En 1145, Even, évêque de Rennes, donna l'église d'Ercé aux religieuses de Saint-Malo, dont la prieure nommait le recteur de cette paroisse, lequel fut toujours un bénédictin jusqu'en 1672, époque où la cure fut sécularisée. Geoffroy III avait donné à la prieure une forge ambulante dans sa forêt de Teillay avec plusieurs autres droits. On peut voir sur le bord de la route, et près de l'ancien étang, de grands amas de scories de fer, mélangés de charbon, qui attesten<sup>t</sup> l'emplacement de cette industrie, très-fructueuse pour les seigneurs, et très-répandue dans ce pays où abondaient le bois et les mines de fer.

## § III — COUVENT DE SAINT-MARTIN
### LE PROTESTANTISME ET LES SEIGNEURS DE LA ROCHE-GIFFART
### MASSACRES ET INCENDIES. — RUINE DU COUVENT

Presque au milieu de la forêt de Teillay, plus étendue en ces temps qu'elle ne l'est aujourd'hui, près du ruisseau d'Aron, dans un frais et délicieux vallon, s'élevait une chapelle, que son fondateur avait dédiée à Saint Martin, le thaumaturge des Gaules, dont le nom et la sainteté étaient en si grande vénération dans toute la chrétienté. Il est à présumer qu'elle devait son existence à notre Geoffroy IV, qui s'était signalé, comme nous l'avons vu, par plusieurs autres fondations plus considérables. En effet, par son testament de 1262, il laisse cinquante livres de rente à Saint-Martin de Teillay, sans en expliquer davantage la destination. Comme cette somme était considérable pour le temps, et qu'elle suffisait à l'entretien d'un chapelain, il est permis de croire, jusqu'à preuve du contraire, que telle était l'intention du testateur (1).

(1, Le P. du Paz, dans son Histoire généalogique des seigneurs de Châteaubriant, attribue à Geoffroy III — 1221 — cette fondation, qu'il a bien pu confondre avec celle de Notre-Dame de Teillay, aujourd'hui paroisse.

Pendant plus de 150 ans, Saint Martin ne fut pas autre chose qu'un modeste oratoire, perdu dans l'épaisseur de la forêt, et dans son inaccessible solitude. Il allait peut-être périr dans la mémoire des hommes, lorsqu'une nouvelle étrange, incroyable, courut dans le pays. Il se disait que Robert de Dinan, baron de Châteaubriant, venait de se retirer au fond de sa forêt de Teillay, et y avait pris l'habit des Frères-Mineurs ou Cordeliers. Et c'était la vérité.

Oui, le puissant seigneur de tant de belles terres, le vaillant guerrier, que le Duc de Bretagne aimait à consulter en toutes choses, et à placer à la tête de ses armées, alors qu'il était comblé d'honneurs et de richesses, quittait la cour et les champs de bataille, pour vivre sous la bure, dans l'humilité et l'austérité des enfants de Saint-François.

Après avoir fait bâtir un monastère près de l'antique chapelle de Saint-Martin, il dit adieu aux grandeurs et aux plaisirs de la terre, et se renferma avec ses nouveanx frères dans le couvent qu'il venait de fonder (1428). Il y vécut pendant deux ans dans les exercices de la mortification et de la prière, Dieu l'ayant promptement retiré de ce monde, pour le récompenser de la générosité avec laquelle il avait tout quitté pour s'attacher à lui — 1430.

Les nouveaux habitants de la forêt de Teillay étaient une bénédiction pour cette contrée pauvre et presque sauvage. Secourables à toutes les misères corporelles et spirituelles, ils répandaient d'abondantes aumônes, catéchisant les enfants, et instruisant les ignorants. Car, pendant bien des siècles, il n'y eut d'écoles que dans les couvents, et point d'autres maîtres que les prêtres et les moines. C'était toujours le Père Gardien de Saint-Martin qui prêchait les stations de carême, et les jours de fête, soit à Châteaubriant, soit dans les paroisses voisines.

Les jours d'épreuves arrivèrent.

L'on était à l'an 1562. Le protestantisme avait réussi à pénétrer dans la catholique Bretagne avec la protection des grands. Quelques seigneurs de Sion et du voisinage, qui se trouvèrent être de la *religion* (nouvelle), s'unirent avec leurs officiers et autres agents pour faire un corps d'église. Ils appelèrent un pasteur, dressèrent leur consistoire, signèrent leur confession de foi, et firent choix du bourg de Sion pour y tenir leurs assemblées, comme étant au centre de leurs familles. Par violence ou par crainte, ils s'étaient emparés d'une petite chapelle joignant l'église du bourg, et avaient eu l'audace d'y faire le prêche. Mais les habitants protestèrent contre une pareille usurpation ; il fallut abandonner la chapelle, et aller chercher, dans l'enceinte du château de la Roche-Giffart, un asile plus sûr et moins contesté. René de la Chapelle, seigneur de la Roche et de Sion, vrai pilier de la réforme en ce pays, était un homme trop violent pour supporter les affronts qu'il reçut plus d'une fois de ses vassaux catholiques. Du monastère au château, il n'y avait malheureusement pas loin : c'était un dangereux voisinage pour les bons Pères. Tout faisait craindre une méchante entreprise de sa part : ces craintes ne tardèrent pas à se réaliser.

Le couvent fut tout-à-coup envahi par les huguenots, le seigneur de la Roche à leur tête. Par bonheur que, prévenus à temps, presque tous les frères avaient eu le temps de se sauver, lorsque les ennemis de Dieu et de son Eglise entrèrent dans la maison. Mais il en était resté deux : le Père Gardien, ou Prieur, et un frère lai. Le premier, nommé Père Drouadeyne, était un homme vénérable, très-exact observateur de la règle, et remarquable par son érudition. Son compagnon s'appelait François Butault. Les huguenots assaillirent avec fureur le couvent et les deux pauvres moines. Le P. Drouadeyne fut cruellement massacré ; un supplice plus affreux attendait le F. Butault. Les hérétiques le jetèrent, dit-on, sur des charbons ardents, puis ils l'achevèrent à coups de fusil. Après ce massacre, les furieux se répandirent dans tout le monastère, pillant et enlevant tout ce qu'ils purent emporter, et avant de regagner la Roche, ils livrèrent les bâtiments aux flammes.

Cependant les Cordeliers, rentrés dans leur couvent, parvinrent à réparer les désastres; mais René de la Chapelle vivait toujours, et il était plus que jamais la terreur du pays. Trois ans seulement après le drame que nous venons de décrire, c'est-à-dire en 1565, il reparut avec ses infâmes sicaires devant le couvent restauré. Le P. Jean Tissier était alors Gardien du monastère : c'était un religieux très-recommandable par ses vertus. Dieu voulut couronner par le martyr une vie écoulée dans l'observation de ses commandements et de la perfection évangélique. Comme la première fois, il était resté seul. A quoi bon sacrifier ses frères? Il les avait forcés à prendre la fuite. Pour lui, à l'exemple de son saint prédécesseur, il attendait tranquillement ses ennemis. Son courage et sa foi reçurent leur céleste couronne : ces frénétiques le massacrèrent, et pour assouvir leur rage, ils jetèrent son corps dans un puits. Le couvent fut encore une fois pillé, encore une fois livré aux flammes.

Le martyrologe franciscain, dit M. Tresvaux, fait au 1ᵉʳ Août, la mémoire de ces trois religieux (1).

Peu de maisons religieuses ont eu une existence aussi tourmentée que Saint-Martin de Teillay. A peine les cendres de leur maison incendiée étaient refroidies, qu'ont vit reparaître les enfants de Saint François. Ils revenaient relever les ruines de leur pauvre monastère, et, tristes et résignés, prier pour leurs persécuteurs et leurs bourreaux. La main de Dieu s'était visiblement appesantie sur cette famille de La Chapelle, dont trois étaient morts de mort violente,

_______

(1) **Histoire de Châteaubriant, pages 117-118.**

les uns après les autres. Elle ne sut pas le comprendre; mais s'endurcissant au contraire dans le mal, elle continua d'attirer sur elle la colère divine.

Cent ans environ après les évènements que nous venons de raconter, — 1661 — Henri II de la Chapelle, marquis de Fougeray, seigneur de la Roche-Giffart et de Sion, se déshonorait de toutes façons : dissipateur, débauché et sacrilége, il était vraiment la terreur du pays, et l'on demeure stupéfait en songeant aux atrocités demeurées impunies, commises au grand jour par ce seigneur dans notre religieuse Bretagne, et sous le tout puissant Louis XIV. L'histoire de ce seigneur de Sion est une vraie pièce justificative de la fameuse révocation de l'édit de Nantes.

Henri II habitait ordinairement son château de la Roche; il se rappela que ses coréligionnaires, guidés par son aïeul, avaient pillé à deux reprises le couvent de Saint-Martin : il ne voulut pas faire moins qu'eux. A la tête de ses huguenots, il surprit le couvent destitué de tout secours, y mit le feu et brûla tous les pauvres moines qui y étaient renfermés, sauf un seul qui réussit à sortir par une fenêtre; encore cette malheureuse victime ne put-elle leur échapper. Les barbares saisirent ce religieux, et le firent périr, au milieu d'atroces souffrances, en lui coulant du plomb fondu dans la bouche et dans les oreilles.

On voyait encore, au commencement de ce siècle,

avant qu'eûssent été dispersées les dernières ruines du couvent, une inscription commémorative, placée dans la bibliothèque, et rappelant brièvement l'horrible incendie de 1661, et les noms de toutes les victimes.

La colère d'Henri de la Chapelle n'en demeura pas là : elle se changea en une sorte de démence. Revenu à la Roche, après le massacre de Saint-Martin, il s'attaqua à la chapelle même qu'avaient bâtie ses ancêtres en l'honneur de Saint Léonard, à la porte de leur château. Il y porta la torche de l'incendie, et la fit disparaître comme un monument de superstition.

Enfin, pour mettre le comble à tant d'horreurs, le marquis de Fougeray envoya son châtelain, premier officier de sa maison, piller l'église paroissiale de Sion, et profaner les saintes espèces, renfermées dans le tabernacle. A la nouvelle de ce crime abominable, un cri de réprobation s'éleva dans tout le pays contre l'auteur de cet attentat sacrilége. On retrouva les saintes hosties semées le long du chemin qui conduit de Sion à la Roche-Giffart. Les prêtres de la paroisse, suivis de toute la population, dont la très-grande majorité était catholique, se rendirent processionnellement, un cierge à la main, sur les lieux ; on recueillit pieusement les saintes espèces à mesure qu'on les trouva, et l'on éleva une croix là où fut relevée la dernière hostie.

Ces détails ne furent longtemps connus que par la tradition populaire, mais nous avons découvert une preuve historique du triple crime d'Henri II de la Chapelle dans un vieux registre de la paroisse de Saint-Sulpice, lequel contient une note ainsi conçue : « *Le huictième de Janvier 1661, les sieur et Dame de la Roche, accusez d'avoir bruslé ou faict brusler la chapelle de Sainct-Léonard, et le couvent de Saint-Martin, furent mis en arretz* (sic); *leur chastelain, convaincu du vol et emport du sainct Ciboire et du Sainct Sacrement de Sion, fut bruslé vif.* »

Une autre anecdote, profondément gravée dans la mémoire des habitants, va nous montrer les catholiques de Sion aux prises avec les protestants.

C'était un jour de Fête-Dieu, vers 1663 ; la procession du Très-Saint-Sacrement sortait de l'église, traversant la route qui mène à la Roche. Tout-à-coup apparaît le carrosse du redoutable marquis. A la vue de la procession, il ordonne à son cocher de passer outre, et de traverser les rangs des catholiques ; mais ceux-ci, entendant cet ordre, s'arrêtent et se retournent vers la voiture, barrant le passage aux chevaux avec tout ce qui leur tombe sous la main. Irrité d'une résistance à laquelle il ne s'attendait pas, l'arrogant seigneur réitère ses ordres à son cocher qui, pressé de la sorte par son maître, lance de nouveau ses chevaux ; mais ceux-ci tombent sous les bâtons des catholiques, et le cocher lui-même reçoit une telle grêle de coups, qu'il reste mort sur la place. Quant au marquis, il dut se trouver très-heureux d'échapper, par la fuite, à ses vassaux justement irrités de son impiété (1).

Mais revenons à Saint-Martin.

De si rudes épreuves ne découragèrent point les possesseurs de cette malheureuse maison. Les disciples de Saint-François rentrèrent dans leur couvent qui reçut la réforme en 1689, et semble avoir joui de la paix, sinon de la prospérité, jusqu'en 1789.

Saint-Martin de Teillay fut toujours pauvre : le couvent avait peu de dépendances ; ses revenus consistaient en métairies situées en Ercé, en un droit de dîmes en Messac, en droit de chauffage et de pacage dans la forêt, et dans leur enclos, de telle sorte qu'il ne pouvait nourrir que six ou sept religieux. Cependant, quand la Révolution s'en empara, il avait pu reconstruire une partie de ses bâtiments. A ce moment, Saint-Martin avait pour Gardien le Père Pineau. C'était un homme de talent, mais qui eut le malheur de faire le serment à la Constitution, et qni devint intrus de Saint-Sulpice. Il reconnut promptement son erreur, et eut le courage de se rétracter.

Vendu par la nation, ce couvent devint une verrerie qui ne prospéra pas. En démolissant l'autel, dit Monsieur Moisan dans ses mémoires, on trouva deux

(1) Ogée fait assommer le cocher par Jean Dubois, vicaire de Sion, qui se servit à cet effet du bâton de la croix. Mais la tradition. parmi les paysans met ce meurtre tout entier sur le compte des marguilliers de la paroisse.

petites assiettes, superposées et liées ensemble avec des bandelettes fixées avec de la cire, sur laquelle on remarquait le cachet de Saint Louis, et renfermant des pièces de monnaie de l'époque de sa fondation. Ce ne pouvait être que le mémorial de la chapelle primitive de 1262. En effet, l'église, démolie par Monsieur Moisan, qui en employa les pierres de taille à la construction de son église paroissiale, n'était pas vieille; l'ancienne avait péri, sans doute, dans les incendies successifs que nous avons racontés.

Les hommes, plus ravageurs que le temps, n'ont pas laissé pierre sur pierre à Saint-Martin de Teillay.

Ainsi finit cette création pieuse de Robert de Dinan, après trois siècles et demi d'existence et d'épreuves.

DEUXIÈME PARTIE

—

SECTION I<sup>re</sup>

# MONUMENTS DE CHATEAUBRIANT

17

Entrée du vieux Château.

place plus large et pu[s]
[c]ivilisation moderne. No[us]
[c]ouple[s] d[é]tails sur cette a[...]
à notre grande Histo[...]
[l]a plupart de ces articles.

## IIᵉ PARTIE

—

Cette seconde partie comprendra des notices sur la ville de Châteaubriant et sur ses Monuments, des indications sur les Promenades à faire aux environs, et l'énumération des Antiquités découvertes en ces derniers temps dans les communes voisines.

Pour donner un intérêt plus général à ce petit volume, et aussi pour mieux faire connaître ce pays, perdu, il y a peu d'années, au milieu de ses forêts et de ses landes, nous allons traiter très-succinctement les divers sujets annoncés dans le titre de cette seconde partie. Ce sera, l'histoire en abrégé de cette petite ville, qui a joué un rôle assez considérable pendant tout le moyen âge, et qui, de nos jours, brisant sa lourde cuirasse de pierre, semble vouloir prendre une place plus large et plus importante au soleil de la civilisation moderne. Nous renvoyons, pour de plus amples détails sur cette ancienne baronnie et paroisse, à notre grande Histoire, d'où nous avons extrait la plupart de ces articles.

# SECTION PREMIÈRE

—

# MONUMENTS

—

§ I$^{er}$ — LE CHATEAU DE BRIENT — 1040.

Avec le x$^e$ siècle, finirent en Bretagne les terribles invasions normandes ; il était temps que ce fléau disparut, car, selon l'énergique expression d'un contemporain, ces barbares du Nord avaient anéanti notre pays. *Destructa est Britannia* (Cart. de Redon.) Mais à la suite du grand guerrier Alain Barbe-Torte, les seigneurs bretons, refugiés en Angleterre, rentrèrent dans leurs domaines; les moines, exilés dans les places fortes du centre de la France, rapportèrent leurs saintes reliques, et reconstruisirent leurs monastères incendiés; les villes se formèrent à l'ombre des forteresses, et le gouvernement des Ducs de Bretagne se reconstitua. De toutes parts naquirent des paroisses, s'élevèrent des églises, apparurent des ehâteaux, et ce renouvellement de la Bretagne, aux premiers jours du xi<sup>e</sup> siècle, forme l'une des pages les plus intéressantes de notre histoire.

Parmi les seigneurs qui se distinguèrent à cette époque dans le comté Nantais, en établissant leur autorité d'une manière stable sur un assez vaste territoire, se trouvait une famille d'origine bretonne, comme l'indiquent les noms de ses différents membres, composée d'une veuve et de ses trois enfants.

Cette Dame se nommait Innogwen, ou simplement Gwen, qui veut dire *Blanche*. Elle avait épousé Tihern ou Teuhaire, dont le nom générique indique le chef d'une paroisse bretonne. Ses enfants s'appelaient Brient, Hervé et Le Bœuf. Toute cette famille se fixa dans la partie du comté Nantais, connue sous le nom de la Mée, laquelle a pour bornes, la mer, la Vilaine, le Samnon, l'Erdre et la Loire (1).

Ce fut ce Brient, fils aîné de Tihern qui éleva, sur les bords de la petite rivière de Chère, un château dont les ruines gigantesques dominent la ville de Châteaubriant. Cette importante forteresse reçut de son fondateur le nom de *castellum Brientii, château*

(1) Ceux qui ont écrit que les seigneurs de Châteaubriant tiraient leur origine de Brient, fils d'Eudes, comte de Penthièvre, puîné de la maison ducale de Bretagne, ont commis une erreur. Ce Brient de Penthièvre qui suivit Guillaume-le-Bâtard à la conquête de l'Angleterre, en 1066, n'a rien de commun avec notre Brient, fils de Tihern, qui mourut avant 1062.

Entrée du vieux Château et le Donjon.

[illegible] [illegible]
[illegible]
[illegible]
[illegible]
[illegible]
[illegible]
[illegible]
[illegible]
[illegible] Brest [illegible]
[illegible]
[illegible]
[illegible]
[illegible]
[illegible]
[illegible]
[illegible]
Le 27 décembre [illegible]
à l'improviste de [illegible]
par [illegible]
corps de garde et [illegible]
place et la dernière [illegible]
[illegible] — 1788 — le d[illegible]
de forteresse [illegible]
[illegible] sa nouvelle [illegible]
C'est alors [illegible]
qui se [illegible] au Nord [illegible]

Entrée du [...] Château et le Donjon.

*de Brient,* et Châteaubriant devint dès lors le titre seigneurial et le noble berceau d'une des plus illustres familles dont la Bretagne puisse s'énorgueillir. Ceci se passait vers l'an 1040.

Parmi les monuments historiques les plus dignes de fixer notre attention, et qui réveillent le plus de souvenirs, il convient de donner la première place au château qui donna naissance à notre ville, et immortalisa le nom de son fondateur.

La ruine si pittoresque, qui porte le nom de *donjon,* fut bien l'œuvre de Brient, et la demeure où il abrita tout d'abord sa famille et sa puissance. Elle est bâtie sur un rocher isolé, dont le pied est arrosé par les eaux de la Chère. C'est un carré de 18 mètres de côté environ par le dehors, mais qui, dans œuvre, ne mesure plus que 10 mètres 70 centimètres, ce qui donne aux murailles l'énorme épaisseur de 3 mètres 50 centimètres depuis la base jusqu'au premier étage. Le rez-de-chaussée, pièce de 6 mètres 20 centimètres d'élévation, ne devait être éclairé primitivement que par de très-étroites ouvertures, et devait servir de corps de garde et même de prison. Mais après la prise et le démantellement de la place par La Trémouille, — 1488 — le donjon ne devant plus servir de forteresse, on dût y faire les transformations que comportait sa nouvelle et plus pacifique destination. C'est alors que furent ouvertes les immenses croisées qui se remarquent au Nord et au Midi, ainsi que

la belle fenêtre qui se voit encore dans l'intérieur
de la cour, avec ses nombreuses moulures pris-
matiques et ses sculptures d'animaux symboliques.
D'ailleurs, la courbure des arcades, les meneaux de
pierre qui s'y croisaient, sans parler de la dislocation
des murs causée par ce hardi travail, achèvent
d'enlever le dernier doute sur l'époque où ces
ouvertures furent pratiquées.

On remarquera les cheminées colossales, destinées
à chauffer ces appartements hyperboréens. Celle d'en
haut, quoique d'un style sévère, n'est pas sans beauté.
Audessus de la large pierre en schiste vert (1) qui en
forme le manteau, se dessine, dans de larges proportions, une arcade en plein cintre, faite en pierres de
taille appareillées, supportant une corniche enrichie
de nombreuses moulures. Le marteau des démolis-
seurs qui a exploité malheureusement les belles pierres
de cette gigantesque construction, n'a pas osé s'attaquer à ces dernières. Elles sont là, suspendues aux
flancs de la muraille, pour attester la puissance de la
main qui les posa, et défier l'avarice des hommes qui
ne savent que détruire.

Cette pièce devait être l'appartement principal, la
chambre seigneuriale, puisque tout paraît y avoir été

---

(1) Toutes les pierres d'appareil employées dans cette restaura-
ration ainsi que dans la construction du château neuf viennent des
carrières du Bois–Gerbaud, en Soudan.

disposé pour l'agrément et la facilité du service. De la fenêtre du Nord, la vue se reposait agréablement sur la campagne; en face, c'était le coteau de la Torche avec ses vergers en amphithéâtre; à ses pieds, l'étang et ses pêcheries; à droite, en suivant le cours de la petite rivière, apparaissait le bourg de Soudan, et à gauche, au fond de la vallée de la Chère, pointait la flèche du clocher de Saint-Aubin, tandis que par la croisée du Midi, le fier baron, contemplait, comme couchée à ses pieds, la ville dont il était le fondateur et le protecteur, lançant, dans l'air brumeux des soirées d'automne, les toits pointus des tours qui la protégeaient, des tourelles de ses manoirs et du clocher de son église.

Nous ne dirons rien de la partie supérieure, tant elle est dégradée. Il faut bien avouer qu'il est extrêmement difficile de reconstruire avec la plume les édifices d'un âge si éloigné, si différent du nôtre, et disposés pour des mœurs et des habitudes incomprises de nos jours.

Du niveau de l'étang jusqu'à son sommet, le donjon mesurait au moins 40 mètres.

Accolée au donjon, s'élevait une tourelle renfermant deux escaliers, dont l'un plus large comptait plus de cent marches. Il donnait accès aux divers étages, et conduisait sur les machicoulis du donjon, ainsi que sur la courtine qui le reliait aux tours d'entrée. Par l'autre escalier plus étroit, on arrivait au sommet de

cette tourelle, où se trouvait le beffroi de l'horloge.
Ici, les pierres d'angle en sable ferrifère dessinent ·
toutes les ouvertures ; les fenêtres sont longues,
étroites et cintrées ; des poutres sont couchées dans
les murs pour en maintenir la liaison ; tout enfin,
nous reporte à cette première partie du xiᵉ siècle,
assignée par l'histoire à l'œuvre de Brient.

En face de ces vastes et imposantes ruines, ouvrage
du temps et des hommes, l'âme est saisie d'une
invincible tristesse, car elle a devant elle l'rrécusable
preuve de la fragilité des grandeurs humaines. Que
de fois, debout sur ces murailles entr'ouvertes, asile
des oiseaux de nuit, où les vents murmurent sans
obstacles, aurions-nous voulu faire parler les échos
assoupis de ces vieilles demeures ! Hélas ! tout y est
sans voix ; et les pans déchirés de l'immense citadelle
ressemblent à un tombeau, mais à un tombeau vide
du pieux dépôt qui commande le respect aux vivants.

Que d'évènements se passèrent en ces lieux ! Là se
tinrent de graves assemblées de seigneurs et d'évêques.
Voici Geoffroy Iᵉʳ et son fils partant pour la croisade.
Voici un autre Geoffroy, non moins brave et non
moins généreux, s'arrachant aux embrassements de sa
jeune épouse, pour aller délivrer le tombeau du Christ.
Il est vaincu, il est fait prisonnier. Plusieurs années
se passent, et la tendre Sibylle ne pouvant supporter
une si longue absence, monte chaque jour au sommet
du donjon comme pour hâter par ses désirs et par ses

larmes le retour de son baron chéri. Il revient enfin...
un messager l'annonce. Sibylle accourt ; mais, hélas !
*à la rencontre et accolade*, dit le P. du Paz, *la bonne
dame trépassa de joie entre ses bras.*

Hommes de prière, saints ermites de nos forêts,
religieux dévoués à toutes les bonnes œuvres, ces
murs vous furent hospitaliers, car les Brient et les
quatre Geoffroy, leurs successeurs, furent moins vos
seigneurs que vos bienfaiteurs et vos pères.

Le clairon des combats, le bruit des armes et les
pas des guerriers retentirent souvent sur ces remparts
enviés, et dans cette enceinte conquise et reconquise.
Geoffroy III et Pierre Mauclerc y célébrèrent leur
victoire, 1222. Bien des traités y furent conclus pour
la paix et pour la guerre, entr'autres cette ligue
désastreuse des seigneurs bretons qui appelèrent les
Français en Bretagne, 1487.

Rois, Ducs, Princes et Princesses s'y rencontrèrent,
prièrent dans sa chapelle, dormirent sous ses lambris,
et s'y livrèrent à la joie des festins. Le roi Charles VIII
y passa 15 jours, et y conclut avec le maréchal de
Rieux un traité contre le dernier de nos Ducs, le trop
léger François II, qui aimait à s'y divertir.

Il fit un jour un défi au seigneur du Chaffaut à qui
prendrait plus de perdrix en un mois ; et comme les
environs de Châteaubriant lui parurent plus abondants
en gibier, il y envoya ses chasseurs et ses oiseaux, et
les y suivit lui-même. Le Duc Pierre II et son épouse,

la bienheureuse Françoise d'Amboise ont séjourné dans ces murs. Anne, notre bonne duchesse, y signala sa présence par des bienfaits. Enfin, le magnifique Jean de Laval et la belle Françoise de Foix y firent quelque temps leur demeure. Ce fut dans leur somptueuse chapelle des Saints Côme et Damien que fut bénie leur union légitime, qu'Anne de Laval, leur fille, jeune héritière qui s'envola au ciel avec treize printemps, reçut les eaux du baptême, et que furent célébrées tant d'autres alliances de personnages non moins considérables.

Depuis longtemps, le toit qui abrita des têtes si illustres a cessé d'exister, et sur les ruines amoncelées du donjon colossal, un superbe noyer a pris racine. Sa tige avide d'air et de soleil va bientôt dominer la tête du géant découronné, comme pour lui faire un dernier, mais trop impuissant abri contre les coups du temps.

Après un examen attentif, nous inclinons à assigner aux deux tours jumelles qui forment l'entrée de la vieille forteresse, la même date à peu près qu'au donjon. Il faut en dire autant de la troisième tour qui les touche de si près, sauf les modifications apportées à quelques ouvertures, et qu'il est facile de reconnaître. C'est le même encorbellement pour les machicoulis que dans le donjon ; on y voit encore des poutres noyées dans l'épaisseur des murs, de longues fentes verticales appelées *archères,* une arcade en mître reliant les deux tours par leur sommet. L'intérieur de l'autre tour, qui a été éventrée, laisse apercevoir des cheminées à manteaux cintrés, reposant sur des colonnettes sans ornements : toutes choses que les maîtres en archéologie reconnaissent comme caractéristiques de ce siècle.

Examinez la façade orientale de ces deux tours à assises de pierres symétriques et élégantes dans leur élévation, vous remarquerez des écrâsements, des déchirures, qui attestent qu'un jour, elles servirent de point de mire aux boulets ennemis. Semblables à trois sentinelles avancées, elles couvraient de leur impénétrable armure le côté le plus accessible de la place. Si vous les voyez pourfendues du sommet à la base, c'est que le bras jaloux de la France voulut venger sur ces murs le dernier effort de la nationalité Bretonne. La Trémouille a passé par là. Ce fut la désastreuse capitulation de 1488, qui força nos barons à fuir ces lieux à jamais déshonorés, et à bâtir tout auprès, une autre demeure qui pût leur faire oublier cet amer souvenir.

Le visiteur ne quittera point la vieille enceinte, sans donner un coup d'œil aux ruines grandioses de la chapelle que nous supposons être du XIIIᵉ siècle, malgré l'absence d'ornements caractéristiques. La fenêtre ogivale du fond est remarquable par son élévation. — Les bâtiments qui y sont attenants vers occident ont toujours servi d'habitation au chapelain.

Pavillon-des-Champs.

## § II. — LE CHATEAU NEUF, 1524-1538

« Jean de Laval fist bâtir ce beau et excellent chasteau de Chastcaubrient, auprès des ruines de l'ancien. C'est une des plus belles, plaisantes, agréables et salutaires demeures qui se puissent trouver. » Ainsi parle le P. du Paz.

Si l'on en croit le bibliophile Jacob, Françoise de Foix dirigea elle-même les constructions *à la moderne* qu'elle ajoutait à sa maison de Châteaubriant.

Ce fut au retour des guerres d'Italie, que Jean de Laval se mit à édifier un nouveau château. La vue des monuments qu'il lui avait été donné d'admirer dans cette expédition ne contribua pas peu à lui faire prendre en dégoût son vieux castel noirci par les siècles, et à moitié ruiné par d'orgueilleux vainqueurs. Tout en guerroyant, il résolut de bâtir une demeure plus agréable, plus digne de son rang et de sa fortune, et en même temps plus en harmonie avec le goût du temps où il vivait. On peut croire que, comme beaucoup d'autres, il engagea à le suivre des artistes et d'habiles ouvriers, capables d'exécuter toutes sortes d'ouvrages, les ouvriers du pays n'ayant pas l'idée du nouveau genre d'architecture qui s'implantait en

France, et que l'Italie avait elle-même emprunté à la Grèce. Nous ferons profiter le lecteur d'un *extrait des mélanges d'histoire et d'archéologie bretonnes* (1) dont nous sommes redevables à M. l'abbé Guillotin de Corson, notre ami et collaborateur dans l'histoire de Châteaubriant. L'intérêt que ce morceau porte avec lui nous en fera pardonner la longueur.

« Le baron de Châteaubriant, Jean de Laval, en riche et puissant seigneur qu'il était, se trouvait fort à l'étroit et à l'ombre dans la vieille forteresse de ses pères.... Il entreprit de faire construire le château qui existe encore de nos jours.... Il fit appel à tous les artistes de quelque renom, non seulement de Bretagne, mais du dehors, et leur donna rendez-vous en sa ville de Châteaubriant, pour aviser aux meilleurs plans de construction du château. Il vint bon nombre de concurrents des bords de la Loire, c'est-à-dire de la région qui était le plus franchement entrée dans ces voies nouvelles, ouvertes à l'art (qu'on a appelé la Renaissance). Ceux-là dissertaient sur l'article du bâtiment en fort doctes termes, et dans un langage aussi nouveau que l'était leur style d'architecture; car, il avait bien fallu créer ou translater du latin en français, mainte expression propre à désigner tant de parties nouvelles, tant

(1) Tome II, page 218, 1820. Rennes 1858. — Article signé A. R. L'anecdote qui y est rapportée est tirée des contes d'Eutrapel.

d'ornements inconnus jusque-là, introduits récemment, à l'imitation des monuments antiques.

» Or, il advint qu'au bruit de cette réunion, et des grands travaux qui se préparaient, maître Pihourt, qui venait d'être honoré de la confiance du vénérable chapitre de Rennes (Il avait restauré le chœur de la cathédrale de Rennes), crut l'occasion favorable pour donner une nouvelle marque de son savoir. Il monte sur sa jument, « botté de foin, ceint sur sa grand'robe ; et le chapeau bridé, » et chevauche vers Châteaubriant, roulant en sa cervelle quelque beau plan bien gothique, et tel qu'on eût pu l'exécuter au temps de la duchesse Anne. Mais qui fut bien ébahi en tombant au milieu de tous ces beaux discoureurs, qui n'avaient à la bouche que les mots de frontispices, piédestals, obélisques, frises, corniches, amortissements, entablements et autres, ce fut maître Pihourt. C'étaient pour lui hiéroglyphes purs ; tels mots n'étaient encore inventés quand il fit son apprentissage, et il n'y entendait non plus que ne l'eût pu faire maître Mathelin Bodier, maçon du feu duc François II. Tout ce qu'il comprit, c'est que sa place n'était point en un tel lieu, et qu'il ne lui restait qu'à se tirer de son mieux de ce mauvais pas. Enfourcher son bidet et tourner les talons de suite, lui semble un procédé peu honorable. Il préfère demeurer, sauf à payer en monnaie de singe tous ces beaux diseurs de grimoires, et, son rang venu de parler, il se lève, et d'un ton grave déclare « *estre d'advis que le bastiment fust faict en franche et bonne matière de piaison compétente, selon que l'œuvre le réquerrait.* »

Ce bel avis émis, Maître Thomas salue l'auditoire et se retire. L'Assemblée, très-surprise à son tour, juge le préopinant un fort grand personnage qu'il conviendrait d'ouïr plus amplement sur une si profonde résolution qu'elle ne pouvait assez bien comprendre. On députe vers l'artiste pour en obtenir l'explication et le développement de sa mystérieuse théorie. Mais, pour le coup, Pihourt, reprenant sa jument, déclare « *qu'il ne se pourrait achommer davantage, et que les manches du grand bout de cohue ne pourraient aller de droit fil sans luy, et selon l'équipolation de ses hétéroclytes.* » Voilà mes gens encore plus étonnés, et cherchant de plus belle quel sens donner à ses paroles. Cependant Pihourt regagnait Rennes, et son brusque départ nous a valu deux choses : d'abord, le dicton, *Résolu comme Pihourt en ses hétéroclytes*, qui avait encore cours cent ans après, pour désigner la victime d'une mysti-fication ; puis, un château dans le plus pur style de la Renaissance, élevé tout à loisir par les partisans de la corniche, de l'entablement, de la frise et de toutes les réminiscences antiques, inconnues à nos architectes bretons. La déroute de notre artiste à Châteaubriant était le présage du sort réservé bientôt dans toute la Haute-Bretagne à l'école d'architecture, dont il est

[illegible] [illegible]
[illegible]
Il [illegible] que [illegible]
[illegible] quel [illegible]
se [illegible] et [illegible]
[illegible] Quel [illegible]
position de l[illegible]
[illegible] plus [illegible]
[illegible] quand [illegible]
[illegible] pro [illegible]
[illegible]
part[illegible] dans l[illegible]
[illegible] à N[illegible]
[illegible] plaisir [illegible]
[illegible] à la pièce de la [illegible]
[illegible] Nicolas à C[illegible] [illegible]
de [illegible] mode et [illegible]
[illegible] ne [illegible] produit
[illegible] les deux [illegible]
[illegible]
Le chiens [illegible]
[illegible] plus app[illegible]
[illegible] des [illegible]
[illegible] du mot [illegible]
[illegible] que les [illegible]
ch[illegible] d'un p[illegible]
[illegible] rien à dire [illegible]
[illegible] tant l[illegible]
La [illegible] et [illegible]

un, des derniers représentants. C'est au point de vue historique le côté intéressant de cette anecdote. »

On dit que le roi lui-même donna à Jean de Laval son meilleur architecte pour lever les plans de son château. Quel était cet architecte? Le talent de Philibert de Lorme florissait surtout sous Henri II. Il alla passer plusieurs années en Italie, d'où il ne revint qu'en 1536. Mais les travaux commencés en 1524, n'ayant pris fin qu'en 1538, rien n'empêche qu'il y ait prêté son concours. Nous savons, d'autre part, que Jean de Lorme, sieur de Saint-Germain, a séjourné à Nantes en qualité d'inspecteur des fortifications, pendant l'abscence de son frère, et qu'il assista à la pose de la première pierre de la chapelle Saint-Nicolas à Châteaubriant, c'est-à-dire du dôme du chœur, comme architecte de cette église, en 1550. Il est donc assez probable que l'un ou l'autre, et peut-être tous les deux, ne sont point étrangers à la construction de cet édifice.

Le château proprement dit se divise en trois parties : les appartements seigneuriaux, la salle verte ou salle des gardes avec remises au-dessous, et les pavillons du nord. La première partie, plus riche et plus ornée que les autres, se compose d'un rez-de-chaussée, d'un premier étage et des combles. Nous n'avons rien à dire de la distribution des appartements, tant les lieux ont été transformés.

La façade se fait remarquer par les belles

dimensions de ses croisées et par la richesse des ornements qui les décorent. Les niches rondes en pierre noire, incrustées dans les entre-fenêtres du premier étage, contenaient les bustes en marbre blanc d'Empereurs romains et d'Impératrices. Nous en avons vu un, échappé à l'aveugle destruction de 1793.

Deux pavillons encadrent ce corps de bâtiment. On entre dans celui de gauche par un vestibule extérieur, élevé sur trois colonnes d'ordre ionique, monolithes en pierre bleue du pays, qui ne sont point indignes de l'attention du visiteur. L'escalier auquel il conduit est d'un bien plus grand mérite : il est large, orné de pilastres aux chapiteaux frisés, sur lesquels repose une voûte partagée en caissons, dont les connaisseurs admirent la coupe habile et la solide structure. Les pierres de Saint-Savinien avec lesquelles elle est construite, ne sont point du petit appareil, comme c'est l'ordinaire ; ce sont des blocs d'une longueur et d'une épaisseur considérables. Au haut de la première volée, en tournant à gauche, on entre dans la *salle verte*, dite *salle des gardes*, longue de 3o mètres et large de 10. A la hauteur du premier étage, on arrive à une plate-forme ou balcon d'honneur, d'où les rois, les seigneurs et les dames de la cour pouvaient se montrer au peuple, et contempler le pompeux appareil des fêtes, chasses, jeux et plaisirs de toutes sortes que les puissants comtes de Laval et de Montmorency donnaient aux hôtes illustres qui les honoraient de leur visite.

(Chambre de Françoise de Foix.)

Dans le pavillon à gauche, existe un second escalier en colimaçon, dont les belles marches en pierre de Nozay forment en même temps le noyau ou le centre. La taille adoucie de ces marches, vues par dessous, la corniche murale qui semble les porter, les feuillages sculptés dans les angles, tout donne à cet escalier, exécuté dit-on, sur les plans de Philibert de Lorme, infiniment de légèreté et de grâce. Il conduisait aux appartements de Françoise de Foix, que son époux, Jean de Laval, avait fait décorer avec un soin extrême. En entrant dans la chambre de la comtesse, les yeux étaient tout d'abord frappés par les belles boiseries sculptées et dorées qui couvraient les murs et le plafond. Ce dernier était partagé, selon le goût du temps, en caissons profonds, dorés et portant en pendatifs des pommes de pin à tous les points d'intersections, pour rappeler les armoiries des ancêtres. C'est particulièrement sur la cheminée que s'est exercé le ciseau des artistes. De chaque côté, deux cariatides, corps de femmes avec des ailes et dont la partie inférieure se termine en poisson, supportent l'immense frise et corniche qui s'élèvent jusqu'au plafond, chargées de bouquets de fleurs et d'arabesques rappelant le plus beau temps de la Renaissance. Aussi avons-nous entendu des hommes, compétents en cette matière, reporter jusqu'au commencement du siècle suivant le mérite de ce travail. Nous ne déciderons pas. Le milieu de la cheminée est occupé par un médaillon qui devait renfermer les armes seigneuriales. Les croisées étaient garnies de vitraux peints, représentant des griffons, de fines arabesques, des figures soutenant des guirlandes de fruits et de fleurs, et une foule d'autres ornements, dont les artistes d'alors étaient si prodigues. (1) Au fond de ce somptueux appartement s'ouvrait une vaste alcôve non moins richement travaillée, et qui en était séparée en bas par une balustrade, et, en haut, par une poutre arquée, chargée de sculptures dorées et dont les retombées reposaient sur des cariatides.

De cette alcôve, on pénétrait dans le fameux *cabinet doré*, où la tradition populaire place le drame sanglant dont la belle Françoise aurait été la victime. Nous voulons bien croire que cet oratoire, situé dans une tour, resplendissait de tout ce que les arts et un amour, jaloux de plaire, avaient pu réunir de plus séduisant, et de plus propre à faire oublier à l'amante de François I<sup>er</sup> les magnificences de la cour ; mais alors, comment concilier ces attentions pleines de tendresse, avec les transports d'une jalousie, aussi farouche que tardive en son ressentiment ?

Interrompons un instant notre description pour satisfaire la légitime curiosité du lecteur.

______

(1) Nous possédons quelques débris de ces vitraux portant la date de 1537.

Voici comment un célèbre romancier, Varillas, raconte la mort de Madame de Châteaubriant :

« Jean de Laval, dit-il, ayant épousé Françoise de Foix, la tint confinée en Bretagne le plus longtemps qu'il pût. Mais, le roi ayant entendu parler de la beauté de cette Dame, ordonna à son mari de l'amener à la cour. Celui-ci partit seul, et, avant de quitter sa femme, il fit faire deux bagues semblables, en retint une, et donna l'autre à la comtesse, en lui disant qu'il allait à la Cour où il serait peut-être obligé de la faire venir ; mais qu'elle n'ajoutât aucune foi à ses lettres, si elle n'y trouvait enfermée la bague qu'il réservait. François I$^{er}$ fut très-surpris de ne pas voir Madame de Châteaubriant ; il parvint à connaître le secret de Jean de Laval. Il fit faire une bague semblable à celle de ce seigneur, et l'envoya à Françoise qui accourut aussitôt, croyant que son mari la demandait. Le baron de Châteaubriant reconnut alors qu'il avait été trahi, et partit sur le champ pour retourner en Bretagne, de peur d'être témoin de sa honte.

« Madame de Châteaubriant s'empara complètement du cœur du roi. Mais pendant la captivité de François I$^{er}$, la reine-régente, Louise de Savoie, obligea Françoise de Foix à regagner le domicile conjugal. Elle revint donc à Châteaubriant, où elle ne trouva qu'une horrible prison et une cruelle mort. Le mari jaloux enferma sa femme dans une chambre obscure et tendue de noir, et l'y laissa languir

pendant six mois. Un jour, enfin, il y entra
accompagné de six hommes masqués et de deux
chirurgiens qui saignèrent la comtesse aux bras et
aux jambes, et la laissèrent mourir dans cet état. »

Récit fantaisiste qui tient plus du conte que de
l'histoire.

Il faut pourtant avouer que la tradition du pays est
unanime pour accuser Jean de Laval d'avoir mis fin
d'une manière violente aux jours de son épouse. Le
doyen Blays, recteur de Béré, né lui-même à Châteaubriant, et qui vivait cent ans après l'événement, dit
positivement dans ses mémoires : « l'ancienne tradition du pays est, qu'à la suite de la mort de
Françoise de Foix, arrivée quelque temps après son
retour de Paris, où quelques historiens disent qu'elle
avait vécu deux ans avec François Ier (cette mort
n'était même pas arrivée *sans soupçon de quelque
violence*) Jean de Laval avait ordonné à Angelot
Blanchet, son tailleur et favori, de jeter au feu tous
les vêtements qu'elle avait apportés de la Cour.
Angelot, au lieu de brûler les vêtements de drap d'or
et autres habits précieux, les réserva adroitement, et
les donna à la paroisse qui en fit faire une chapelle
entière, savoir : une chasuble, tuniques, une chape
fort grande et un devant d'autel. »

Eh ! bien, malgré la tradition, le plus fort des
arguments que l'on puisse invoquer contre Jean de
Laval, nous ne croyons pas à cet assassinat. Ce qui

a donné lieu à cette croyance contemporaine, c'est d'une part la faiblesse manifeste de Françoise de Foix et sa mort presque subite, et, d'une autre part, l'humeur sombre d'un mari irrité, tourmenté par la goutte, jalousé par les courtisans, et qui, du reste, ne se gênait pas pour maltraiter sa femme. L'exagération du peuple et l'imagination des romanciers ont fait le reste. Pour de plus longs détails, le lecteur peut consulter notre histoire de Châteaubriant.

Mais lorsque vous visitiez en ces derniers temps, ce fameux *cabinet doré,* le guide ne manquait pas de rechercher sur la muraille de prétendues traces de sang pour vous les faire remarquer.

La cour qui s'étend en avant de l'édifice était ceinte primitivement, sur ses trois côtés, de galeries que la pensée peut facilement reconstruire au moyen de celle qui subsiste encore. Cette galerie se compose de vingt arcades, distribuées sur une étendue de 45 mètres. Les colonnes, d'ordre toscan, ont pour fût des monolithes de 2 mètres de haut, remarquables par la pureté des lignes et le fini du travail. Il est regrettable qu'on ait employé des matériaux de si médiocre qualité dans le stylobate qui porte les colonnes. La brique qui remplit l'entablement et les frontons des croisées, est loin de produire un bon effet. Il est évident que cette partie a été négligée.

La galerie se termine par un pavillon dont l'ensemble est lourd : il manque d'élévation. Cependant les colonnes de l'escalier attirent l'attention par leurs socles et chapiteaux brisés ou à double pente : ce qui suppose beaucoup d'habileté chez l'ouvrier.

La galerie du Nord n'existe plus, sauf le soubassement qui portait les colonnes. Et, de celle qui reliait l'une et l'autre, il ne reste que huit arcades encore debout, grâce au lierre qui commence à les couvrir de ses capricieux enroulements.

Nous ne parlerons pas des *petits jardins* et d'autres galeries, situés sur les murs et sur la terrasse qui dominent l'étang, ni des pavillons du Nord et de la façade du côté de la promenade, dont les murs retiennent encore les boulets que leur envoyèrent les guerres de la Ligue, pas plus que du pavillon des Champs qui sert aujourd'hui de prison et d'entrée au château.

La demeure du magnifique Jean de Laval sert d'habitation à des hôtes aussi nombreux que variés : le Tribunal de première instance y tient ses séances, le Greffe y a ses archives, le Télégraphe y fonctionne, la Régie et les Contributions indirectes y ouvrent leurs bureaux ; le service vicinal, la Gendarmerie et la Sous-Préfecture s'y sont commodément installés.

Tel était ce château qui coûta à Jean de Laval quatorze années de travaux — 1523-1538. — Comme il le témoigne lui-même par l'inscription qu'il fit graver au-dessus de l'une des portes, et que la Révolution fit effacer :

DE BIEN EN MIEULX
POUR L'ACHEVER JE DEVINS VIEULX.
1538.

Triste destinée des grands de la terre! Ce Jean de Laval, si grand par sa naissance, comblé de tant de biens et d'honneurs par son souverain, devenu par ses immenses possessions l'homme le plus considérable du royaume, jouit à peine quatre ans des agréments de sa somptueuse demeure, tourmenté le plus souvent par les douleurs de la goutte, par la fièvre et les mortelles inquiétudes dont l'histoire n'a pu encore révéler la source certaine!

A sa mort, la baronnie passa dans la famille de Montmorency, et Châteaubriant ne vit plus que de loin en loin les possesseurs de ce beau domaine.

Cependant, plusieurs de nos rois ne dédaignèrent pas d'honorer de leur présence ces lieux devenus à jamais célèbres.

Nous avons déjà dit que François Ier, se rendant aux Etats de Vannes, — 1532 — ne trouva pas trop long le séjour de six semaines qu'il y fit.

Henri II y demeura plus d'un mois avec la reine Catherine. Le connétable de Montmorency l'y reçut avec toute sa cour, et, pendant ce temps, Châteaubriant fut témoin de la réception des ambassadeurs d'Edouard, roi d'Angleterre, qui l'y étaient venus trouver. Ce roi y rendit plusieurs édits, entr'autres l'édit de Châteaubriant, fort sévère contre les protestants, et accorda aux habitants le privilége du Papegault, 1551.

Charles IX y vint à son tour, en 1565; il y séjourna trois semaines, et y célébra la fête de la Toussaint. Ce fut là qu'il apprit la défaite des Turcs, devant Malte, ce qui occasionna de grandes réjouissances dans la ville. Il y revint encore en 1570, et y donna rendez-vous au célèbre jurisconsulte, Bertrand d'Argentré, qu'il voulait voir et consulter.

En 1626, la Duc d'Orléans, frère de Louis XIII, étant à Nantes avec la cour, se maria dans cette ville, et la quitta lorsque le Cardinal de Richelieu fit trancher la tête au comte de Chalais, son ami, dont il n'avait pu obtenir la grâce. Il vint à Châteaubriant se consoler de son chagrin, et y passa un mois avec sa jeune épouse.

Enfin, en l'année 1634, Henri II, prince de Bourbon-Condé, père du Grand Condé, vint aussi dans nos murs, faire connaissance avec ses nouveaux sujets, et prendre possession de la baronnie que lui apportait en dot Marguerite de Montmorency.

A partir de eette époque, rois et princes cessèrent de nous visiter, et le château ne fut plus habité que par les officiers de la justice seigneuriale. Nous n'avons plus à enregistrer que la courte apparition du Duc d'Aumale, héritier des terres de Châteaubriant par testament du dernier des Condé, 12 Octobre 1842.

## § III — LA VILLE — SES MURS — SES RUES, ETC.

Pendant qu'Innoguent et Brient, son fils, élevaient sur le rocher de Jovence la citadelle qui devait abriter leurs personnes et leur puissance, un peuple de travailleurs se pressait aux pieds de ces nouveaux remparts, demandant à leurs possesseurs asile et protection contre des restes de Normands et des bandes de pillards qui infestaient les campagnes. En peu d'années, le château de Brient voyait une ville florissante élever ses toits et aligner ses rues à l'ombre de ses murs redoutés. Le commerce, fruit de la sécurité et de la confiance, prenait un tel essor, que dès 1050, Brient pouvait faire don à son prieuré de Béré des dîmes levées sur ses moulins, sur les marchandises et les foires, spécialement celle de la Saint-Hilaire. Cette dernière fut plus tard remise au 14 Septembre, et devint, sous le nom de foire de Béré, l'une des plus importantes de toute la Province.

Dans un tel état de choses, il faut admettre que les seigneurs ne purent laisser longtemps leurs sujets exposés aux dangers que courait, en ces temps, une ville ouverte. Aussi, voyons-nous, presque dès le principe, les terres de Châteaubriant constituer une grande baronnie, laquelle, d'après les coutumes du royaume, devait renfermer une ville close (1). Nous croyons donc ne pas trop nous avancer, en disant que, dès la fin du xi$^e$ siècle, Châteaubriant eut une enceinte murée. Si, Amaury de Craon, accompagné de ses soldats angevins, normands et gascons, s'empara si facilement de Châteaubriant, — 1222 — s'il n'attendit pas Pierre Mauclerc et son allié, Geoffroy III, derrière ses murailles, cela ne prouve pas que la ville en fût dépourvue, mais uniquement qu'elle était dégarnie de défenseurs, et que le sénechal d'Anjou ne pouvait compter sur le concours des habitants, dont il allait combattre le seigneur. D'ailleurs, une ville frontière, qui était un centre important, ne pouvait demeurer sans fortifications.

Les Ducs de Bretagne, qui vinrent si souvent à Châteaubriant, et en firent leur place d'armes dans les guerres qu'ils eurent à soutenir contre leurs voisins, sentirent de quelle importance il était pour eux de la tenir en bon état de défense, et ils y donnèrent tous leurs soins. Les premières murailles ont, sans doute, subi avec le temps bien des modifications, de sorte que ce qu'il en reste aujourd'hui appartient plutôt à la dernière moitié du xv$^e$ siècle, qu'à l'âge des premiers seigneurs. François II, notre dernier Duc, peut en être regardé comme le restaurateur. Il affectionnait

_______

(1) D. Morice, Préf. ix.

cette ville et y venait souvent. En 1464, il fit d'abord
réparer les murs, au moyen d'un impôt sur le vin et
sur le sel. En 1472, il mit encore la ville en meilleure
état de défense. Enfin en 1477, il augmenta beaucoup
ses fortifications, en prévision de la lutte suprême
qu'il allait livrer à la France, et dans laquelle il
succomba.

Nos murs n'étaient point faits pour résister à
l'artillerie dont on ignorait encore la puissance. Aussi,
quand La Trémouille vint l'assiéger, la ville, laissée
à ses seules forces, ne fit-elle pas une longue
résistance. Le résultat de la capitulation du
23 Avril 1488 fut la destruction presque entière du
donjon et des tours du château; les murailles de la
ville, ouvertes en plusieurs endroits par le canon,
perdirent leurs créneaux; les tours furent démantelées,
et les autres ouvrages, qui protégeaient le place, mis
hors de service.

Ce ne fut point un malheur pour Châteaubriant.
Malheureuses ont été de tout temps les villes murées!
Malheureux ceux qui se sont abrités sous leurs
remparts! L'existence si tourmentée de notre ville
n'en fournit que trop de preuves.

Trois portes avec herses et ponts-levis, et flanquées
de tours, donnaient primitivement accès à la ville :
c'étaient les portes Saint-Michel, de Couëré et de la
Torche. Une quatrième appelée Porte-Neuve, fut
ouverte plus tard, à une époque restée inconnue. Six

tours s'élevaient entre ces portes, le long des murs, dont le pied plongeait dans des fossés qui, en certains endroits, n'avaient pas moins de douze mètres de profondeur. Les eaux du Rolard les alimentaient au midi, tandis que la rivière de Chère remplissait ceux du nord, en faisant tourner les deux moulins de la Torche et de la porte Saint-Jean.

Quand on entrait dans la ville par la porte du faubourg de Couëré, l'on avait devant soi la principale artère ou la Grand'rue, qui la traverse dans toute son étendue, et conduit au grand escalier du Château. Là, s'élevaient dans un pêle-mêle, dans une confusion dont le moyen-âge était prodigue, les maisons des meilleurs bourgeois avec leurs pignons audacieux et leurs porches envahisseurs. Chacune avait sa trappe, véritable piège à loups, qui donnait entrée dans des caves où, les jours de marché, les négociations commerciales, surtout celles qui étaient en contravention avec la police, se traitaient plus sûrement que dans les boutiques. Là, se trouvaient surtout les chambres des notaires et des procureurs, salles basses et mal éclairées où, pour avoir du jour et rédiger les actes, il fallait attendre après midi. Remarquez ces larges pierres schisteuses, dressées sous la large fenêtre qui, seule éclaire l'appartement : c'était sur ces *tables* ou *tabliers* que les hommes d'affaires écrivaient leurs actes, d'où leur est peut-être venu le nom de *tabellions* que les notaires portaient autrefois.

Rue de Conéré.

Rue de Couëré.

Rien n'égalait l'étrangeté de cette architecture populaire qui se plaisait à décorer les façades en bois, de sculptures et d'ornements aussi bizarres dans l'invention, que grossières d'exécution, et dont les restes mutilés peuvent nous faire soupçonner toute l'originalité. Ces maisons, types des xv<sup>e</sup> et xvi<sup>e</sup> siècles, disparaissent de jour en jour. Cependant, il en reste encore plusieurs dans cette rue, sur lesquels les regards de l'étranger s'arrêtent avec complaisance. Au centre, se dressaient, dessinées en croix, les halles coiffées de leurs toits aigus, retombant presque à terre. Tout d'abord, le seigneur avait là son auditoire (palais de justice) et ses prisons, qui furent transportés à la Porte-Neuve, dans la tour qui existe encore.

Quatre faubourgs échelonnaient leurs pauvres maisons sur les routes qui conduisaient aux grandes villes, avec lesquelles Châteaubriant avait des communications plus fréquentes. C'était le faubourg de Couëré, sur la route de Rennes; le faubourg de la Torche, sur la route de La Guerche et Vitré; le faubourg Saint-Michel, sur la route d'Angers; et le faubourg de la Barre, sur la route de Nantes.

Aujourd'hui, il serait difficile de reconnaître, dans la Cité moderne, la petite ville féodale du xi<sup>e</sup> siècle. Les rues se sont élargies et éclairées; les maisons en bois ont fait place à de plus solides et plus grâcieuses constructions; un commerce des plus prospères, répandant partout la vie et la richesse, lui a fait sentir le besoin d'air et d'espace. Elle est sortie de sa trop étroite enceinte; elle a brisé sa ceinture de pierre; ses prairies et ses coteaux, baignés par la Chère, se sont couverts de maisons élégantes et salubres, d'usines florissantes, et d'établissements d'instruction qui ne laissent rien à désirer. Son collège Sainte-Marie, son pensionnat des religieuses Ursulines de Chavagnes, l'établissement des Frères de la Doctrine chrétienne, son École communale, sa Salle d'asile, institutions déjà si prospères, méritent d'être encouragées et soutenues dans l'intérêt général, contre la concurrence absorbante des grandes villes. Uu réseau multiple de chemins de fer en voie d'exécution, va doubler l'importance de cette intéressante ville, pour laquelle a commencé une ère de prospérité, inconnue aux âges précédents, et dont personne ne peut déterminer la mesure.

Mais reprenons la description de nos monuments.

L'Église, qui s'élève au centre de la ville, ne fut, au commencement et jusqu'à la Révolution, qu'une chapelle, bâtie par les seigneurs, pour la commodité des habitants, et desservie pendant quelques temps par les moines bénédictins du prieuré de Saint-Sauveur-de-Béré. Elle porta le vocable de Notre-Dame jusqu'en 1263. A cette époque, Geoffroy IV, dixième baron de Châteaubriant, ordonna, dans son testament que cette église serait *achevée, parfaite* et *accomplie* à ses dépens et sur le revenu de ses biens. Il est probable que ce fut à cette occasion qu'elle fut mise sous le patronage de Saint-Nicolas, dont le nom lui est resté jusqu'à nos jours. Nous savons, en effet, que ce Geoffroy était parti avec Saint Louis pour la Terre Sainte, et qu'il avait été fait prisonnier à la bataille de la Massoure. Ce sera, sans doute, de ses voyages en Asie qu'il aura rapporté la dévotion au saint évêque de Myre, puisque nous le voyons donner de fortes sommes à l'abbaye de Saint-Nicolas d'Angers, reconstruire sa chapelle qui portera désormais le nom de Saint-Nicolas, et dans laquelle nous trouvons, au commencement du xv⁰ siécle, les deux confréries de Saint-Nicolas et de Sainte-Catherine, deux dévotions rapportées certainement des croisades.

Quoiqu'il en soit, l'œuvre de Geoffroy IV ne subsista pas de longues années. Elle tombait en ruines lorsque Jean de Laval entreprit de la reconstruire en belles pierres vertes du Bois-Gerbaud, et, disent pompeusement les mémoires du doyen Blais, sur le modèle de Saint-Pierre de Rome !! Jean de Laval ne vit pas l'achèvement de son entreprise. Le travail fut continué par son héritier et successeur, le connétable de Montmorency, mais avec tant de lenteurs, que la dédicace n'en fut faite que le 5 Novembre 1561, par le coadjuteur de l'Evêque de Nantes. La construction de cette chapelle avait duré 43 ans !

Une particularité citée par le doyen Blays, c'est que dans l'épaisseur des murs et piliers de la nef qui soutiennent le dôme, il y avait deux cabinets : l'un du côté de l'évangile, l'autre, du côté de l'épitre, adroitement dissimulés, avec ouverture au devant, pour voir à l'autel et à la chaire, et une petite cheminée, pour servir, l'un au Seigneur, et l'autre à la Dame de Châteaubriant, lorsqu'ils auraient agréable d'assister aux divins offices et aux prédications des avents, carêmes, octaves et dimanches ordinaires.

Cette chapelle, desservie jusqu'à la révolution, par les prêtres de Béré, siége de la paroisse, fut érigée, vers 1800, en église paroissiale. En 1842, elle reçut un agrandissement assez considérable avec un portail d'ordre dorique, surmonté d'une tour octogone qui ne manque pas d'élégance. Elle va prochainement disparaître, pour faire place à un édifice gothique qui sera plus grand, plus commode et plus digne de la religieuse population qui l'élève et l'attend avec impatience. (1879).

Château de la Trinité

[illegible] vol [illegible]
avec le tableau de C[illegible]
[illegible] de la France [illegible]
[illegible]he, on arrive à [illegible].

L'auteur d[illegible]
[illegible] de la Méd[illegible]
[illegible] populaires [illegible]
[illegible] pénétrant jusque[illegible] jou[illegible]
[illegible] ils enferment les p[illegible]
[illegible] ventaux de chaque [illegible].
Quand l'illustre [illegible]
[illegible]
[illegible] pour le solid[illegible]
[illegible]he ruine, elle son[illegible] le t[illegible]
[illegible] de ren[illegible]

[illegible] Dans les anciens titres, il s'app[illegible]
[illegible]il, il s'appelait encore [illegible]
[illegible] avec la langue [illegible]
[illegible] changé par Ver as.
[illegible] Voir notre histoire, ) pos 470 et 471.

## §. IV. — Béré ou la Paroisse,
### son Église paroissiale et ses Couvents

En sortant de la ville par la porte Saint-Jean, on traverse le faubourg de Couëré, on longe le mur du château de la Trinité, et, après un quart d'heure de marche, on arrive à l'entrée du bourg de Béré (1), sous les murs de l'église Saint-Jean, antique métropole du pays de la Mée, et dont les doyens avaient juridiction sur 70 paroisses. Ce fut l'église paroissiale de Châteaubriant jusqu'aux jours où les fureurs révolutionnaires en fermèrent les portes, et la condamnèrent à un veuvage de cinquante ans.

Quand l'illustre famille Bretonne qui donna son nom au pays, eut élevé, sur le rocher consacré à Jupiter (2) le solide donjon dont l'étranger admire la superbe ruine, elle songea à relever le temple et les autels renversés ou brulés par les hordes Normandes.

---

(1) Dans les anciens titres, il s'appelle *Bairiacus*, et, par conséquent, il aurait dû être appelé *Bairiac* ou *Beriac*, mot bien plus en rapport avec la langue ancienne du pays que Béré, tiré du latin dégénéré *Bereus*.

(2) Voir notre histoire, pages 470 et 471.

Innogwent et Brient, son fils, demandèrent d'abord à l'abbé de Redon des ouvriers pour bâtir un monastère, et, en même temps, pour desservir l'église Saint-Pierre, dont l'existence avait précédé les invasions barbares. Les moines-architectes, envoyés pour l'accomplissement de ce dessein, n'ayant point réussi au gré des donateurs, Innogwent et son fils, deux fois trompés dans leur attente, s'adressèrent alors aux Bénédictins de Marmoutiers qui remplirent enfin leurs intentions. Ils construisirent un couvent avec une église que ceux de Redon leur disputèrent dans un procès de 40 ans ! Les religieux du Grand Monastère finirent, au moyen d'une transaction, par demeurer paisibles possesseurs de Saint-Sauveur. Mais la pauvre église Saint-Pierre et sa paroisse microscopique de treize paroissiens disparurent, et se fondirent dans une seule et grande paroisse, pour le service de laquelle fut bâtie l'église Saint-Jean, sous les murs du couvent.

Geoffroy I<sup>er</sup>, dit Goscho ou le *Vieux*, se mit à édifier, dans les vastes proportions, et dans la forme que nous lui voyons encore, ce temple qui, à cette époque, devait être sans rival dans tout le pays de la Mée. L'œuvre de ce seigneur fut achevée avant 1114, puisqu'il y fut enterré.

Considérez cette porte massive avec ses lourds piliers quadrangulaires ; ces multiples voussures à dents de scie, ces colonnes géminées en grès rouge,

Retable de l'Eglise de Béré.

sous un seul chapiteau orné de feuillages à peine indiqués ou de figures plus grossières encore ; ces voûtes en cul-de-four ; ces œils-de-bœuf (aujourd'hui aveuglés) ; ces longues et étroites fenêtres de la nef et des absides latérales ; tout vous dira l'âge de cet édifice vénérable qui, après huit siècles, est encore debout, ferme et intact (sauf quelques croisées) comme aux jours de sa naissance, mais entouré de cette auréole de respect qui s'attache à tout ce qui a bravé les coups du temps.

Les Fonts Baptismaux sont placés dans un hors-d'œuvre, exécuté par le célèbre doyen P. Blays, qui en avait fait une chapelle dédiée à l'Ecce-Homo, et y avait fait creuser le tombeau où il repose. — Il reste de cet autel une tête du Père Eternel, sculptée en bois, d'une exécution vraiment magistrale, et qui mérite d'être visitée par les amateurs du beau (1).

Dans le chœur, dont on remarquera l'inclinaison intentionnelle et symbolique en *inclinato capite*, suivant l'usage assez général du temps où il fut construit, le Doyen Blays fit exécuter un retable qui, par l'habileté de son plan, par la richesse et les grâces de son ornementation, mérite de fixer les regards, malgré sa dissonnance architectonique avec le vaisseau qui l'encadre. Il est de la main de Gaspard Robelot, et de l'année 1665. (2)

(1) Elle est dans ce moment en voie de restauration.
(2) Voir notre hist. p. 398.

L'infatigable recteur de Saint-Jean enrichit encore son église paroissiale de deux autels, qui s'harmonisent parfaitement avec celui que nous venons de louer : l'autel de la Sainte-Vierge, dû au ciseau des architectes Robin et Simonneau, 1658, et l'autel Saint-Blaise, près des Fonts, dont la confrérie des peigneurs de laine fit tous les frais, 1694. L'autel Saint-Louis qui lui fait face, de date très-récente, n'en est qu'une imparfaite imitation.

Ne quittons pas Saint-Jean-de-Béré, sans signaler à l'attention de l'étranger un édicule de forme assez étrange, appuyé au mur extérieur, près de la porte du Midi. Il ressemble à un autel, sur la table duquel repose un groupe représentant l'Annonciation. — Je ne parle pas des deux autres statues qui y ont été accolées. — Nous avons entendu des archéologues attacher une valeur artistique à ces deux personnages, l'Ange et la Vierge, dont la *manière* accuse une grande antiquité. La tradition générale dans le pays est que ce petit monument servait à dire la messe au temps de la *peste noire* (1), le peuple se tenant sur le coteau qui lui fait face, pour éviter la contagion. Cet autel s'appelle le *Dieu de pitié :* tous les premiers vendredis de chaque mois, on peut voir les mères apporter leurs petits enfants, et les rouler sur la pierre, pour les faire marcher.

(1) La peste noire sévit particulièrement en 1348; elle fit périr en Europe, dans l'espace de onze mois, 37 millions d'habitants!

Nous allions oublier de parler du clocher, cette disgrâcieuse poivrière dont tout le monde désire la disparition. Elle remplace la flèche élégante, renversée par la terrible *vimaire* du 29 décembre 1705, que signalent tous les mémoires contemporains. Elle devait sans doute être bien belle, puisque, d'après le procès-verbal de la municipalité, c'était *la plus belle aiguille de la province!*

### COUVENT DE SAINT-SAUVEUR-DE-BÉRÉ.

Voyez-vous, près de l'église Saint-Jean, ces murs noircis par le temps, qu'appuyent çà et là de lourds contre-forts? Des lierres gigantesques, logés dans les pierres mal jointes, soutiennent de leurs bras envahissants leur caduque existence, en leur prêtant le charme agreste de leur sombre verdure. Ce sont les murs du Prieuré de Saint-Sauveur.

Là, vécurent dans la retraite et la prière les enfants de Saint-Benoit qu'y envoyait la célèbre Abbaye de Marmoutiers-lès-Tours. Pendant cinq siècles, ce lieu fut leur asile et la providence des pauvres et des malheureux. D'autres ont parlé de ces longs et lugubres corridors où, quand la nuit descend sur la terre, on voit errer le fantôme gémissant de la Belle-de-Béré; nous n'avons garde de relever les débris de colonnes et d'arceaux gothiques, sous lesquels la voix grave des moines envoyait ses notes mélancoliques et pieuses. Dans la description de l'établissement monastique qui fut le berceau de la religion renaissante en cette contrée, nous mettrons moins de poésie, mais plus de vérité et d'histoire.

Elle n'était pas riche d'architecture, l'abbatiole, élevée par ies moines, architectes-maçons du xie siècle. Mais, dans son plan modeste et conforme au temps, elle renfermait ce qui se trouve en tout monastère. Quand on avait franchi la porte d'entrée et la cour qui servait à l'exploitation rurale, on avait devant soi les bâtiments claustraux, proprement dits, dont une petite cour carrée formait le centre. C'était, à droite, le réfectoire et la cuisine, et au-dessus, les cellules dont on voit encore les fenêtres en grès rouge, étroites et cintrées; à gauche, étaient le chœur des religieux et la chapelle; en face, la partie appelée le chapitre, dont il ne reste plus rien malheureusement. C'était le bâtiment le plus intéressant et le mieux caractérisé, à cause de ses ouvertures géminées sous un seul arc, dont les extrémités retombaient sur des colonnettes engagées dans les murs. Là se trouvaient et la bibliothèque et les salles qui réunissaient les religieux pour le travail et la prière. Tout autour de cette cour intérieure régnaient des cloîtres ou galeries couvertes, décorés de statues de saints dans des niches, dont quelques-unes se voient encore. Enfin, au centre, un puits, dont la lourde margelle, usée par les siècles, atteste que c'est bien la même que posèrent les premiers habitants de ce lieu. Le reste de l'enclos était occupé par d'autres cours, par des granges, par un cimetière, au chevet la chapelle, et par des jardins.

Ces dispositions sont restées à peu prés les mêmes jusqu'à ce jour, sauf les modifications apportées aux bâtiments par les religieuses Ursulines de St-Augustin, qui firent l'acquisition du prieuré après le départ des moines. Ce qui arriva en 1655. Elles y élevèrent un pensionnat de jeunes filles qui devint si florissant, qu'au bout de peu de temps, elles purent remplacer l'ancienne église priorale par une grande et belle chapelle, et réparer les autres parties qui tombaient en ruines. A ces jours de prospérité succédèrent des jours d'épreuyes. L'année 1781 vit l'établissement supprimé et les religieuses dispersées. Une honorable famille du pays, acheta alors tout l'enclos de Saint-Sauveur et le possède encore.

Dans ces quelques lignes, consacrées à rappeler l'œuvre religieuse et méritoire de nos premiers barons, nous avons résumé huit siècles de souvenirs.


COUVENT DE LA TRINITÉ, ORDRE DES MATHURINS POUR LA RÉDEMPTION DES CAPTIFS.


Un glorieux souvenir des croisades s'attache à la fondation de cet établissement. La nouvelle de la ruine de l'armée française à la Massoure étant parve-

nue jusqu'en Bretagne, on ne tarda pas à connaître
la mort de Pierre Mauclerc et du baron de Vitré. Le
bruit se répandit également que Geoffroy de Châteaubriant avait succombé avec beaucoup d'autres chevaliers croisés. Sibylle, que notre jeune seigneur avait
épousée avant de prendre la croix, revêtit alors ses
vêtements de deuil, et pleura son mari. Trompée par
des bruits mensongers, elle était encore dans les
larmes, lorsque Geoffroy (IV) remit le pied en Bretagne. Tout joyeux, le brave baron accourut vers
Châteaubriant, et, dans son empressement d'embrasser
une épouse chérie, *estant tout près de son château, il
le fait savoir à sa femme.* Quelle ne fut pas alors
l'agréable surprise de Sibylle! Remplie d'allégresse à
la nouvelle d'un évènement si inattendu, la dame de
Châteaubriant s'empresse au devant de Geoffroy,
mais, hélas! *à la rencontre et accolade,* ajoute naïve-
ment du Paz, *ceste bonne dame trépassa de joie entre
ses bras; témoignage de la parfaite amitié qu'elle
portait à son seigneur, mari et époux.* Ainsi se changea en deuil le joyeux retour du vaillant compagnon
de Saint Louis.

Geoffroy IV avait vu par lui-même en Orient les
bienfaits qu'y répandait l'Ordre des Pères de la Sainte
Trinité, fondé pour le rachat des chrétiens captifs; il
savait par sa propre expérience quelle était la misère
des prisonniers chez les Musulmans. Aussi, de retour
dans son château, s'empressa-t-il de fonder un monas-

tère pour les religieux de cet Ordre — Août 1252. —
Ce fut sur le chemin qui conduit de la ville à Béré,
que le pieux croisé plaça ce nouveau couvent, auquel
il assigna deux cents livres de rente sur ses forges des
forêts de Juigné et de Teillay.

La tradition rapporte que le seigneur de Châteaubriant fit inhumer le corps de sa femme Sibylle dans
l'église de la Trinité. Il fit ensuite représenter sur les
vitraux de cette église toutes les circonstances de la
mort singulière de sa fidèle épouse; le P. du Paz
étant à Châteaubriant en 1602, y vit encore ces
verrières historiques, comme il l'affirme dans son
histoire.

D'après l'intention du fondateur, et en vertu de
leurs règles, il y avait, dès l'origine, près de la maison
conventuelle des Mathurins, un hôpital dont la porte
était toujours ouverte aux pauvres de tout âge et de
tout sexe, allant et venant. Un des religieux était
chargé de les recevoir, de leur donner la nourriture
et le logement, même les soins spirituels, car il y avait
une petite chapelle attenante à cet hôpital. Voilà
pourquoi dans le testament de Geoffroy, cette fondation est appelée *eleemosynaria, aumônerie.*

Les quêtes pour le rachat des captifs, si durement
traités par les infidèles, se faisaient par les religieux,
dans les provinces. Ainsi, nous avons vu, dans les
comptes de cette maison, diverses sommes envoyées
à Paris pour être versées dans la caisse des captifs.

On lit dans la revue d'Anjou, 1870. p. 117, « qu'un des Mathurins de Châteaubriant fut chargé de conduire à Paris, au mois d'Août 1654, 85 captifs, rachetés des Turcs, par les mains de la charité. » Ce n'étaient donc pas simplement de pieux fainéants que les religieux de la Mercy. Leur œuvre était admirable, et nous ne lisons nulle part que la philosophie ou la philanthropie en ait fondé une semblable.

Cette maison fut particulièrement aimée d'un de nos plus grands et éloquents évêques de Nantes, Monseigneur de Cospéan, qui avait ses religieux en grande estime, et qui y séjournait jusqu'à trois mois de l'année, vivant au milieu d'eux comme un de leurs frères. 163o. — Quelques années plus tard, elle devint plus florissante encore ; le nombre des religieux et des novices augmenta ; il s'y tint une école de philosophie et de théologie ; elle reçut toutes sortes d'embellissements : avenues, jardins, charmilles, canaux creusés à travers les prairies, toutes choses qui en firent l'une des plus agréables résidences de la province. 165o.

En 1789, le couvent de la Trinité ne contenait plus que quatre religieux. Le bâtiment principal où siégea le tribunal révolutionnaire, fut vendu nationalement avec tout l'enclos et ses dépendances, et la chapelle, après avoir servi de magasin et d'écurie aux troupes républicaines, fut démolie par son dernier propriétaire. Outre le tombeau de Geoffroy IV, fondateur du couvent, et de Sibylle, sa femme, dont on voyait les statues couchées sur le monument funèbre, du côté de l'épître, cette chapelle renfermait encore la sépulture de Jeanne de Baumanoir, épouse de Charles de Dinan, autre baron de Châteaubriant. La célèbre Françoise de Foix y fut aussi enterrée avec sa fille. Son tombeau s'y voyait sous une arcade du côté de l'évangile, avec sa statue et une épitaphe composée par Clément Marot. On y lisait ces vers que tout le monde connaît :

### PEU DE TELLES

Soubs ce tombeau gist Françoise de Foix
De qui tout bien tout checun soullait dire,
  Et le disant oncq une seule voix
  Ne s'avancza d'y vouloir contredire.
  De grant beauté, de grâce qui attire,
  De bon savoir, d'intelligence prompte,
  De biens, d'honneurs et mieux que ne racompte
    Dieu esternel richement l'estoffa.
O viateur! pour t'abréger le compte,
Cy gist un rien là où tout triompha.
    Décédée le 16 octobre 1537.

PROU DE MOINS      POINT DE PLUS

Aujourd'hui, la Trinité est une charmante demeure, entourée d'un parc délicieux, et tellement transformée par les soins de Madame la comtesse de Boispéan, qui l'habite, que rien, si ce n'est le nom, n'en peut faire soupçonner la destination primitive.

## PRIEURÉ DE SAINT-MICHEL-DES-MONTS

A l'entrée du fanbourg de ce nom, et au pied de la colline du haut de laquelle l'œil voit surgir au fond de la vallée qu'arrose la Chère, les clochers de la petite ville et les toits pointus des pavillons de son Château, on rencontre une charmante habitation, solitaire et fraîchement encadrée dans la verdure de ses bois. C'était, au temps passé, le prieuré de Saint-Michel.

En l'an 1204, il arriva que Geoffroy II, de Châteaubriant, s'en alla guerroyer contre l'assassin d'Arthur, le perfide Jean-sans-Terre. Il prit une part active au siége du Mont-Saint-Michel où les bretons remportèrent la victoire. Que le valeureux guerrier ait fait un vœu pour sa vie ou pour le succès de ses armes, qu'il ait simplement voulu honorer le glorieux archange sous la protection duquel il avait combattu, nous ne pouvons l'affirmer, mais il est permis de le croire. Car, on le vit, cette même année, fonder, à la vue et presque sous les murs de son Château, un couvent, dont les bâtiments et l'enclos furent certainement détachés de son parc. Il le dota de bons revenus, dit le P. du Paz, et le donna à l'abbaye de Saint-Jacques de Montfort, récemment fondée par les seigneurs du lieu, pour des chanoines réguliers de Saint-Augustin. Le prieur et ses religieux n'étaient obligés qu'à prières et oraisons, sauf, quand les revenus devinrent insuffisants, à deux messes par semaine, pour les fondateurs.

« Il y avait en ce prieuré, dit le Doyen Blays, cour au dehors, cour pour les religieux, tous les lieux réguliers, comme chapitre, cuisine, réfectoire, dortoir, et un chœur hault. » La chapelle avait un clocher et trois autels. Dans le chœur se voyaient, sur une pierre tombale, les effigies du fondateur et de son épouse, sous une fausse châsse couverte de drap noir. Mais, outre ce mémorial que s'étaient élevé les illustres défunts, la chapelle renfermait un autre monument plus considérable, aux quatre coins duquel étaient représentées les vertus cardinales (disposition qui rappelle le tombeau des Carmes de la cathédrale de Nantes), des angelots portant les armes de Châteaubriant, et, sur la plate-forme, à genoux, dans l'attitude de la prière, le baron bienfaiteur de ce lieu. Tout cet ensemble, assure le doyen chroniqueur qui l'avait vu, était exécuté en terre cuite.

Ce pieux établissement eut le sort de tous les autres. Après être tombé sous des prieurs commandataires, c'est-à-dire non résidents, il était arrivé à un état d'abandon, voisin de la ruine, quand la Révolution s'en empara.

# SECTION II

—

# PROMENADES AUX ENVIRONS

## DE

## CHATEAUBRIANT

## SECTION II

—

### Promenades aux environs de Châteaubriant

—

Est-il besoin d'indiquer les promenades que l'on peut faire autour de la ville? Tout le monde les connaît. Dès que le printemps vient rendre aux arbres et aux campagnes leur parure de verdure et de fleurs, les hauteurs qui dominent Châteaubriant offrent des points de vue aussi pittoresques que variés; citons, pour exemples, la butte du Bois-Hamon, le coteau des Briottais, Béré, le boulevard Sainte-Marie, etc.

### I. — LE PARC

Parmi les promenades d'une heure ou deux que l'on peut faire, sans perdre de vue les tours du Château, l'une des plus intéressantes est celle du Parc, autrefois ouvert au public, aujourd'hui propriété particulière. Suivez la route de Paris pendant un kilomètre et, arrivé à l'entrée du bois, prenez à droite un des sentiers étroits et montueux qui conduisent au château des Cohardières. A la place de cette ferme récemment bâtie, s'élevaient jadis de vastes constructions, dont il ne reste plus que les débris d'une vaste cheminée suspendus au pignon d'une grange. On l'appelait aussi la *Maison Rouge*. C'était la maison de plaisance et le rendez-vous de chasse des seigneurs de Châteaubriant.

Derrière et touchant presque ce qui reste des anciens bâtiments, on voit un parallélogramme formé par des relevées de terre qu'une douve profonde entoure de trois côtés, ce qui lui donne assez l'apparence d'un camp. La tradition lui donne plus justement le nom de *Jeu de Paume*. C'était un exercice très-échauffant qui fut pendant longtemps la recréation favorite des grands, et du peuple ensuite. Cet espace mesure 60 pas de long sur 20 de large.

En descendant, sous bois, le petit sentier qui longe le jeu de paume, on arrive aux fontaines à Madame. L'une d'elles a été détruite en ces dernières années ; elle était très-voisine de celle qui subsiste encore. La construction en pierre qui l'entoure et l'abrite n'est pas monumentale, mais elle est en rapport avec la sauvage beauté de ces lieux. Sur son sommet s'élève une jolie statue de Saint-Jean l'Évangeliste, à laquelle une touffe de tiges de lierres entrelacées forme un piédestal des plus champêtres (1). Ce lieu est des plus solitaires ; la limpidité de l'eau dans son bassin de pierre invite le visiteur à se désaltérer, tandis que le filet d'argent qui s'en échappe, court sous la mousse et les pervenches sauvages se perdre à quelques pas de là dans un étang creusé par la nature dans les plis d'un vallon délicieux. Là, tout invite au repos dans la chaleur : le bois vous offre la fraîcheur de son ombrage, le silence qui vous entoure n'est troublé que par le chant des oiseaux qui fourmillent en ce lieu, ou par l'apparition subite du rouge-gorge familier voltigeant autour de vous, comme un ami qui fête votre bienvenue de ses doux piaulements ; dans le lointain, on entend le roulement des wagons et le sifflet strident des locomotives qui se mêlent aux aux bruits de la ville, et en trahissent le voisinage.

Ce beau Parc, où les Ducs de Bretagne et plusieurs rois de France se sont livrés au plaisirs et à des divertissements de toutes sortes, contenait environ mille journaux de terre. Il était complètement fermé par un mur de six pieds de haut. On l'avait peuplé de *bisches, daims, grands cerfs, reſſuges à connis* (lapins), et de toutes sortes de bêtes que l'on trouve dans les forêts. Le duc d'Aumale, son dernier

---

(1). Il est certain que l'on utilisait les eaux de cette fontaine pour l'usage du Château ; car nous avons trouvé des tuyaux de conduite en brique dans tous les champs, et jusque sous les Promenades qui sont au pied du Château.

possesseur, y avait fait tracer un chemin carrossable au moyen duquel on peut en faire le tour. En le suivant toujours, vous arrivez à la grand'route au-delà de laquelle vous le retrouvez, longeant la rivière de Chère et le vaste étang de Chaicheux avec ses pêcheries. Les eaux de cette rivière, retenues par la chaussée de la Torche alimentaient les fossés du Château, ainsi que ceux de la ville, et faisaient tourner les deux moulins seigneuriaux, dont celui de Couëré subsiste seul aujourd'hui. Avant d'arriver à la charmante promenade publique qui baigne les eaux de la *Chère*, on côtoie ce qu'on appelait les *Grands Jardins*, maintenant en prairies, à l'extrémité desquels était la petite chapelle Saint-Antoine dont nous avons vu les derniers vestiges ; enfin, on rentre en ville après deux heures de marche environ (1).

(1) Par suite d'appropriations de terrains opérées dans la propriété, il n'est plus possible de promener dans la partie basse du parc.

Abbaye de Meilleray.

## II — ABBAYE DE MEILLERAY.

Le bourg de Meilleray, à quatre lieues et demie de Châteaubriant, n'a rien de remarquable pour l'étranger; mais à deux kilomètres plus loin, se trouve la célèbre Abbaye de Bénédictins qui porte ce nom. La visite de ce lieu est pleine d'intérêt pour le chrétien comme pour l'homme du monde: Nous croyons être agréable à nos lecteurs, en les faisant assister, pour ainsi dire, à la naissance de cette belle institution monastique, puisée aux sources même de l'histoire (1).

Foulques, abbé du Pontron (2), homme rempli de l'esprit de Dieu, et désirant ardemment étendre son amour, cherchait où il pourrait établir une colonie des enfants dont il était le père. Une occasion favorable s'étant préseutée, il prit deux de ses moines et leur dit : Allez, parcourez toute cette partie de la province qui s'étend au couchant, jusqu'à ce que vous trouviez un lieu propre à y établir une maison pour nos frères; et, quand vous l'aurez trouvé, priez ins-

(1) Traduction libre, mais exacte de D. Lobineau. — Preuves, Tom. II, p. 282 et 283.

(2) Monastère aux environs d'Angers (Pontis Otrani).

tamment le seigneur à qui il appartiendra de vous en faire l'abandon. » Les envoyés partirent pour remplir leur mission, et leur saint abbé eut le bonheur de voir ses vœux réalisés.

Après avoir parcouru dans tous les sens la contrée qui leur avait été désignée, ils arrivèrent à Auverné où le prêtre Rivalon exerçait alors le saint ministère. Ils ne frappèrent point en vain à cette porte hospitalière. Le bon prêtre les reçut avec bonté comme les envoyés de Dieu même : il les fit coucher sous son toit, et, le lendemain, leur servant de guide, il les conduisit dans un lieu qui s'appelait le *vieux Melleray*. Là étaient des fourrés d'arbustes et de buissons, des arbres géants, lançant dans les airs leurs têtes superbes chargées d'un épais feuillage; pressés les uns contre les autres et s'étendant au loin, ils formaient une forêt où ne se faisaient point entendre la voix des hommes ni les bruits de la terre.

Les envoyés de Foulques voulurent connaître toutes les parties de cette vaste solitude dont ils ne se lassaient pas d'admirer la beauté. Prosternés la face contre terre, ils rendirent à Dieu mille actions de grâces de leur avoir fait trouver ce qu'ils étaient venus chercher, car ils ne doutaient point que la volonté divine était qu'ils se fixâssent en ce lieu.

Quittons un instant le domaine de l'histoire pour faire place à la légende. On raconte qu'arrivés dans les bois au milieu desquels le monastère fut longtemps renfermé, les pieux voyageurs se sentirent pressés par la faim. Ils s'adressèrent aux habitants du voisinage, pour en obtenir quelques secours qui leur furent impitoyablement refusés. Mais la Providence leur vint en aide. Sans se décourager ni se plaindre, ces hommes de Dieu s'en allèrent chercher un refuge et un repos sous un grand arbre, dans le tronc duquel des abeilles sauvages leur avaient préparé le repas que la dureté des hommes leur avait refusé. Ils comprirent que, par ce bienfait, le ciel se chargeait lui-même de leur désigner le lieu et le nom du futur monastère.

Mais revenons à des données plus certaines.

Sans perdre de temps, et pour obéir aux ordres de leur père, les deux religieux se transportent auprès d'Alain, seigneur de Maidon (Moisdon) à qui appartenait le vieux Melleray, et lui font humblement leur demande. Alain était un homme pieux et craignant Dieu ; il leur ouvrit en même temps et sa porte et son cœur, et leur accorda volontiers ce qu'ils lui demandaient avec les terres et la forêt voisines, pour y construire un couvent de leur ordre. Lui-même, accompagné de ses serviteurs, voulut déterminer tout le terrain qu'il accordait au nouvel établissement. 1132.

Nos deux Cisterciens, au comble de leurs désirs, revinrent donc joyeusement prendre possession du riche don que venait de leur faire le seigneur de Moisdon, et y établirent leur tente pour de longues années. Ils n'y vécurent pas dans l'oisiveté : sachant que la terre ne donne rien aux hommes sans beaucoup de sueurs, ils se livrèrent à des travaux aussi durs qu'opiniâtres, maniant la scie et la hache pour défricher une partie de la forêt, redressant les chemins tortueux, aplanissant ceux qui étaient escarpés, acquérant de nouvelles terres, cultivant les anciennes. Ils firent si bien, qu'environ dix ans après, Foulques, qui était toujours à la tête du Pontron, jugeant que le moment était arrivé, envoya en ce lieu de Melleray un essaim de moines, ayant pour abbé un religieux du nom de Guiterne. Cette prise de possession du couvent de Melleray date de l'an 1142, de l'Incarnation de Notre-Seigneur.

Les nouveaux venus se mirent à l'œuvre avec une ardeur imcomparable. Pour construire le monastère, ils se levaient avec l'aurore, et portaient sans relâche le poids du jour et de la chaleur. Telle était leur pauvreté, que souvent le pain, — et quel pain ? (1) vint à leur manquer. Mais rien ne pouvait affaiblir leur courage : ils savaient qu'ils préparaient une demeure et le nécessaire à ceux qui viendraient après eux, et voilà pourquoi ils bâtissaient, ils plantaient, cultivaient les champs, disposaient les jardins,

_______________

(1) Geoffroy IV, dans son testament de 1262, assigne à l'abbaye de Melleray 21 livres de rente, afin qu'à l'avenir, les religieux pùssent manger du paim de froment (hist. de Chaûbriant. p. 27.)

dirigeaient les ruisseaux pour en faire des étangs, agrandissaient leurs possessions et leur donnaient une valeur qui augmentait de jour en jour.

Et telle fut cette donation que firent à Dieu, à Notre-Dame et aux moines destinés à y vivre, Haimon-le-Bigot et Alain, fils de Clairembauld. Consentirent à ce don, Duoa (ou Doa) épouse d'Haimon, Péan (Paganus) fils, et son épouse, avec Anne leur fille, mariée à Yvon ou Yves de Rogé (Rougé), et Hervé, moine des Barrez (Abbaretz peut-être ?) D'une autre part, l'épouse d'Allain, surnommée la Superbe, et Clairembauld, fils d'Alain (infans.)

Parmi les témoins, figurent Aufroy, moine de Moidon, et Guillaume-le-Prêtre. (Titre de Melleray).

L'église fut achevée en 1183. C'est la même que celle qui se voit aujourd'hui, sauf la partie du chœur. Quant aux bâtiments, ils furent reconstruits en dernier lieu, au 18ᵉ siècle; ils sont réguliers, d'un aspect imposant et d'un style sévère.

Voyageurs et visiteurs reçoivent à l'abbaye une hospitalité toute gratuite, et conforme à la pauvreté comme à la charité chrétiennes. Les bons pères se font un devoir d'être agréables à leurs hôtes, en les conduisant dans les lieux les plus capables de les intéresser, comme la chapelle, le réfectoire, le dortoir, les cloîtres, les jardins, les étables, la laiterie, la fromagerie etc. Le silence de mort qui règne partout, l'austère aspect de ces murailles, la vue de ces rudes pénitents sur le visage desquels s'épanouit pourtant la joie intime et la paix de l'âme, tout cela plonge l'homme du monde en des réflexions profondes, et lui fait voir le chrétien sous un jour tout nouveau :

> La voix des passions se tait sous leurs cilices,
> Mais leurs austérités ne sont pas sans délices ;
> Le Dieu qu'ils ont cherché ne les oubliera pas.

Le livre de l'Imitation a dit : je ne suis jamais allé parmi les hommes sans en être revenu moins homme. A la Trappe, c'est le contraire qui arrive. Allez passer quelques instants parmi ces saints religieux, et vous en reviendrez meilleur.

> La richesse y viendra visiter l'indigence,
> L'orgueil l'humilité, le plaisir la souffrance ;
> Vous-même, abandonnant pour leurs âpres forêts,
> Et vos salons dorés et vos ombrages frais,
> Viendrez au milieu d'eux, dans une paix profonde,
> Désenchanter vos cœurs des voluptés du monde ;
> Loin de ce monde où règne un air contagieux,
> Vous aimerez ce bois sombre et religieux,
> Ses pâles habitants, leur rigide abstinence,
> Leur saint recueillement, leur éternel silence,
> Et la bêche à la main, la pénitence en deuil,
> Anticipant la mort et creusant son cercueil.
>
> Et lorsqu'à la lueur des lampes sépulcrales,
> De silences profonds coupés par intervalles,
> Du sein de la forêt, leurs nocturnes concerts,
> En sons lents et plaintifs monteront dans les airs,
> Peut-être à ces accents vous trouverez des charmes,
> Vous envirez leurs pleurs, vous y joindrez vos larmes ;
> Et le corps sur la terre, et le cœur dans le ciel,
> Vos vœux iront ensemble aux pieds de l'Eternel (1).

(1) Vie du P. Antoine, page 47.

### III. — LA COQUERIE, — LOUISFERT

A une lieue de Châteaubriant, entre les routes d'Issé et de Derval, se trouve la Coquerie, ancienne seigneurie, vieux manoir qui dresse ses tourelles sur la crête d'un coteau d'où l'on jouit d'une vue ravissante, surtout dans ce pays où les horizons sont généralement bornés. En cherchant bien, on finit par découvrir, sous les chataigniers séculaires qui couvrent ce plateau, la petite chapelle de Sainte-Anne, cachée comme une violette sous la mousse des bois. Elle est célèbre par les pélerinages qui s'y faisaient dès la fin du 16ᵉ siècle (1) et que nous avons vus se renouveler de nos jours.

Après avoir offert vos hommages à la Bonne-Mère, surnommée le bon Dieu des Bretons, vous reprendrez la route qui doit vous conduire à Louisfert ; quatre kilomètres seulement vous en séparent. Un monument digne de votre attention vons y attend, c'est le calvaire.

Parcourant un jour sa paroisse natale, un jeune prêtre à la foi vive, au zèle ardent, fut frappé du

(1) Voir notre histoire de Châteaubriant.

grand nombre de blocs de pierre qui gisaient dans les champs et obstruaient les chemins. D'où venaient ces rochers sans attache avec le sol qu'ils appauvrissaient? Quelles mains assez puissantes les avaient arrachés aux entrailles de la terre? Etait-ce la main de Dieu qui, pour donner un nouveau problème aux loisirs des savants, les avaient roulés, comme en se jouant, en ces lieux? Elevés *in acervum Mercurii* (1) avaient-ils été consacrés au culte des idoles, ou, dans les temps héroïques, avaient-ils marqué les tombeaux de quelques chefs illustres de nations, morts en combattant dans ces contrées sauvages? (2) Toutes ces questions demeuraient pour lui sans réponse. Cependant la vue de ces roches inutiles et incommodes l'inspire; une pensée qui ne peut venir que du ciel s'empare de son esprit : « eh ! bien, se dit il, assez longtemps génies d'enfer et suppôts de Satan ont roulé ces muets témoins de la création, pour en dresser des autels aux puissances maudites, ou des hommages à des hommes mortels; à notre tour, chrétiens, de nous en emparer pour élever un trophée à la puissance victorieuse de Jésus-Christ sur l'enfer et sur le monde. *Venez, mes frères, apportez ces pierres;* (3) qu'elles

(1) Amas de pierres consacrés à Mercure, expression de Salomon au livre des Proverbes.

(2) *Comportaverunt super eum acervum lapidum magnum nimis* (Reg. II. chap. XVII, v. 17.)

(3) *Dixit que (Jacob) fratribus suis : afferte lapides.*

deviennent pour vos enfants et pour les générations futures de cette paroisse, l'irrécusable et touchant témoignage de votre foi. Et quand, chaque matin, sur cette colline, le soleil levant fera briller ses feux, l'ombre sacrée de la croix se dessinera sur les tombes de ceux aüxquels vos cœurs sont restés fidèles, et rafraîchira leur poussière vénérée. »

Et voilà que ces rudes laboureurs, électrisés par la voix du prêtre, abandonnent leurs travaux, et s'en vont de tous côtés chercher les pierres qu'il leur signale, et dont une seule suffisait bien souvent pour charger les plus fortes charrettes. Allez voir à la base du nouveau Golgotha, élevé à la gloire du divin crucifié, ces rochers informes qu'un travail herculéen a seul pu mettre en place ; considérez ces masses de 7 à 8 mille kilogrammes, amenées de 6 et 10 kilomètres et que des attelages de 20 paires de bœufs pouvaient seuls ébranler ; vous admirerez alors comment un homme seul, presque sans autre ressource que son énergie, ayant à lutter contre des difficultés physiques et morales de toute espèce, a réussi à élever ce gigantesque monument. *Et avec toutes ces pierres, ils firent un lieu élevé....* (1)

Disons aussi que c'est l'honneur des habitants de Louisfert et des paroisses voisines de n'avoir pas reculé devant le transport de ces effrayants monoli-

_____

(1) *Qui congregantes, fecerunt tumulum* (Genèse. **XXXI. 46.**)

thes, et de s'être prêtés à ce travail colossal avec un dévouement et une générosité que leur foi seule pouvait inspirer et soutenir.

Pour contempler ce beau Calvaire, il faut descendre dans le champ qui lui fait face. C'est là qu'il apparaît dans toute sa majesté, avec cet aspect grandiose et sévère que l'on ne retrouve nulle part. Quand la mousse, le lierre et la verdure auront rempli les vides et adouci les teintes un peu crues de cette construction cyclopéenne; quand le temps lui aura donné cette manière d'être que la main des hommes ne saurait imiter, le Calvaire de Louisfert n'aura point de rival en ce genre.

Pour bien terminer cette promenade, il faut revenir par la Forêt-Pavée et par la route de Nantes.

Forges de la Hunaudière, en Sion.

[…] Saint-Aubin […]

[…]

[…]

Saint-Aubin […]

[…]

Au […], dans […]
[…] la C[…] sont des p[…]
[…] été la prison […]
[…] les […]
[…] compte […]
[…] C'est […] et […]
enfin par Saint-Aubin. […]
[…]ssement de […]
[…] lieu est très-pittoresque. […]
[…]re sont charmants, […] la prairie

[illegible]

## IV. — SAINT-AUBIN-DES-CHATEAUX, LA HUNAUDIÈRE ET BRILLANGAULT.

Charmantes excursions qui peuvent se faire dans la même journée.

Saint-Aubin offre, comme intérêt archéologique, une ancienne et vaste chapelle que l'on croit avoir appartenu aux Templiers. En effet, au-dessus de la porte principale, on voit, sur un écusson, le croissant traversé par une épée. Le style des fenêtres, des portes et tout l'ensemble, accusent une origine assez reculée, mais indéterminable, les documents historiques faisant défaut.

Au midi, dans une prairie que baignent les eaux de la Chère, sont des ruines que la tradition prétend avoir été la prison des Templiers, et qui pourraient bien n'être que les ruines d'un moulin. Il faut tenir grand compte des traditions locales en ce qui concerne l'histoire, et nous ne sommes pas éloignés de croire que Saint-Aubin doit son commencement à un établissement de religieux-militaires. Quoiqu'il en soit, ce lieu est très-pittoresque, les bords de la petite rivière sont charmants, guéables partout; la prairie

charme les yeux par son tapis de verdure, et le bois
voisin nous appelle, soit à jouir du repos sous son
ombre, soit à parcourir son labyrinthe peu dangereux.
Au nord du bourg est un bois de haute futaie, non
moins agréable pour les personnes qui ne peuvent
faire de longues excursions. On y trouve de jolis
sentiers au bord du lac marécageux à la surface duquel
folâtrent les papillons et les libellules, au milieu
d'une forêt de sagittaires à feuilles lancéolées, de
joncs, de roseaux, de massettes, et sur les feuilles des
nénuphars. A l'extrémité, le château du Plessis-
Virel qui n'a rien de remarquable, ne peut vous
arrêter, et vous revenez par le milieu du bois dans le
bourg si pittoresquement perché sur le sommet du
coteau que domine une grâcieuse église.

Pour aller à la Hunaudière, on prend la route de
Sion que l'on quitte à une demi-lieue environ du
bourg de Saint-Aubin. Un bon chemin en pente
douce vous fait descendre la colline au bas de laquelle
est située l'importante forge, près d'un bel etang
alimenté par la Chère.

En 1226, la Hunaudière n'était qu'une ferme. On
croit que la forge y fut établie sous le règne
d'Henri IV, à la fin du 16ᵉ ou au commencement du
17ᵉ siècle, époque où l'industrie, jusqu'alors paralysée
par les guerres civiles et religieuses, prit un nouvel
essor, sous la sage administration de Sully. Pour
faciliter aux nombreux ouvriers l'exercice de leur

religion, une chapelle y fut construite dès l'origine. Ce qui prouve que cet établissement ne doit point son existence à Catherine de Rougé, car on sait que la terrible marquise de la Roche-Giffart, protestante enragée, et persécutrice des catholiques, avait plus de plaisir à renverser les édifices religieux qu'à en construire de nouveaux.

La chapelle était dédiée à Saint-Eloi, patron des forgerons. Cette fête qui tombe au 1ᵉʳ décembre, alors que l'établissement était en pleine activité, était remise au lendemain de la Saint-Jean, où tout chômait, excepté le fourneau. La fête était plus profane que religieuse ; cependant il y avait messe à la chapelle, et tout le monde y assistait. Ensuite, on se rendait à la forge pour fleurir le marteau. Le directeur, le commis et toutes les dames ainsi que Monsieur le Curé assistaient à cette cérémonie : chacun prenait un clou et l'enfonçait dans le bouquet pour le fixer solidement au marteau. C'est alors que tous les ouvriers entonnaient avec un entrain merveilleux la chanson des forgerons.

I

C'est aujourd'hui la St-Eloi,
Suivons tous l'ancienne loi ;
Il faut fleurir le marteau,
Portons lui du vin nouveau.

II

Saint-Eloi avait un fils
Qui s'appelait Oculi ;
Et quand le bon saint forgeait
Son fils Oculi soufflait.

**III**

A vot'santé, bons marteleurs!
Sans oublier vos chauffeurs.
Et vous autr' p'tits forgerons
Qui passez pour bons garçons.

**IV**

S'il y a filles dans nos cantons
Qui aiment bien les forgerons,
Elles n'ont pas peur du martean
Quand elles sont dessus le haut.

**V**

Allons à la messe promptement,
M'sieur le Curé nous attend.
La messe il va nous chanter,
Il nous faut aller l'écouter.

En même temps, on levait la palle ou vanne, et le marteau frappait avec violence sur un gros levier qu'il devait écraser. A ce signal, tout le monde se mettait à danser à la ronde. Le chef de l'établissement donnait une barrique de cidre pour aider à célébrer plus gaîment la fête. Chaque ouvrier apportait devant son feu de forge sa table et son repas, auquel prenait part toute sa famille, et chacun allait boire à la barrique commune. Dans la soirée, tous les petits valets fleurissaient leurs outils, et se rendaient chez le directeur devant lequel ils chantaient des chansons analogues à la circonstance, et le directeur arrosait copieusement le bouquet. De son côté, la femme du directeur, au soir de la fête, régalait les femmes des ouvriers d'une rôtie de vin rouge. Après quoi, les danses recommençaient et duraient toute la nuit.

Ces usages subsistèrent jusqu'en 1836. Des abus qui s'étaient glissés dans la célébration de cette fête, la firent interdire.

En 1778, le prince de Condé était propriétaire de la forge de la Hunaudière. En 1852, elle cessa de fonctionner. Depuis 1853, elle est passée entre les mains de la famille Poydras de la Lande avec l'étang et les bois.

Après avoir visité la Forge et les Hauts-Fourneaux, jadis si importants, au milieu d'une contrée dont le sol est de fer, comme ailleurs il est de granit, il faut pousser jusqu'à Brillangaut (ou mieux Breil-Ingaut). Ceux qui aiment les grands bois, la solitude et les souvenirs d'autrefois, pourront aller se livrer à leurs rêveries sur les pierres couvertes de mousse et de lierre du vieil édifice, doublement consacré par l'histoire et par la religion.

De la Hunaudière à Brillangaut, il n'y a guère plus d'un kilomètre. Traversez la chaussée de l'étang, suivez la route carrossable qui conduit à l'entrée de la forêt de Domnesche, et vous apercevrez bientôt à travers les arbres, sur votre droite, les pauvres chaumières du village, près duquel gisent dans les ronces, les herbes et la mousse verte, des débris méconnaissables : *Ci-gît le couvent de Brillangaut.*

Au xie siècle, chacune des forêts qui avoisinent Châteaubriant cachait quelque solitaire, comme l'attestent les actes du Cartulaire de Redon. Il y en avait à Juigné, à Soudan, à Moisdon, à Pierric, etc. Domnesche, qui possédait un château et une voie romaine, avait aussi son ermite. Gorin avait trouvé une retraite paisible au lieu nommé le Breil, et y vivait depuis quelque temps, lorsqu'il entendit parler de la vie sainte que menaient, dans la forêt de Craon, les religieux du monastère de la Roë (1). Il demanda et obtint d'être admis parmi eux, en lui abandonnant l'ermitage que lui avaient donné Jean de Breil-Ingault, Boter-Bernard, Marquis et Gueznée, sa sœur, tous membres de la même famille. Afin de rendre ce don légitime et irrévocable, le pieux cénobite fit venir Albéric, curé de Sion, Geoffroy, seigneur de Sion, avec ses frères Aufred et Guillaume, et remit à l'abbé de la Roë, en leur présence, le lieu du Breil qu'il avait reçu d'eux. Ceux-ci firent plus : ils ajoutèrent à ce don tout ce qui était nécessaire à la construction et au chauffage des maisons du Breil, le pasnage d'au moins 60 porcs, et le pacage de tous les animaux qui pourraient appartenir au couvent. En outre, Vénétie, mère de Brient-le-Bœuf, seigneur d'Issé et de Nozay, se donna elle-même à l'abbaye pour être religieuse au Breil-Ingault.

Ainsi, ce lieu, aujourd'hui si désert, où l'on n'entend plus que le bruit du vent dans les grands chênes et le chant des oiseaux, fut sanctifié, il y a près de huit cents ans, par de saints religieux et de pieuses femmes qui faisaient retentir leur solitude du chant des hymnes sacrées et du murmure de leurs prières.

(1) Fondé par Robert d'Arbrissel.

Ce monastère, comme tous ceux fondés par Robert d'Arbrissel, était double, l'un pour les hommes, l'autre pour les femmes qui exerçaient la supériorité sur les premiers, en mémoire des privilèges éminents accordés par Jésus-Christ à la très-sainte Vierge, sa mère.

Nous ne savons jusqu'à quelle époque subsista cet établissement. Bien longtemps avant la révolution, c'était le moine-prieur de Villepot, autre bénéfice dépendant de la Roë, qui était chargé de desservir cette fondation. Plusieurs mariages furent célébrés dans la chapelle de Brillangaut au xvii⁰ siècle, entre autres celui de Monsieur Jacques Fortet, conseiller du roi, de la ville de Gien, avec Demoiselle Saint-Jean de Sion.

La chapelle fut rebâtie en 1760, et bénite par Monsieur de la Serre, Recteur de Sion, le jour de Saint-Laurent, patron de la chapelle, en présence du prieur de Villepot.

Il circule dans le pays différentes versions sur la cause de la réédification de cette chapelle.

Suivant les uns, une jeune fille ayant deux corps adhérents, parvenue à un certain âge et voyant que la mort approchait, craignit que l'un des corps ne mourût avant l'autre, et que le survivant ne fût obligé de porter le mort avec soi le reste de sa vie. Elle demanda à Dieu que tous deux mourussent le même jour, et fit vœu, si elle obtenait cette faveur, de rebâtir Brillangaut. Elle fut exaucée et la chapelle fut relevée de ses ruines.

Voilà, dit Monsieur Moisan (1), la première version que beaucoup d'anciens tiennent de leurs ancêtres, et racontent encore avec une assurance qui ne permet pas le moindre doute sur la véracité du fait.

D'autres disent que ces deux corps formaient deux personnes distinctes. Les deux sœurs jumelles exerçaient la profession de lingères. Un jour qu'elles traversaient la forêt pour aller à leur journée, un orage épouvantable les surprit. Les éclairs ininterrompus qui sillonnent les airs, le bruit du tonnerre qui gronde sur leurs têtes les effrayent; elles courent chercher un refuge sous un arbre, mais au même instant la foudre éclate et tue l'une des sœurs. La survivante, en action de grâces d'avoir échappé à un si grand danger, fit vœu de rebâtir la chapelle.

Ces deux versions peuvent se concilier.

Dans tous les alentours, grande était la dévotion envers saint Laurent, patron de Brillangaut. On y venait en pélerinage pour la guérison des clous. Les pélerins prenaient une poignée de clous, sans les compter, et les déposaient sur l'autel, ou bien les jetaient dans l'intérieur par les fenêtres ou par les fentes de la porte si elle était fermée. Ce que l'on

(1) Curé de Sion, aux mémoires duquel nous avons puisé ces détails ainsi que ceux concernant la Hunaudière.

continue encore de faire, depuis que la chapelle est en ruines. On y disait la messe jusqu'à la révolution : c'était le vicaire de Luzanger qui y venait une fois par semaine.

Il s'y tenait une assemblée le jour de la Saint-Laurent, et une foire le lendemain : l'une et l'autre furent supprimées vers 1770, pour cause de rixes où mort d'homme s'ensuivait quelquefois.

Toutes les statues de saints qui étaient dans la chapelle ont été transportées à l'église de Sion, en 1815.

Le retour peut s'effectuer en traversant la forêt pour arriver sur la route de Derval : c'est le chemin le plus court et le plus agréable.

## V. — POUANCÉ ET SES DEUX CHATEAUX. —
## LA TOMBE DE L'ÉMIGRÉ

Grâce au chemin de fer, il est très-facile de faire cette promenade. La petite ville de Pouancé, en Maine-et-Loire, est assise sur le haut d'une colline qui se termine brusquement à l'ouest. La vallée qu'elle domine, ressemble en cet endroit à une douve profonde, infranchissable. Des lierres séculaires cachent sous leur épais feuillage le squelette noir et décharné du château féodal qui se mire dans l'étang, rempli par les eaux de la *Verzée*. L'antique forteresse n'est plus, comme jadis, une menace ni une défense du côté de la Bretagne, ce n'est qu'un souvenir dans l'histoire, une beauté dans le paysage, un objet de curiosité pour le touriste en quête d'émotions.

Passez rapidement près de ces tristes murailles où nichent les oiseaux de nuit; rien d'intéressant ne saurait vous y arrêter. Dirigez vos pas vers la splendide demeure de Monsieur le Marquis de Preaulx, château tout moderne, où vos yeux seront éblouis par un luxe princier. Le vestibule, les escaliers, les salles du rez-de-chaussée, si richement et si artistement décorées, l'esplanade avec la vue dont on y jouit, le parc avec ses larges allées, les écuries, la sellerie et la carrosserie, etc., tout mérite votre attention et votre admiration. Du reste, le maître de ces lieux, dont l'affabilité et l'obligeance sont connues de tout le monde, permet aux étrangers de visiter son château et son beau parc avec la courtoisie la plus parfaite.

Cette promenade doit se compléter par le pélerinage à la *tombe de l'Emigré*. Pour cela, il faut revenir sur ses pas à Pouancé, en passant visiter l'église, prendre la route de la Prévière, et entrer dans le parc du marquis d'Aligre où se trouve le célèbre tombeau.

A qui appartient la dépouille mortelle qui git en ce lieu ? Nous ne nous arrêterons pas au roman qu'en a fait Monsieur Thénaisie pour lui donner plus d'intérêt. La version la plus probable est celle qui dit qu'un homme d'une certaine distinction, ne pouvant plus, à cause de ses blessures ou de la lassitude, suivre l'armée vendéenne, après le désastre du Mans, s'arrêta en cet endroit. Il y vécut et mourut d'une manière si édifiante, que le peuple lui décerna l'auréole de la sainteté, et Monsieur le Marquis d'Aligre, non moins généreux, l'éleva à l'épiscopat après sa mort. La dévotion populaire en a fait un lieu de pélérinage que l'autorité ecclésiastique n'a jamais approuvé.

Il faut avouer que ce tombeau, couvert d'ex-votos,

cette mître, cette croix blanche et le mystère qui l'entoure, font bien en ce lieu. La poësie de la mort se mêlant à la poësie de la nature, quel puissant attrait pour les cœurs sensibles !

De cette tombe peu funèbre, montez à Notre-Dame des Rochettes, d'autres étonnements vous attendent. Mais, nous ne voulons pas vous ravir les surprises que le richissime et magnifique seigneur de ces lieux a semées dans ce parc ravissant. Faites cette charmante excursion, et le plaisir que vous y trouverez, vous fera désirer d'y revenir encore.

On peut aussi visiter le pavillon qui sert de rendez-vous de chasse, dans lequel on verra quelques objets curieux ; puis, dans le bas du parc, la ferme-modèle avec ses belles étables et sa laiterie bien tenue.

VI. — LA PRIMAUDIÈRE, — JUIGNÉ, — ST-JULIEN

La route la plus courte de Châteaubriant à la Primaudière, est la route de Juigné qui traverse la forêt de ce nom. Si l'on a du temps 'devant soi, on peut aller prendre un bain dans le limpide étang de la Blizière, et admirer, chemin faisant, la belle futaie de chênes qui couvre une partie de la forêt.

Juigné-des-Moutiers, ainsi nommé des petits monastères que renferma cette paroisse, est un modeste bourg, habité par de pauvres bûcherons, et qui ne fut pas toujours le siège de l'église paroissiale. Il est à croire que l'endroit nommé le vieux Juigné, en eût l'honneur dans l'origine.

De Juigné à la Primaudière il n'y a que deux kilomètres, et la route qui y conduit est charmante. Elle court par monts et par vaux, ombragée par les arbres, coupée par des filets d'eau qui pourraient faire des cascades, et semée de rochers d'où l'on tire de belles pierres. Bientôt, sur votre droite, vous apparaît le clocher de la chapelle ; il vous indique le chemin à suivre pour y arriver.

Mais avant de pénétrer dans ce qui fut, il y a plus

de 600 ans, un lieu saint et béni, demandons à l'histoire le secret de sa naissance et de sa fin.

Au temps où la vaillante épée d'Alain Barbe-Torte achevait de purger la Bretagne des hordes barbares qui la ravageaient par le fer et le feu depuis un siècle, toute la partie du Comté Nantais limitrophe de l'Anjou, était déserte, inculte et occupée par des forêts. La contrée de Juigné, en particulier, n'était pas autre chose. Aussi, le moine qui voulait vivre en ermite trouvait-il en ces lieux toute la liberté désirable pour servir Dieu loin du commerce des hommes. Vers 1062, Gundierne avait choisi cette solitude afin d'y mener ce genre de vie, sans s'inquiéter à qui appartenait cette terre qu'il fallait disputer aux bêtes sauvages. Pourtant, un jour, il apprit qu'elle avait un maître. C'était Brient, aîné de l'illustre famille à qui le duc de Bretagne avait donné tout ce pays en apanage. Gundierne alla trouver les fils de Guenn, les priant de lui donner ce lieu pour y bâtir selon ses désirs, à condition qu'il serait libre de transporter ce don à tel monastère qu'il lui plairait. Sa demande ayant été agréée, l'homme de Dieu se donna lui-même avec cette terre à l'abbaye de Saint-Sauveur de Redon. Cette première donation fut incontinent augmentée par un autre seigneur, nommé Albéric, d'autant de terre que les moines en auraient besoin : et telle fut l'origine du prieuré et paroisse de Juigné.

A peu près dans le même temps, c'est-à-dire alors

que Almod était abbé de Redon, et Goslin prieur de
Juigné, mourut dans le voisinage un certain paroissien,
nommé Jehan-le-Chasseur, seigneur et possesseur de
la métairie de la Primaudière. Ce bien, situé dans la
forêt de Juigné, était séparé de l'Anjou par un petit
ruisseau qui, dès ce temps, faisait la limite des deux
provinces. Privée du soutien et de la consolation de
son époux, Orhant, la pauvre veuve, fut effrayée de se
trouver seule et sans défense au milieu de ce désert qui
s'étendait bien loin autour d'elle. Elle se transporte,
pleine de confiance, près de Goslin, accompagnée de
son fils Mathia et de Rohès, sa fille, le suppliant avec
larmes de lui accorder, dans le cimetière des saints
Pierre, Jehan et Jouin, un terrain convenable pour
y bâtir et y faire un jardin, lui laissant, en retour, la
perpétuelle possession de sa terre de la Primaudière.
Longtemps le prieur résista à sa demande; mais enfin,
pressé par son importunité et ses instances réitérées,
il fit venir Almod, et, en présence de l'abbé de Saint-
Sauveur et de Brient, seigneur supérieur du pays,
l'échange eut lieu selon les formes usitées alors.

Il paraît que les moines de Redon ne conservèrent
pas la Primaudière; car, en 1207, Châteaubriant vit
une noble et nombreuse assemblée se réunir dans ses
murs, et disposer de cette terre. Autour de son baron,
Geoffroy III, se groupaient Geoffroy, évêque de
Nantes, Guillaume, évêque d'Angers, Guillaume de la
Guerche, seigneur de Pouancé et dix autres chevaliers.

Les deux seigneurs de Châteaubriant et de Pouancé, qui étaient parents, avaient sur ce lieu des droits communs, objets d'un litige. Ils cimentèrent leur alliance par une fondation commune en faveur des chanoines réguliers de l'abbaye de Grammont, dont l'ordre avait été établi par Saint-Etienne, vers 1076, aux environs de Limoges. Geoffroy et Guillaume donnèrent à ces religieux la terre de la Primaudière avec un bois voisin, le droit d'usage dans la forêt de Juigné, enfin tout ce qui était nécessaire pour assurer l'existence du nouvel établissement.

Quel poétique vallon que celui où se cache, abrité par les chênes de la forêt, l'antique moustier de la Pimaudière! On croit voir, jusque dans son nom *prima dierum*, comme l'aurore de cette résurrection religieuse et civile qui commença à briller sur cette contrée désolée. De belles prairies s'étendent de chaque côté, et reposent les yeux et les pieds fatigués du voyageur; les arbres qui couronnent les crêtes arrondies des côteaux vous forcent à regarder le ciel, tandis qu'au milieu de ce frais vallon, coule sans bruit, comme la vie des pieux solitaires, un ruisseau dont les eaux passent inaperçues sous le jardin et les bâtiments, pour aller former, non loin de là, un petit étang. On remarque au, milieu, un massif de pierre, polygone verdoyant, accessible seulement aux oiseaux. Le propriétaire y avait élevé une statue qui contraste singulièrement avec les souvenirs que nous venons d'évoquer, et qui l'a fait appeler l'étang de la *Nymphe.*

Du monastère il reste encore le bâtiment principal et la chapelle, mais veuve en deuil et pleurant son antique beauté. Les barbares de 93, aussi barbares que les Danois et les Normands, en ont chassé les habitants paisibles : une verrerie profana son enceinte sacrée, et, aujourd'hui, de vils animaux souillent ce lieu saint qui, pendant près de six siècles, répéta dans ses échos les hymnes et les accents de la prière.

A ce beau sanctuaire accouraient fidèlement, chaque année, les paroissiens de Béré et les habitants des paroisses voisines, pour obtenir de saint Sébastien et de saint Roch qui y étaient particulièrement honorés, l'éloignement ou la cessation des pestes et autres maladies contagieuses, fléau trop ordinaire en ce pays. Les pélerins partaient après avoir entendu la messe ; et, sous la croix et la bannière de leur patron, ils franchissaient vaillamment les quatre grandes lieues de mauvais chemins qui les séparaient de la Primaudière : le retour se faisait, bien entendu, dans la même journée.

La chapelle, construite sur de belles et larges proportions, n'a qu'une seule nef d'une simplicité qui n'est pas exempte de majesté. Elle est l'œuvre du XIII° siècle : c'est du roman, mais du roman plus élégant et plus élancé que celui des siècles précédents.

Le pignon donnant sur la cour d'entrée, est percé d'une longue fenêtre en plein cintre de cinq mètres de haut. Trois fenêtres de même dimension éclairent l'abside chorale. Très-rapprochées les unes des autres, et ouvertes dans l'axe de la chapelle et non sur le centre de l'abside, elles produisent un singulier effet. Une petite porte, ornée de plusieurs colonnettes à chapitaux élégants, avec voussures multipliées, donne accès, par le côté, dans le bas de la chapelle. Tout près de cette porte, en dehors, a été transportée l'énorme pierre qui servait de table d'autel. — La voûte de la nef est ogivale, et faite de pierres qui n'excèdent pas vingt centimètres d'épaisseur. Celle du chœur est en berceau, reposant sur les légers chapitaux de trop sveltes colonnes. Tout ce travail intérieur paraît postérieur au reste de l'édifice, dont les murs mesurent près de deux mètres d'épaisseur. La pierre qui dessine toutes les ouvertures est le même grés rouge employé à Béré et au vieux château. Deux jolis et solides contreforts appuyent le chœur. Le clocher qui existe encore est placé entre la nef et le chœur, selon l'usage du temps. On peut voir tout autour de la petite cour intérieure, transformée actuellement en jardin, les pierres et les bases des piliers qui supportaient la charpente des cloîtres. Hélas! la maison de la prière n'est plus qu'une habitation bourgeoise, en attendant que celle-ci serve à l'exploitation de la ferme.

Pour varier la route, il faudra revenir à Juigné, et passer par Saint-Julien-de-Vouvantes, où l'on ira visiter les fontaines de Girouy, et boire l'eau qui guérit la fièvre, la gale et les maux d'yeux. Allez ensuite faire votre pélerinage à Saint-Julien et à ses menottes : elles sont aux pieds du Saint, près du grand autel. Prenez le temps nécessaire pour visiter, au dehors et au dedans, cette église qui, malgré sa tenue peu satisfaisante, fait cependant l'admiration des archéologues, surtout pour ses fenêtres dignes d'une cathédrale.

Enfin, si vous n'êtes pas trop pressé, vous vous dirigerez sur Erbray, et chemin faisant, vous donnerez un coup d'œil aux belles carrières de calcaire et aux fours à chaux de la Roussellière, de la Féronnière, de Ste-Marie etc. ; ce sera une journée bien remplie.

## VII — ROUGÉ : LA COURT-AU-REY
### SAINT-JOSEPH DE LA HOUSSAY. — LES MINIÈRES.

Puisque nous avons fait de l'histoire et de l'archéologie dans nos excursions précédentes, continuons d'en faire jusqu'à la fin ; aussi bien, est-ce le meilleur moyen d'intéresser le touriste au pays qu'il visite et qu'il ne connaît pas.

A une lieue et demie de Châteaubriant, sur la route de Rennes, quand on a traversé le village du Grand-Rigner, on passe devant la belle et sombre avenue qui conduit au château de Chamballan. Saluons en passant la demeure d'un héros, victime de la désastreuse expédition de Quiberon. Gesril du Papeu, fils de Joseph-François-Marie Gesril, seigneur de Chamballan, officier de marine, avait émigré comme tous ses camarades. Transportons-nous au moment où Sombreuil venait d'arrêter la capitulation. Une frégate anglaise qui n'en avait pas connaissance, faisait un feu meurtrier dans les rangs des républicains ; Sombreuil ordonne à Gesril d'aller faire cesser le feu. L'officier se jette à la nage, remplit sa mission, et, malgré les vives instances faites pour le retenir sur le vaisseau, en prévision du danger qu'il courait, il revient au rivage où il est reçu par les balles républicaines qui lui font plusieurs blessures. L'officier républicain s'excuse de n'avoir pu maintenir ses soldats, et lui propose de le sauver, en le faisant passer pour un de ses soldats. Mais Gesril s'est engagé à partager le sort de ses camarades, et pour lui, il préfère la mort avec l'honneur à une vie rachetée par le mensonge et la lâcheté. Il se fit reconduire au camp de Sombreuil, et malgré son héroïque conduite, malgré les cruelles blessures qui le clouaient au lit, il fut fusillé par les ordres du comité du salut public. Le Régulus des temps modernes, comme l'appelle Châteaubriand, repose dans le monument funèbre de de la Chartreuse, près d'Auray. Le petit-neveu de ce martyr de l'honneur, Monsieur Louis Duraquet, habite aujourd'hui Chamballan.

Sur la droite de la route, existe une belle exploitation d'ardoises, au village de la Guérivais. Avant la Révolution, elle appartenait aux religieux Trinitaires de Châteaubriant.

Tout à fait sur votre droite, vous devez apercevoir le bourg de Fercé, chef-lieu de l'ancienne vicomté de ce nom, comprenant trois paroisses ; tout près, commence la forêt de Javardan qui posséda longtemps une verrerie importante. Mais voici poindre à l'horizon la flèche élancée de la très-peu gràcieuse église de Rougé. Avant d'y arriver, nous aurons le temps de faire un petit brin d'histoire.

Rougé , chef-lieu de canton , est à peine à 10 kilomètres de Châteaubriant. Le bourg est bâti sur la pointe d'un rocher ayant la forme d'un cône tronqué, et disposé pour porter une forteresse plutôt qu'une église. Pour l'ancienneté, Rougé paraît l'emporter sur Châteaubriant , puisque dès l'an 1000, cette châtellenie appartenait à Tudual; ensuite vinrent les Hervé, les Ollivier de Rougé, etc. En 1275, cette seigneurie se fondit en celle de Derval, laquelle fut érigée en baronnie, au milieu du xv<sup>e</sup> siècle, en faveur de Jean de Châteaugiron. Ne pouvant entrer dans de plus longs détails, disons que la famille de Rougé est une des plus anciennes et des plus illustres de la Province, par les grands biens qu'elle possédait, par ses alliances et ses services militaires. Ses membres sont connus indistinctement sous les noms de : sires de Rougé, sires de Derval, et vicomtes de la Guerche. A la fin du xviii<sup>e</sup> siècle, ils sont qualifiés de comtes et marquis.

Évidemment il a existé à Rougé un château, siége de la seigneurie de ce nom. Nous en avons vu les ruines sur le bord de la route nationale qui contourne le bourg. Il commandait le cours de la Brutz qui lui servait de fossé au nord et à l'ouest. L'escarpement du rocher, tout autour, en rendait l'approche difficile, en même temps qu'il en facilitait grandement la défense. Ce castel faisait suite au manoir qu'habite actuellement Monsieur Guihéneuc, maire de cette commune, lequel manoir a remplacé au xiv° ou xv° siècle la vieille forteresse, qui dut succomber sous les coups des Anglais, comme beaucoup d'autres du pays. Il est de tradition, à Rougé, qu'un roi de France a visité cette demeure, et voici à quelle occasion.

François 1ᵉʳ revenait de Vannes : il avait hâte d'arriver à Châteaubriant où l'attirait la belle Françoise de Foix, la trop faible épouse de Jean de Laval. A son passage à Rougé, il vit venir vers lui la fille de Messire Jochault, châtelain du voisinage; la jeune Françoise de Rougé s'était empressé d'accourir à la tête de ses compagnes, pour souhaiter la bienvenue au monarque et lui offrir des fleurs.

En apercevant la charmante enfant, le roi s'arrête émerveillé, et quand Françoise, tout émue, s'avançe pour lui présenter une couronne dè roses, le galant monarque abandonne les rênes de son alezan, afin de saisir sa main; mais le cheval qui n'est plus retenu, s'emporte et renverse la jeune fille. En voyant son sang couler, le roi se précipite à son secours, et appelle à grands cris son médecin. Il l'interroge avec anxiété. Le médecin répond qu'il ne pouvait juger de la gravité de la blessure. Alors, le roi déclara qu'il restait près de la pauvre blessée pour la veiller toute la nuit, et il y resta en effet, malgré les objections de ses courtisans, qui lui rappelaient qu'il était attendu à Châteaubriant. Le lendemain, le danger étant conjuré, le roi continua son voyage.

On montre encore à Rougé le manoir où le roi s'arrêta pour veiller la jeune bachelette, et le logis se nomme toujours la *Court-au-Rey*.

Nous ne savons quelle était cette Françoise de de Rougé, et n'avons jamais ouï parler de ce Jochault, seigneur du voisinage. Nous laissons donc à la Mosaïque de l'Ouest, où nous avons trouvé cette anecdote, et le mérite et la vérité du récit.

Le lieu de promenade, où nous voulons vous conduire aujourd'hui, est le bois de la Houssay, devenu, depuis quelques années, un lieu de pèlerinage très-fréquenté par les populations circonvoisines. On descend le bourg, on prend le vieux chemin de Soulvache, et, après vingt minutes de marche, on entre dans le bois, dont on suit les sentiers sinueux et ombragés, sous lesquels gazouillent des troupes d'oiseaux qui semblent affectionner ce séjour frais et solitaire. Le rocher qui porte la colossale statue de Saint-Joseph domine tout le pays. De là, la vue s'étend sur la forêt de Teillay, dont la cime des arbres ondule comme un océan de verdure, et sur grand nombre de fermes isolées et de villages. On a à ses pieds une vallée large, profonde et riche de cultures, et en face le bourg dont les maisons, groupées en amphithéâtre, dominent le paysage.

La tradition donne à ce lieu le nom de *Follets de la Houssay*. Là, dit-on, les Druides aimaient à célébrer leurs mystères; à l'ombre des grands chênes, objet de leur culte et de la vénération populaire, ils condui-saient des chœurs de danses religieuses, par lesquelles ils prétendaient solemniser leurs fêtes et honorer leur Dieu inconnu. Sur le sol aride et pierreux de cette roche, désormais consacrée au père adoptif de Notre Sauveur, la piété industrieuse a réussi à faire pousser de la verdure et des fleurs. Le lierre commence à recouvrir la nudité des blocs de fer qui servent de base à la sainte image. Des plantes grimpantes et des arbustes en remplissent les anfractuosités; des escaliers et des rampes gazonnées adoucissent les pentes; des massifs de reines-marguerites et de pétunias étalent de tous côtés la variété de leurs couleurs, tandis que des bancs de mousse vous invitent au repos, à la méditation et à la prière.

Lorsque vons aurez accompli votre pèlerinage, poursuivez votre route vers la Minière qui sollicite votre visite et n'est pas indigne de votre intérêt.

Derrière la statue de Saint-Joseph est un sentier étroit, tantôt tapissé de mousse et tantôt rocailleux; les branches, en se rejoignant au-dessus de votre tête, forment un berceau de verdure sous lequel vous descendez l'autre versant du bois; il vous conduira à une petite fontaine dont les eaux ont plus d'une fois rafraîchi des lèvres altérées. Longez la chaussée de l'étang du moulin de Rouelle, traversez le chemin et les champs qui vous font face, et vous arriverez sur l'emplacement du château de la Minière.

C'était une seigneurie à haute justice, possédée à la fin du xiiiᵉ siècle par la famille Durand, dont un membre fut évêque de Nantes — 1279-1292 — et un autre, abbé de Villeneuve, — 1407. La famille Gahier en est aujourd'hui propriétaire. Le château était flanqué de quatre tours avec fossés et pont-levis. Une chapelle existait dans son enceinte. Il est à supposer qu'il fut ruiné en même temps que celui du Rouvre, vers la fin du xviᵉ siècle, au temps de la Ligue, quoique l'histoire n'en fasse pas une expresse mention comme pour le Rouvre. Les matériaux ont servi à construire les fermes voisines. Le seul témoin de cette construction féodale est un reste de tour dans lequel un pressoir vient d'être établi.

De ce point élevé, la vue embrasse, dans un vaste horizon, des forêts, des collines, plusieurs paroisses, et les bassins où coulent la Brutz et le Samnon qui mêlent leurs eaux sous le bourg de Soulvache. L'air qu'on respire sur ce plateau est des plus purs, mais le vent est violent et froid, il faut en descendre pour visiter les mines de fer hydroxidé qui s'exploitent en ce lieu depuis, et peut-être même avant l'ère chrétienne.

Il y a moins de cinquante ans, il était possible de s'introduire dans les galeries souterraines en grand nombre d'où l'on croyait avoir extrait les plus riches filons. C'était une erreur : le minerai est bien plus riche et plus abondant dans les couches inférieures où il se montre sous forme de dépôt, qu'à la superficie du sol où on ne le trouve qu'en cailloux roulés. Ces anciennes galeries se prolongeaient au loin et se croisaient en tous sens, formant, aux points d'inter-Sections, de vastes salles, qui servirent d'asile pendant les guerres civiles, comme l'attestent des monnaies et deux jolis sceaux des juridictions du Rouvre et de la Minière, trouvés dans l'une d'elles en ces derniers temps. Mais, parceque l'une de ces galeries venait aboutir jusqu'au pied du château de la Minière, on crut à l'existence de véritables souterrains, de ces souterrains mystérieux, annexe obligée de tout château, cachette ordinaire de trésors toujours cherchés et jamais mis au jour.

Avec un petit grain d'érudition, on sait que telle était la manière en usage, chez les Gaulois, dans l'exploitation de leurs *ferrières*.

En effet, César, dans ses commentaires, explique comment l'habitude où étaient ces peuples de creuser de pareilles mines, les rendait fort experts dans l'art de saper et de faire crouler les terrasses qu'élevaient les Romains en assiégeant *Avaricum* (1). En n'exploi-tant pas à ciel ouvert, comme on fait aujourd'hui, ils croyaient économiser du temps et des dépenses, mais

---

(1) Voici ce passage intéressant : aggerem cuniculis subtrahebant eo scientiùs, quod apud eos magnœ sunt *ferrariœ*, atque omne genus cuniculorum notum atque usitatum est.

ils ne faisaient qu'effleurer le sol, et ne pouvaient arriver à en connaître les richesses.

Quelques tronçons de ces percées souterraines existent encore ; mais des éboulements de terre ayant obstrué l'entrée, tous nos efforts ont échoué pour y pénétrer. Bientôt, ce qui attestait l'activité et l'industrie des anciens temps en ces lieux aura disparu : puissent ces pages en conserver le souvenir!

## VIII. — Promenade en forêt. —
### La tombe a la fille. — Saint-Eustache. —
#### Une ame damnée

Les promenades dans les bois, surtout dans les grandes forêts, comme celle que nous allons parcourir, ont de l'attrait pour tout le monde. Le silence de ces solitudes profondes, où l'imagination aime à s'égarer et à voir des fantômes; cet océan de rameaux verdoyants qui ondulent sous le vent comme les flots; ces voûtes ogivales taillées à perte de vue par les mains de la nature; cette mousse si douce aux pieds fatigués; l'inconnu, le mystérieux qui vous entourent; tout charme et attire, tout invite l'âme à se reposer des réalités fastidieuses et des petitesses de la vie ordinaire, et à se plonger dans l'immensité et la contemplation des grandes œuvres du créateur.

L'air est pur, le soleil brille, les gouttes de rosées étincellent comme des diamants, les oiseaux chantent et sautillent sur les branches et les buissons, la joie monte au cœur, c'est la vie comme Dieu la fit aux premiers jours de la terre pour l'homme étonné de son bonheur.

Partons donc pour Teillay, et ne nous hâtons pas de traverser cette belle forêt, peuplée de souvenirs si divers ! Un peu avant d'en sortir, prenons, sur la gauche, une des dernières lignes d'exploitation, et nous devrons arriver à un endroit désigné sous le nom de *La Tombe à la Fille*. La sainteté de cette dernière est assez douteuse ; et pourtant, la foi de certains paysans du quartier est assez robuste pour y aller prier. C'était, dit-on, une de ces patriotes enragées qui abandonnent leur quenouille et leurs moutons pour faire de la politique... de la politique qui bavarde innocemment, passe encore.... mais, de la politique qui trahit ses frères en les dénonçant ! !... Or, on raconte que cette fille, ayant vu une troupe de royaliste du pays qui se cachaient dans la forêt, alla les dénoncer aux gardes nationaux de Bain. Ceux-ci vinrent surprendre les malheureux et les tuèrent tous ou presque tous. La trahison connue, les chouans résolurent de punir celle qui avait causé la mort de leurs parents, de leurs amis. Ils la surprirent à leur tour, la fusillèrent et l'enterrèrent en ce lieu ou se voit encore sa tombe. Par dérision, les ennemis de la République l'appellent quelquefois *Sainte-Pataude*. Nous n'affirmons rien ; nous ne sommes que l'écho de ce qui se dit dans la contrée.

Mais, la ville de Teillay est proche ; voici, à droite, son ancien couvent de bénédictines, connu sous le nom de Saint-Malo. La première abbesse fut une fille d'Etienne, roi d'Angleterre — 1141, — et les autres prieures, telles que Isabeau Turpin de Crissé, Jeanne de Champagné, Guillemette de Pontbellanger et Philippe de Cornulier, n'étaient certes pas de petites bourgeoises. Attention ! vous foulez aux pieds une voie romaine; et vous voilà au milieu de la cité, presque sans vous en douter. Remisez votre *locatis* au premier hôtel, rendez-vous des chasseurs, où l'on vous servira, si vous le désirez, un cidre mousseux qui vaudra bien la limonade la plus gazeuse. Il ne faut pas plus de dix minutes pour arriver à Saint-Eustache, en suivant le *chemin des lièvres*. Vous savez qu'il n'y a plus d'étang, plus de château, plus de seigneurs : sur l'emplacement de la forteresse on vient de reconstruire l'antique chapelle de *Saint-Eustache qui de tous maux détache*, selon l'expression populaire.

Un acte de 1607 nous apprend que, dès cette époque, les prieurs-curés de la paroisse d'Ercé-en-la-Mée, avaient coutume de percevoir tous les revenus de ladite chapelle, lesquels consistaient en offrandes volontaires. Ce qui nous autorise à penser que Saint-Eustache existait au moins à la fin du siècle précédent.

Ce lieu de dévotion est fréquenté pendant toute l'année, particulièrement le jour de la Saint-Jean et le lundi de la Pentecôte. Les pélerins y viennent demander toutes sortes de grâces, et la guérison de toutes sortes de maladies. Si le peuple afflue à cet oratoire, c'est que le peuple a confiance dans le saint qu'on y honore, c'est que souvent sa confiance est récompensée et ses prières exaucées. Respect à la foi du peuple ! malheureux ceux qui ne croient pas, ou qui ne croient qu'à la science des hommes !

Le grand plaisir de la journée doit être une promenade en pleine forêt, sous les allées de verdure, au milieu des clairières. Vous y rencontrerez la hutte du charbonnier, peut-être la bauge d'un sanglier ; au loin retentira le son du cor, la meute aboyante du chasseur qui court après le chevreuil ou après quelque *solitaire* effaré. Toutefois, ne vous attardez pas trop en ces fourrés qui se remplissent promptement des ombres et des terreurs de la nuit. L'âme damnée du seigneur de Coenten-faô erre en ces parages. Dieu vous garde de sa rencontre !

Au dire de ses vasseaux, c'était un fort méchant homme et un très-mauvais sujet que ce seigneur de Sion. Sa vie licencieuse jetait l'effroi dans les familles, et comme il était huguenot déterminé, aussi bien que Catherine de Rougé, sa digne épouse, il s'autorisait de sa croyance pour persécuter en toutes manières ceux qui ne pensaient pas comme lui. Mandé à la Cour pour rendre compte de sa conduite, et voyant d'ailleurs le mauvais état de ses affaires, il se rendit lui-même justice, en se faisant donner la mort par son cocher. Il choisit la forêt pour théâtre de son dernier crime. Lorsqu'il fut arrivé au lieu qu'il avait choisi, il dit à ce serviteur : « tire juste ; car, si tu me manques, je ne te manquerai pas ». Soit qu'il fût réellement tué, soit qu'il eût employé ce stratagême pour cacher sa fuite, il est certain que le marquisat fut mis sous séquestre et vendu en 1748.

Quoiqu'il eût fait peur à bien du monde pendant sa vie, il devint un objet d'effroi pour un bien plus grand nombre après sa mort. Combien ne l'ont pas vu et entendu dans la forêt de Teillay, tantôt à pied, tantôt à cheval ou en voiture, chassant, appelant ses chiens, et passant devant eux comme l'éclair ! Quelquefois l'on n'entend que le bruit de la bride de son cheval, ou le son de sa voix. Tant l'ont vu sous tant de formes, qu'il faudrait un livre pour raconter les aventures nocturnes de l'horrible fantôme. Le malheureux sert même de monture au diable qui le métamorphose selon ses besoins.

Une nuit que Simon-le-Bigre s'en revenait du marché de Châteaubriant, où il s'était attardé pour livrer ses bœufs, il trouva l'âme damnée de Coentenfaô attachée à un buisson sous la forme d'un cheval. L'éviter était impossible. Au moment où il passait près de lui, voilà que l'animal se mit à parler. Je vous laisse à penser si notre homme eut peur. « Tu vas bientôt rencontrer mon maître, lui dit-il d'une voix qui semblait sortir de terre, je vais te donner un bon conseil. Il ne manquera pas de te demander ton couteau ; si tu veux éviter la mort, présente lui la lame et non le manche ». Simon-le-Bigre, très-peu rassuré, continua sa route. A peine il avait fait cent pas que Satan parut : « ton couteau, lui cria le roi des enfers. Simon, tout tremblant, se hâta de lui en présenter la lame. Satan fit la grimace et passa. Mais, en abordant son cheval, il lui cria d'une voix terrible : tu as parlé, maudite bête, malheur sur toi ! Aussitôt il l'enfourche et s'élance à travers l'épaisseur de la forêt avec un tel vacarme, que les arbres craquaient et semblaient se briser sous ses pas.

En approchant de la Roche-Giffart, on trouve une fontaine protégée par une maçonnerie, sur laquelle sont les armoiries du dernier marquis avec ces vers :

> Toujours claire, abondante et pure,
> Un doux penchant règle mon cours.
> Heureux l'ami de la nature
> Qui voit ainsi couler ses jours !

Je vous laisse ici, amis lecteurs, regagner joyeusement votre gîte. Si vous m'avez suivi partout où je vous ai conduit, vous devez avoir besoin de vous reposer des émotions de l'âme et des fatigues du corps.

Ruines du Château St-Clair, en Derval.

[illegible] les [illegible] et les [illegible] plus [illegible]
qui [illegible] bonne au mili[eu]
si [illegible] aujourd[illegible]
q[illegible] sauv[illegible] de [illegible]
par le bruit [illegible] des [illegible]
tous. Français, [illegible] pour [illegible]
ces remparts envahis, [illegible] leur
contrée, foulée peut-être, à l'aurore du [illegible]
par les pas du pacifique apôtre des [illegible]
forteresses, séparées par une [illegible] distance [illegible]

IX. — DERVAL. — CHATEAU-SAINT-CLAIR. — CHAPELLE
SAINT-DENIS.


Derval est une localité trop importante au point de
vue de l'histoire, pour la passer sous silence. La ruine
si pittoresque de son ancien château mérite notre
attention et une visite. Avec le chemin de fer, l'excursion se borne aux deux kilomètres qui séparent le
château du bourg.

La redoutable forteresse s'élevait presque au fond
du bassin où nous retrouvons encore une fois les
eaux de la Chère. En cet endroit, les deux versants
se sont élargis en adoucissant leurs pentes couvertes
de belles et fertiles campagnes. Çà et là, se dressent
des clochers et les toits plus humbles de chaumières
qui semblent dormir au milieu de la verdure. Le
silence qui règne aujourd'hui sur ces lieux mélancoliques fut souvent troublé, en des temps déjà loin,
par le bruit retentissant des batailles. Anglais, Bretons, Français, Espagnols se ruèrent maintes fois sur
ces remparts enviés, et rougirent de leur sang cette
contrée, foulée peut-être, à l'aurore du christianisme,
par les pas du pacifique apôtre des Nantais. Deux
forteresses, séparées par une faible distance, l'une sur

la rivière que nous avons nommée, l'autre sur le cours de l'Isac, le *Castrum Seium,* de Plessé, toutes deux sous la protection et le nom de saint Clair, n'accusent-elles pas, à leur maniére, la présence en ces lieux de l'homme apostolique, et la reconnaissance du peuple qu'il évangélisa ?

Quoiqu'il en soit, le château de Saint-Clair, fondé par les sires de Derval, et augmenté par Robert Knolles qui le posséda trop longtemps, n'a point de date certaine. Bonabes de Derval, son premier seigneur connu, n'apparaît dans l'histoire que vers 1169. Nous ne nous opposons pas à ce qu'on lui en rapporte l'honneur.

Le donjon central était flanqué de neuf tours, grandes et petites, et entouré d'un étang et de douves larges, profondes et toujours remplies d'eau, avec deux ponts levis, qu'il fallait successivement assiéger avant d'arriver au cœur de la forteresse. Aussi, le château de Derval passait-il à bon droit pour l'une des plus fortes places de Bretagne.

Cependant Duguesclin, à la tête de ses Bretons, l'enleva aux Anglais, auxquels Jean IV, duc de Bretagne, leur ami, l'avait abandonné.

> Moult aspre leur étoit Glequin,
> . . . . . . . . . . . .
> Les Anglais étoient acculéz,
> Et par tous lieux defoulez,
> Et mis à mort sans nulle faille ;
> Ils ne pouvoient gaigner bataille.

Montmuran, Derval et Auroy (Auray)
Assiégéz furent par bel arroy,
Tant qu'à la fin furent tous pris,
Rachetéz furent à grand prix.

(Guill. de S. André.)

Ceci se passait vers l'an 1350.

Le vaillant connétable, combattant sous le Duc d'Anjou, fut moins heureux en 1373. La place était encore entre les mains des Anglais, commandés par un capitaine appelé, dit d'Argentré, messire Jacques Broce ou Brice. En apprenant que Derval était assiégé, le sire de Clisson se hâta de venir se joindre à Duguesclin, et *fist amener force engins,* dont il s'était servi au siège de la Roche-sur-Yon. Les assauts se donnaient donc souvent et forts au château de Derval. De sorte que, de Broce se voyant fort pressé, commença à approcher de la peur, et pensa qu'il ne pourrait longuement soutenir l'effort du connétable tant redouté par tout le monde. De son côté, Duguesclin voyant bien que, quelque bon corps qu'il eût, il ne viendrait pas à bout de la place, si elle était défendue, descendit légèrement à accord, ce que demandaient ceux du dedans (1). Il fut conclu que si la place n'était secourue dans quarante jours, les assiégeants la rendraient; des ôtages furent donnés pour gage de la fidélité à leur parole.

_________

(1) D'Argentré. Hist. de Bret., page 562.

Knolles, instruit de ce qui se passait, sortit de Brest précipitamment pour venir se renfermer dans le château de Derval : ce qui était contraire au traité. Le terme fixé pour la reddition de la place étant arrivé, et le secours n'ayant pas paru, le connétable envoya un héraut à Knolles pour lui dire que, s'il ne voulait présentement délivrer ses ôtages, on leur ferait trancher la tête.

L'Anglais, qui avait eu le temps de réparer les fortifications, et de se mettre en état de défense, répondit :

« Par Dieu, héraut, vos menaces ne me feront pas perdre mon châsteau, mais soient bien advisés ceux qui vous ont envoyés, que s'ils touchent aucunement à mes ostages, j'en feray autant à ceux de leur party que je tiens prisonniers, quand j'en devrais avoir cent mil francs de rançon.

» Il y eut un capitaine Gascon, nommé messire Garsias du Chastel, mareschal du camp du Duc d'Anjou, qui s'advisa un jour de demander au Duc, ce qu'il entendoit faire de ces ostages, et luy dist : Monseigneur, ce n'est pas leur faute que le chasteau n'est rendu ; ce seroit grand péché de les faire mourir ; ce sont gentilshommes qui ne l'ont pas mérité. Le Duc respondit, qu'il estoit bien raisonnable de les délivrer, et envoya ce capitaine pour le faire, s'il le trouvoit bon.

» Comme il passait le chemin, il rencontra messire

Olivier de Clisson, lequel l'interrogea, et luy demanda où il alloit. Il lui respondit la vérité, qu'il alloit delivrer ces ostages. — Delivrer! dist Clisson, ne vous hastez pas, et retournez avecques moy devers le Duc. Et de faict, tous deux s'en retournèrent, et estans là, Clisson demanda au Duc : Comment! Monseigneur, n'entendez-vous pas que ces ostages meurent ? Vrayment ils doivent mourir, ne fust-ce que par dépit de Knolles. Je vous promets en vérité que s'ils ne meurent, jamais je ne mettray bacinet en teste pour faire la guerre ; ils auroient trop bon marché. Ce siège couste déjà soixante mille francs, et vous voulez faire grace à ennemis qui ne tiennent loyauté ?

« Le Duc n'eust la force de repliquer aucune chose audict de Clisson à ceste parole, et luy dist : faites tout ce que vous voudrez. — Ha! dit le sieur de Clisson, ils mourront. — Et tout de ce pas s'en alla en la place devant le chasteau où le Duc d'Anjou ayant sçeu ceste response, fist appeler l'executeur tout presentement, et amener les ostages, qui estoient deux nobles chevaliers et un Escuyer, et leur fist trencher la teste à la veue de ceux du chasteau.

Comme Messire Robert Knolles vit cela, il fist incontinent jetter des pièces de bois au dehors des fenêtres de la salle du chasteau, et là-dessus fist mettre des tables, comme en eschaffaut, et fit amener quatre prisonniers qu'il tenait à grande rançon, et les fist mettre sur le dict eschaffaut, et couper la teste, et jetter les corps dedans les douves. Et de plus, fist ouvrir la porte du chasteau, et faire une saillie, où il fust bien opiniastrement combattu, y ayant été fort blessé le sieur de Clisson, et plusieurs de ses gens aussy, de sorte qu'il fust contraint de se retirer.

Le duc d'Anjou et le Connestable voyans que c'était tout ce qu'ils pouvaient faire, et qu'ils n'auroient la place, levèrent le siége. » (1)

L'année 1593, le Duc de Mercœur, chef de la Ligue en Bretagne, alla assiéger le château de Derval. Il le pressa si vivement, que ses défenseurs furent obligés de capituler. Ils s'engagèrent à rendre la place, vie et bagues sauves, si dans un certain délai ils n'étaient pas secourus. Le secours ne vint pas, et la place fut rendue.

Mais cinq ans plus tard, Henri IV signait un édit de pacification, en vertu duquel beaucoup de forteresses devaient être démolies. Le château de Saint-Clair fut du nombre. Tout fut rasé ; il ne resta debout que la moitié de la tour centrale, coupée verticalement. Les siècles ont respecté cette ruine grandiose qui n'a pas moins de 20 à 30 mètres de hauteur. Elle ne saurait nous donner une idée de la

---

(1) D'Argentré, hist. de Bret. page 562. — Dans ce récit, l'historien se trompe en plaçant à Brest le dramatique épisode qui appartient à Derval.

puissance et de la grandeur des fiers barons qui s'y abritèrent si longtemps.

La chapelle du château s'élevait au milieu du village Saint-Clair qu'on traverse pour arriver à la ruine. C'était un prieuré, sous le vocable de Saint-Denis, qui dépendait de Saint-Pierre de Bourgueil. Cette chapelle avait son cimetière, et le chapelain sa maison et son jardin. Parmi les pierres tombales que renfermait cette chapelle, on en remarquait une qui portait en lettres gothiques l'inscription suivante :

CY GIST BONABES DE DERVAL, FILS DE MONSSOUR BONABES,
JADIS SEIGNOUR DE DERVAL,
QUI TRESPASSA LE QUART JOUR D'AOUST,
L'AN DE GRACE MCCCXXV
PRIEZ POUR L'AME DE LY QUE DIEX BONNE MERCY LY FACE

Les mémoires que nous a laissés M. Moisan, curé de Sion, nous apprennent, qu'à certaines grandes fêtes, le clergé de Derval était obligé de venir chanter la grand'messe et les vêpres dans cette chapelle. Ceci nous fait croire que cette chapelle fut d'abord le siége de la paroisse. Mais, plus tard, les moines ayant été obligés d'abandonner le ministère paroissial aux prêtres séculiers, l'église aura été transportée au lieu où nous la voyons aujourd'hui, sauf les droits de curés-primitifs que les moines se réservèrent partout.

Beaucoup de débris d'armes anciennes et très-variées ont été extraits des douves du château, et remis entre les mains de son propriétaire.

On y ramasse aussi des pierres très-légères, de nature spongieuse, d'un rouge de brique, boursoufflées, et donnant à penser qu'elles sont le produit d'un violent incendie, quelques-uns disent du feu grégeois. — Des haches en pierre ont été recueillies dans les environs.

Quant à ces beaux cailloux de la Garelay, mentionnés par Ogée, dont les uns ressemblent, dit-il, à ceux d'Egypte, et dont les autres imitent le porphyre, le marbre, le jaspe, et l'agate orientale, heureux qui pourra les trouver dans ce champ de la Rouxière où nous les avons vainement cherchés à plusieurs reprises ! — Nous en dirons autant de ces porphyres aux riches et vives couleurs qu'il dit exister aux Fougerays, près Châteaubriant, où nous ne les avons pas encore rencontrés.

Il est une autre manière de faire cette promenade : c'est de prendre une voiture et de passer par Luzanger et Mouais où une route carrossable vous conduira au pied de la tour Saint-Clair.

# SECTION III

---

## Antiquités Romaines et Gauloises

---

## 1° A CHATEAUBRIANT

### MANSION ROMAINE

Nous avons dit, dans notre histoire de Châteaubriant, page 8, que pas un vase, pas un fragment de brique romaine n'avaient été trouvés dans l'enceinte du château ou de la ville, pour attester, en ce lieu, la présence du peuple conquérant. Nous pouvons encore aujourd'hui maintenir notre assertion.

Cependant, la tradition qui prétendait que Brient éleva son château sur les ruines d'un *castellum*, sans être vraie, n'était pas si éloignée de la vérité que nous l'avions supposé. En Juillet 1877, nous avons recueilli des briques à rebords et des tuiles cintrées, au milieu de débris de tombeaux en calcaire coquillier et en pierres d'ardoises, dans le haut du champ de foire de Béré, appelé dans les anciens titres *Champ Saint-Père*, et qui n'est éloigné du château que d'un kilomètre seulement. Des restes de murs, courant en diverses directions, prouvaient que ce lieu avait autrefois porté des constructions et servi de cimetière. D'autres tombeaux en pierre coquillière avaient déjà été découverts en assez grand nombre dans ce lieu, comme aussi dans l'enclos du couvent de Saint-Sauveur qui en est voisin. Enfin, nous signalons, contigu au champ de foire, le pré de la *Lèche* ou des *Lèches*, nom qui se retrouve dans d'autres localités et près de semblables ruines.

La situation de ce poste, sur un coteau arrosé par une rivière, est conforme aux habitudes stratégiques observées par les romains dans le choix de leurs campements ou *stations — mutationes*. D'un autre côté, Béré est un lieu très-anciennement habité, antérieurement même aux invasions Normandes, comme le prouve la petite église Saint-Pierre, que Brient donna aux moines, lorsqu'il les appela dans ce lieu. Le souvenir d'une *mansion* ou poste habité par les romains s'étant conservé dans le pays, on. aura dit, lorsque Brient éleva son château qui en était si rapproché, qu'il le construisit sur l'emplacement d'un *castellum*, et on l'aura répété depuis.

## VIEUX CHEMINS

Mentionnons, seulement pour mémoire, un vieux chemin qui passait devant le couvent de Saint-Sauveur et descendait aux Planches, en passant sous l'arche qui relie les deux parties du cimetière (1). Puis, il remontait un peu la rivière qu'on devait franchir sur un pont, dont les assises sont encore visibles dans l'eau, à l'endroit où le chemin se dirige en ligne droite sur la maison noble de Paluel. — *palus, marais.*

A partir de ce pont, le chemin traversait la route actuelle de Saint-Aubin, et, sous le nom de *Vieille-Voie*, gravissait le coteau du Bois-Hamon, passait au pied du moulin, et prenait la direction de Derval. A la Croix-Laurent, ce vieux chemin devait se confondre, ou dumoins croiser une voix romaine qui a été reconnue en ce lieu.

(1) Cette arche fut construite par la générosité de Messire Jan Aubin-le-Jeune, désigné comme premier chapelain de la Chapelle-au-Duc, dont la fondation remonte à l'an 1483. Ce qui nous donne la date très-approximative de la construction de cette arche.

SOUTERRAIN-REFUGE

Au mois d'Avril 1872, au lieu dit le Chêne-Chollet, près le couvent de Saint-Sauveur, des maçons creusant un puits, éventrèrent un souterrain incomplètement rempli de terres rapportées, et mélangées de pierres brutes et travaillées. Cette excavation, creusée dans une terre compacte et résistante, avait la forme d'une voûte, mesurant $2^m50$ de haut, sur $2^m$ de large. Le sol était pavé en larges pierres non dégrossies, et un banc taillé dans cette espèce de grès argileux, avait été ménagé dans le fond tournant en abside.

Il eut été intéressant de nettoyer ce souterrain, ou au moins d'analyser les terres qui le remplissaient. Mais le propriétaire ne songeait qu'à finir promptement son puits : les terres extraites furent donc conduites dans le cimetière paroissial. C'est là que j'allai faire quelques recherches qui n'aboutirent qu'à un faible résultat. Je trouvai quelques dents d'enfants, des dents de chevaux et du charbon. Les ouvriers me dirent qu'ils avaient vu des ossements et des grains de chapelet : ces grains étaient ronds, plats, noirs, durs et percés. Ils me montrèrent la moitié d'une

assez longue pierre verte, portant des restes de caractères gothiques, mutilés et illisibles ; l'autre partie de
la pierre, qu'ils avaient brisée, était déjà employée
dans le mur qui s'élevait trop haut pour le faire
démolir. Cependant je pus m'emparer d'un débris
d'ornement en pierre verte, qui dut servir de pen-
dantif ou de couronnement à quelque mausolée.

Etait-ce là un souterrain, servant de refuge, ou bien
une grotte sépulcrale ? Je ne puis décider.

### FOSSES GALLO-ROMAINES

Dans une chénaie de la métairie de Bellestre,
près du collége Ste-Marie, des ouvriers, creusant
le sol pour faire un jardin, mirent à découvert —
Septembre 1868 — une fosse qu'ils prirent pour un
four, parce qu'elles contenait beaucoup de cendres,
et que le fond était formé de pierres bien cimentées.
Si l'on en juge par les décombres, elle devait être de
grande dimension. Quelques jours après, et un peu
plus haut, ils trouvèrent deux nouvelles fosses, dans
des conditions semblables à la première. Elles étaient
l'une au bout de l'autre, et dans la direction du nord
au midi : dans l'une, on trouva des dents de chevaux ;
dans l'autre, des dents d'animaux ruminants, et des
ossements dont quelques-uns très-petits ; toutes deux

renfermant un lit de cendres presque calcinées. Plus petites que la première, elles pouvaient mesurer 1 mètre de long sur 0,60 centimètres de large, le fond et les côtés étaient maçonnées à la chaux.

Enfin, en Décembre 1871, une quatrième fosse fut découverte dans la même prairie, près de la maison de la ferme. Elle était de plus grande dimension que les précédentes, puisqu'elle avait 2 mètres de long, sur 0,50 centimètres de large ; elle contenait les mêmes choses énumérées plus haut, et, comme les autres, n'avait point de couvercle. Il est à croire que dans les manipulations et transformations successives qu'ont subies ces terrains, la partie supérieure de ces tombeaux aura été arrachée, et que la terre sèche mélangée de pierrailles aura rempli le vide.

Nous donnons à ces fosses le nom de Gallo-Romaines, parce qu'elles nous ont paru avoir quelque analogie avec celles trouvées en Vendée.

### TRONÇONS DE VOIES ROMAINES

Pendant que je faisais creuser les fondations du grand corps de bâtiment du collége Sainte-Marie, sur le vieux chemin qui conduisait à Béré, les ouvriers attaquèrent une partie tellement résistante, que la pointe de leurs outils avait peine à y mordre. C'était un empierrement très-compact et profond, dont ils ne vinrent à bout, qu'après beaucoup de peines et de temps ; les pics ne cessaient d'aller à la forge refaire leurs pointes émoussées.

Plusieurs raisons me portent à croire qu'une voie romaine passait en cet endroit : 1° parce qu'une voie allant de Candé à Bain passait par Soudan et par Béré où se trouvait une station ou relai ; 2° parce qu'une autre, venant du Mans et allant à Blain, prenait aussi cette direction ; 3° parceque, sur ce chemin se trouve une ferme qui porte le nom significatif de *Bellestre*, dont l'étymologie me paraît être *Bella strata*, Belle voie, en basse latinité, comme on disait : *Bella Insula, Bellus Portus :* 4° enfin, la manière dont cette portion entamée, était construite.

La voie traversait le faubourg de la Torche en ligne droite jusqu'à la Maison-Brulée ; là elle se bifurquait : à gauche, elle se dirigeait par la Touche-Muloche sur Noyal, passait à la ferme dite la Chaussée où elle est encore visible, et, sous le nom plus moderne de *Chemin Potier*, courait par la Tourrière vers Martigné ; à droite, elle descendait le coteau, passait la rivière de Chère sur une chaussée que l'on m'a assuré avoir été reconnue en ces dernières années jusque sous ses eaux (1), remontait le coteau sous le mur qui fait la

(1) Le fermier de Chécheux m'apprit qu'en traçant la promenade du Parc, ordonnée par le Duc d'Aumale en 1847, les ouvriers

limite et clôt les *grands jardins* du château, longeait
au nord le mur du couvent de Saint-Michel, et se
montrait, dans le chemin de la Mare-Noire, pavée de
belles et larges pierres rappelant les splendides *voies
militaires* ou *consulaires*. Elle laissait sur la gauche
la fontaine de Petit-Pré, dont les eaux, recueillies
par des conduits en brique allaient alimenter la seule
fontaine qui fournit de l'eau aux habitants de Châteaubriant, et bientôt arrivait à un petit carrefour où
nous allons nous arrêter un instant.

A ce carrefour, existait une croix qui nous rappelle
un touchant épisode des croisades. Notre Baron
Geoffroy IV, après s'être battu en vrai chevalier
chrétien, avait été fait prisonnier à la bataille de la
Massoure ainsi que Saint-Louis. Plusieurs années
s'étaient écoulées, pendant lesquelles le bruit de sa
mort avait couru, si bien que Sibylle, sa jeune épouse,
ne vivait plus que sous les habits de deuil et dans les
larmes du veuvage. Tout-à-coup, un bruit inaccou-
tumé se fait entendre autour d'elle ; le Baron revient
du pays des Sarrazins, un page vient apprendre à
Sibylle que Geoffroy vit encore, qu'il est tout prêt

---

découvrirent une route large d'environ huit mètres, pavée en
pierres mises à plat, quand elles étaient larges, ou enfoncées en
coins, quand elles étaient de petite dimension. Quelques-unes de
ces pierres mesuraient 0,50 centimètres carrés, comme j'ai pu
m'en convaincre par celles réservées à l'empierrement de la
promenade en cet endroit.

d'arriver. A cette nouvelle inattendue, l'épouse s'empresse, s'élance sur les pas du messager, et vole dans les bras de celui qu'elle n'espérait revoir qu'au ciel. C'en était trop pour ce cœur flétri par le chagrin; la bonne Dame trépassa de joie entre les bras de son époux. 1250.

Le page messager, qui avait été témoin d'un si cruel dénouement, voulut en conserver la mémoire. Il fit élever, sur le lieu de la rencontre, une croix qui s'appela depuis *la Croix-au-Page*. Elle a subsisté longtemps. Si la génération présente ne l'a pas vue, elle aurait pu du moins voir le piédestal, que Monsieur Béchu, maire de Châteaubriant, a retrouvé près du champ qui s'appelle toujours *le Champ de la Croix-au-Page*. Le chemin de fer a fait disparaître une partie de ce champ dans les terrains de la gare; mais il en reste assez pour conserver la tradition d'un fait intéressant pour l'histoire locale. Il ne faut pas s'étonner après cela que les anciens connûssent encore ce chemin sous le nom de *Chemin de la Croisade*.

A partir de ce carrefour, le chemin tournait brusquement à gauche et montait vers les Fougerays. Dans ce tronçon, il est fortement empierré, et les champs limitrophes, par des empiétements successifs, en ont sensiblement diminué la largeur. Tout le moyen-âge ne connut pas d'autre route pour aller à Angers : mais le moyen-âge se servait des chemins qui existaient; il n'avait ni les loisirs, ni les moyens d'en créer, pas même d'entretenir les anciens. C'est ce qui nous porte à croire que ce chemin est ou gaulois ou romain.

ANCIENNES CARRIÈRES EXPLOITÉES EN GALERIES.

En l'année 1876, pendant qu'on nivelait les terrains qui devaient servir de gare au chemin de fer, la pioche des terrassiers abaissait de trois à quatre mètres un champ, jadis fouillé profondément et dans tous les sens. On vit alors apparaître des galeries en forme de voûtes, qui avaient été remplies ensuite de pierres et de pierrailles, ce qu'il était facile de constater, parce que ce remplissage n'était point adhérent au terrain ambiant. Ailleurs, les fouilles s'étaient faites à ciel ouvert; en d'autres endroits, on découvrit des chemins creux, au sol durci et battu, toujours comblés par du sable et des pierres. Parfois, les galeries paraissaient doubles, étant séparées par des piliers naturels de roches laissées dans le but de soutenir les terres supérieures. L'ensemble du terrain se composait de sables libres et de blocs sablonneux de couleur jaune allant jusqu'au noir, c'est-à-dire chargés fortement d'oxyde de fer. Je reconnus facilement la nature des pierres qui forment les colonnes, les voussures, les fenêtres, les contreforts, en un mot toute l'église de Béré, ainsi que les pierres d'appareil qui entrent dans la construction du couvent de Saint-Sauveur et du vieux château. J'étais en face de ces carrières, si longtemps cherchées, et dont on avait entièrement perdu la trace.

En effet, on ne tarda pas à extraire de ce lieu des blocs considérables, pour l'emploi desquels il fallut employer la mine. Car cette pierre, grâce à l'oxyde de fer dont elle est pénétrée, est d'une très-grande solidité. Celle qui est exposée à l'air depuis huit cents ans, ne s'est nullement altérée; les tailleurs de pierre ont même pu la sculpter, comme on peut le voir dans les chapitaux de l'église. Les ingénieurs l'ont employée en mosaïque dans les soubassements des magasins de la gare.

Ce que nous tenons à faire remarquer, c'est le mode d'exploitation de ces carrières, semblable absolument à celui que nous avons observé en parlant des minières de Rougé.

Avant de quitter ce terrain, disons qu'il y a été trouvé des morceaux de poteries grossières, des os d'animaux, des monnaies, deniers tournois de Saint-Martin, une superbe pièce d'or de Jean-le-Bon — 1350-1364 — et la boîte à feu d'un ancien canon, appelé Veuglaire, du mot allemand *Vogheleer, oiseleur*. Les Veuglaires étaient faites de deux parties qui s'adaptaient exactement l'une à l'autre : la chambre à feu et la volée. On manœuvrait la chambre

à feu au moyen d'une anse dont elle était pourvue,
pour l'ajuster à la volée, simple tube de fer ouvert à
ses deux bouts. Chaque Veuglaire avait, en général,
plusieurs chambres; on chargeait les unes pendant
qu'une autre, ajustée à la volée, exécutait le tir, de
telle sorte que le tir des Veuglaires était plus rapide
que celui des bombardes. La partie de la Veuglaire
que je possède est la chambre à feu. Elle est octogone,
mesure o,3o cent. de long, sur o,3o et o,35 de
circonférence, o,10 cent. de diamètre, et o,o4 cent.
d'ouverture. Elle porte, à la partie antérieure de l'anse,
en manière de hors d'œuvre, une tête de chimère
assez grossièrement travaillée. J'ai des raisons de
croire qu'elle est un reste de l'artillerie de La Trémouille, lorsqu'il vint assiéger et prendre Châteaubriant en 1488.

# SOUDAN

PIERRES DRUIDIQUES ? — CHATELIERS — VIEUX CIMETIÈRE

Vers 1050 (1), à trois kilomètres du bourg de Soudan, dans la direction du Sud-Est, au lieu dit *le Tertre*, existent six longues et fortes pierres que l'on dirait avoir été debout, puis renversées violemment, et dirigées vers un point central, sous lequel elles forment une chambre ou abri. A quelques pas de là, gisent deux masses de quartz mélangé de cailloux roulés. Qui a posé là ces pierres ? Ont-elles été arrachées de leur position primitive ? Ont-elles servi à un usage religieux ? Comme je ne pouvais les faire parler, et que la tradition est muette à leur sujet, je dus les abandonner au sort obscur d'où j'aurais voulu les tirer.

Une autre excursion plus intéressante m'attirait en ce quartier. Monsieur le Curé qui avait eu l'obli-

(1) Vers 1050, une charte fait mention de Rivallon de *Solzen* ; et, en 1124, le nom de Souldan se dit *Solzennum*, dans le latin d'alors.

geance de m'accompagner, me fit aire connaissance
avec son paroissien Aury, homme intelligent, observateur, et dont les renseignements me furent bien
utiles. Maître Aury ne doit donc pas être regardé
comme le premier venu : il salt beaucoup de choses,
et les dit volontiers sans défiance, ce que ne font pas
la plupart des paysans, qui soupçonnent toujours un
piége dans les questions qu'on leur adresse ; ses
ancêtres ont tenu un certain rang dans la paroisse.

Il m'apprit d'abord que, non loin du village du
Tertre, en un canton appelé la Lande de Sion, se
voyaient, il y avait un très-petit nombre d'années,
deux camps retranchés, dont lui et beaucoup d'autres
s'étaient souvent arrêtés à considérer les hauts remparts
de terre et les douves profondes, abattus et comblés par
la culture. Il m'apprit ensuite, qu'en ce même lieu,
dans une pièce appelée le *Cimetière*, un de ses voisins
avait découvert beaucoup d'ossements ; que dans le
milieu, il y avait eu autrefois une chapelle dont il était
facile de distinguer l'emplacement, lorsque le cimetière était laissé en prairie, parce qu'il n'y poussait ni
herbe, ni chardons, ni fougère, tandis que le terrain
environnant en était rempli ; le grain seul y croissait.
C'était la croyance générale, que là il y avait eu une
église. Il ajouta que dans tout le pourtour de la pièce,
on avait vu longtemps des pans de mur qui n'existaient
plus.

Ce n'était pas assez d'avoir entendu Maître Aury

pérorer comme un avocat, j'avais besoin de tout examiner par moi-même. Ce que je fis, toujours accompagné de mes guides obligeants et de voisins curieux dont l'aide ne fut pas inutile. Le lieu où l'on me conduisit était un champ carré, élevé comme un promontoire, et délimité par de larges levées de terre, couvertes de débris de pierres, tout-à-fait semblables à celles qui environnaient le châtelier d'Erbray. Ici, me dirent mes compagnons, est la pièce des *Grands Châteliers*, et à côté, la pièce du *Petit Chatelier*. Quand on parle de ce quartier, on dit les *Grands Châteliers*. Au-dessous, dans la prairie qui forme le versant du côteau, est la fontaine dite des *Châteliers*. Enfin, j'aperçus sur le côté de ce même champ, les vestiges d'un chemin recouvert par l'herbe et allant à la Martinais. Le doute n'était plus possible ; je me trouvais sur l'emplacement d'un camp romain, ou, pour parler plus exactement, d'un poste romain, *mutatio*. Aussi, Aury disait-il avoir vu les restes de deux camps. Je ne trouvai, malgré mes recherches, que quelques morceaux de briques sans caractère.

La fontaine a été bouchée ; elle a changé son cours ; mais elle continue à remplir de sa belle eau le *Doué* où l'on vient laver.

Je ne perdais pas de vue le *Cimetière*. Je choisis dans le milieu du *Grand-Châtelier* l'endroit à attaquer ; on se mit à creuser, et bientôt les pioches mirent à jour les fondations de l'édifice que les paysans du quartier appellent la *Chapelle*. Il ne s'y rencontra que de grosses pierres, informes, à peine liées par un peu de chaux, et rangées en forme de mur. L'intérieur de la construction était rempli de pierres plus petites, évidemment débris des murs qui s'élevaient jadis en ce lieu. Mais rien ne vint nous indiquer à quel genre d'édifice appartenaient ces ruines, que nous n'avions pas le temps de mettre entièrement à nu.

Comment expliquer en ce lieu écarté l'existence d'une église et d'un cimetière ignorés de toute la paroisse, de tous les prêtres, des registres paroissiaux et municipaux, qui n'en ont pas conservé le moindre souvenir ? Une communication, qui me fut faite vers ce même temps, vint m'apporter quelque lumière. Un propriétaite de Châteaubriant, dont la famille, très-ancienne dans le pays, possédait des terres en Soudan, me dit, sur la foi d'une tradition, que cette *lande de Sion* avait été autrefois le théâtre d'une bataille entre les Bretons, d'un côté, les Angevins et les Normands de l'autre. Il est vrai que nos historiens et nos chroniqueurs ne parlent point de ce fait d'armes. Cependant, nous croyons qu'il a dû avoir lieu, parceque les traditions [sur les faits de ce genre, d'ordinaire ne sont pas menteuses. Si l'histoire garde le silence sur cette rencontre, c'est que le résultat n'aura pas été décisif. Je ne puis voir là qu'un premier combat entre Geoffroy III, baron de Châteaubriant, et Amaury de Craon à la tête de ses

Angevins et des Manceaux. Il est à croire que les Bretons, battus d'abord, se seront repliés sur Châteaubriant, qui tomba sans doute au pouvoir des vainqueurs. Ceux-ci ne demeurèrent pas longtemps possesseurs de leur conquête. Pierre Mauclerc, notre Duc, accourut au secours de son fidèle vassal, et, réunissant ses forces à celles du baron de Châteaubriant et de son parent, le seigneur de la Guerche, ils livrèrent, dans les vignes de Béré — *propè vineta Brieni*, dit Guillaume-le-Breton — la bataille aux ennemis, et remportèrent sur eux une éclatante victoire. 1222.

Il est probable que ceux qui auront succombé sur la lande de Sion, auront été inhumés dans le Grand Châtelier, appelé depuis ce temps *Cimetière*, et que la reconnaissance aura porté le baron de Châteaubriant à élever en ce lieu une chapelle, qui n'aura jamais été desservie.

# ERBRAY

## LA FERME DU CHATELIER ET LA HUGUENOTERIE. — TOMBES VERTICALES.

Tous ceux qui s'occupent d'archéologie savent que la *station romaine* était divisée en deux parties : l'une affectée aux soldats légionnaires; c'était le *castrum* ou camp proprement dit; l'autre, de moindre étendue, mais plus fortifiée, était occupée par le commandant et par ses officiers. Cette dernière devait renfermer assez de bâtiments et d'approvisionnements pour recevoir les envoyés, les courrisrs et les hauts dignitaires en mission pour le service de l'empire : c'était le *castellum*, d'où est venu le nom de château et de châtelier.

Le châtelier d'Erbray, situé sur le penchant d'un coteau, dont le pied est baigné pendant une partie de l'année par le ruisseau de la Forge-Neuve, est composé de deux parties contigues : l'une supérieure et l'autre inférieure. L'enceinte supérieure, parfaitement carrée, est de peu d'étendue; mais elle semble avoir été de tout temps la partie principale, soit à cause des habitations, soit à cause des fortifications dont elle est entourée. Ces fortifications consistaient en des retranchements en terre, très-larges à la base et très-élevés, avec des fossés non moins profonds, protégeant l'enceinte de trois côtés. Le quatrième côté avait aussi lui un rempart semblable, qui séparait les deux enceintes; mais cette élévation paraissait moins considérable que les autres, et de plus, elle portait des saules dont les troncs puissants attestaient l'antiquité.

Le fermier, Terrien, descendant du légendaire Cœur-de-Lion, de l'intrépide capitaine des bandes royalistes en ce pays, m'apprit sur ces hauts retranchements une particularité qui méritait l'attention d'un archéologue.

En rejetant dans les fossés une partie de ces remparts de terre, afin d'agrandir son aire, il avait trouvé, disséminés dans le milieu de cette masse, des trous carrés, de deux à trois mètres de profondeur, recouverts et formés de longues pierres de schiste ardoisier. La plupart de ces trous ne contenaient rien; mais, l'un d'eux renfermait un squelette entier, non pas couché, mais debout, puisque ces tombeaux, à l'encontre des tombeaux ordinaires, étaient dans une position verticale. Du reste, ces terres renfermaient beaucoup d'ossements humains. J'ai vu la tête de ce squelette, qui est devenue un objet de superstition pour les paysans du voisinage.

Dans l'article que j'envoyai à la Revue de Bretagne, Février 1868, à l'occasion de cette découverte, j'exprimai l'avis que ces sépultures pouvaient être celles de huguenots, ayant habité ce lieu et les environs, car Terrien m'avait dit que le Châtelier avait été une huguenoterie. Or, que ce lieu, déjà fortifié, possédé sans doute par quelque seigneur influent, ait reçu une garnison de soldats protestants, et soutenu les attaques du parti contraire, cela est fort possible. Bien plus, en voyant que, sauf un pan de mur conservé dans la construction d'une étable, toute habitation a disparu, je suis bien tenté de croire que Kerboudel, ardent ligueur, et gouverneur de Château-briant pour le duc de Mercœur, a passé par là, et rasé le repaire des ennemis de la ligue, comme il fit pour bien d'autres châteaux. Dans cette hypothèse, il est naturel de penser que les protestants durent enterrer leurs morts dans le lieu même, pour ne pas les exposer à la profanation, et non dans le cimetière paroissial, éloigné de plusieurs kilomètres, et dans lequel les catholiques n'eussent pas souffert qu'on enterrât des schismatiques déclarés.

Aujourd'hui, je serai moins affirmatif. Après avoir vu les tombes gauloises ou gallo-romaines de Béré et du Grand-Auverné, je demande s'il ne faudrait pas donner à ces tombes verticales une bien plus haute antiquité que le XVI° siècle, et les ranger dans la même catégorie que celles des localités que je viens de nommer ? (1)

Sous le retranchement parallèle à celui qui renfermait ces tombeaux, on trouva un large conduit carré, formé de belles pierres, qui paraissait régner dans toute la longueur. Ce ne devait pas être un conduit d'eau potable, puisque une très-bonne fontaine coule plus bas, du côté opposé. Quel en pouvait donc être l'usage ?

Descendant dans la seconde enceinte, plus étendue que la première, je trouvai quantité de briques à rebords, mêlées à une terre légère et noire, qui ne ressemble en rien à la terre des champs voisins. Partout des monceaux de pierres, partout des ardoises, débris d'anciennes constructions. La brique est tellement abondante en ce verger, que chaque coup de pelle en découvrait plusieurs morceaux.

(1) Des sépultures semblables existaient à Savenay. Voici comment en parle M. Gaultier du Mottay : « Un jour, me rendant à l'école, j'entendis dire qu'on avait découvert, en écrétant une petite butte, située à cinquante mètres sud de l'église, des tombeaux en pierre d'une forme extraordinaire. Je courus voir ce qu'il y avait là. C'étaient, en effet, des tombeaux, au nombre de trois, formés de dalles d'ardoises, fichées en terre verticalement et formant autant de chambres sépulcrales. Ils contenaient des ossements qui furent portés au cimetière. Ces tombeaux devaient remonter à une époque très-reculée (Assoc. Bret. — Comptes rendus, année 1877, page 8.)

Ces fouilles n'eurent pas d'autres résultats ; c'était peu, mais je m'étais assuré que le Châtelier avait été certainement occupé par une garnison romaine.

On dit que les terrains voisins contiennent aussi beaucoup de briques. — Tout près, est un champ appelé le *Champ du Potier*. — Le chemin qui longe les retranchements et qui descend au village de la Ridelais, porte par tradition le nom de *Chemin de la Cheminée*.

# ISSÉ



## LE GUÉ D'ARCIS, CHATELIER PRÈS DE GATINES

La paroisse d'Issé possède aussi un Châtelier : je l'ai rencontré tout près du château de Gâtines, dans un champ qui porte le nom défiguré de Gué-d'Azy ; c'est évidemment *Gué d'Arcis* qu'il faut dire (Gué de la Citadelle), ainsi qu'il en existe un autre de ce nom, près de Saumur, sur les bords de l'Othion. Comme preuve que ce lieu avait été occupé par les Romains, c'est que, en labourant, la charrue a mis à découvert de larges briques à rebords, reposant sur un lit de chaux. Des fouilles commencées avec l'aide bienveillante de Monsieur le Comte de Fermon, propriétaire de Gâtines, ont amené la découverte de vieilles constructions, de carrelages, de grosse poterie, d'un clou à double tête, ayant la forme d'un marteau d'orfèvre. En les poursuivant, on pourra arriver à des résultats plus satisfaisants encore.

De l'autre côté de l'étang, dont les eaux abondantes baignent la propriété de Gâtines, on voit la métairie

de la Chaussée, dont le nom sent le voisinage d'une
station romaine.

Le Gué d'Arcis est situé à l'entrée de la forêt Pavée,
qui ne doit point porter ce nom en vain. Il est à croire
qu'une ou plusieurs voies romaines la traversèrent.
Jusqu'ici, l'on y a encore rien découvert.


### VOIE ROMAINE EN LUZANGER, ST-AUBIN, ROUGÉ


Il existe en Luzanger une voie romaine, connue
dans le pays sous le nom de *Chaussée à la Joyance*.
Elle devait passer aux lieux dits la Chaussée et le
Verger, près de Luzanger, entrait dans la forêt de
Domnèche, longeait le vieux château qui porte ce
nom, descendait le coteau appelé la Chaussée de la
butte, non loin du village du Châtelier, en Sion;
courait à travers le village de la Chapelle, en Saint-
Aubin, où j'en ai reconnu les vestiges sous les ronces
et les amas de pierres qu'on en extrayait pour
empierrer les chemins. De la Chapelle, elle semble se
diriger vers le bourg de Saint-Aubin qu'elle évitait en
laissant à gauche son coteau escarpé et la rivière,
puis elle traversait le village du Perrai à la sortie
duquel existe un large empierrement conduisant au

*Gue de Chère* où existait jadis un pont, dont une prairie conserve le souvenir sous le nom de *Pré du Pont*. Continuant de remonter vers le nord, je soupçonne qu'elle passait sur le territoire de Ruffigné par Bonneval et Bourgneuf, et, par le Verger et la Salle, atteignait Rougé, le *Condita Rubiacense* du Cartulaire de Redon.

## AUVERNÉ

CLOCHER FORTIFIÉ. — TOMBEAUX EN PIERRE COQUILLIÈRE AVEC DÉBRIS ROMAINS. — CIMETIÈRE GALLO-ROMAIN DE LA BUTTE DU VAL. — MANOIR DE LA HAIE. — LE TAILLIS DES GICQUELAIS : VILLA — CHEMINS — MONNAIES — MEULES ET AUTRES VESTIGES DE L'OCCUPATION ROMAINE.

Il y a pour l'archéologie une ample moisson à recueillir dans cette paroisse. Nous avons vu, dans l'acte de fondation de l'abbaye de Meilleray, qu'elle était administrée, en 1132, par un prêtre et un moine résidents; Guillaume d'Auverné, qui paraît à la même époque, est le premier seigneur dont parle l'histoire.

Mais, bien avant ce temps, son territoire avait été habité par des peuplades, dont le siége principal fut probablement le lieu où s'élève le bourg actuel. Sont-ce les Celtes ou Gaulois qui l'ont ainsi nommé — *Ar vern, la montagne?* Une colonne d'Arvernes — *Arverne, Alverne, Auvergne* — à la solde de l'Empire, et établie dans ce quartier; aura-t-elle aissé là, comme il est arrivé en tant d'autres lieux,

le nom de ce peuple montagnard ? Ces deux suppositions sont également plausibles. S'il fallait choisir,
nous inclinerions vers la première.

Essayons de mettre un peu d'ordre, s'il est possible,
dans l'énumération des richesses archéologiques que
nous voulons faire passer sous les yeux du lecteur, et
commençons par rappeler le curieux clocher de son
église abattue et remplacée par un monument gothique,
qui n'est pas sans beauté dans le paysage. Ce clocher,
tour carrée, jetée en dehors de l'Eglise près du transept
nord, offrait une particularité, unique peut-être dans
les constructions religieuses : c'était un escalier dont
les marches, pierres plates schisteuses, prises solidement dans l'épaisseur du mur, faisaient saillie sans
appui, sans maçonne de soutènement, sans rampe,
et complètement à jour, faites, en un mot, pour
donner le vertige. Le côté de la tour, qui portait cette
singulière échelle, donnait dans l'intérieur de l'église
et formait l'un des murs du transept. L'étranger qui
visitait cette partie, avait peine à croire que cette
série de pierres plates étaient l'escalier du clocher ;
il n'y avait guère que le sacristain qui le montât sans
danger. Du reste, c'était aussi bien une forteresse
qu'un clocher. Vers son sommet, cette tour quadran-
gulaire portait, sur chacune de ses faces, un machicoulis, et tout fait présumer que la base primitive,
sur laquelle reposait la flèche, était munie de créneaux.

. Cette adjonction d'architecture militaire dans un

édifice religieux, nous reporte au temps où les huguenots, en armes, protégés par les seigneurs, parcouraient les campagnes, courant sus aux catholiques et pillant les églises. Ce qui nous donne la date approximative de cette construction, probablement la dernière moitié du xvi<sup>e</sup> siècle.

Quand on démolit l'ancienne église, et qu'on enleva les terres du cimetière qui l'entourait, on mit à découvert une série de tombeaux, aussi bien Romains que Gaulois, puisqu'on sait que les Romains cessèrent de brûler leurs morts peu de temps après l'introduction du christianisme dans l'empire. Ils étaient en calcaire coquillier, munis de couvercles plats, sans aucun signe religieux, étaient placés dans deux ou trois caveaux ou enfeux, dont l'enceinte murée se dessine encore sur le sol en certains temps. L'une de ces pierres de recouvrement mesurée, a donné 2<sup>m</sup> de long, sur 0,62<sup>c</sup> à son extrémité la plus large, et 0,35<sup>c</sup> à l'autre.

Ces tombeaux monolithes, très-régulièrement et très-proprement taillés, font supposer que cette partie du cimetière était affectée aux chefs, officiers de la légion, et aux plus riches habitants. On estime à plus de 25 le nombre de ce genre de tombeaux retirés de ce lieu et brisés. Un seul plus petit, destiné à recevoir un enfant, a échappé à la destruction; il a 0,75<sup>c</sup> de long, sur 0,35<sup>c</sup> de large à un bout, et 0,22<sup>c</sup> à l'autre, avec 0,20<sup>c</sup> de profondeur. Ce specimen est fort rare.

Tous ces tombeaux étaient au nord de l'église. Dans une autre partie dn cimetière, il en a été trouvé, formés de plusieurs pierres schisteuses du pays, comme ceux dont nous allons parler.

Ces tombes étaient entremêlées de morceaux de briques à rebords; mais dans tous ces débris, il ne vint au jour, à notre connaissance, qu'une seule monnaie romaine, au type d'Apollon à la tête radiée, symbole du soleil, avec la légende : *Soli invicto comiti.*

Sortons maintenant du bourg d'Auverné, et transportons-nous à un kilomètre vers le soleil couchant, sur la butte du Val; on se croirait en un coin de la Basse-Bretagne, tant le paysage a changé! Nous sommes en face d'une nature sauvage : pas d'arbres; partout une roche nue, dont les crêtes arrondies et blanchies par les lichens, ont l'air de moutons couchés parmi l'herbe jaunissante et l'ajonc épineux; çà et là quelques roches, plus audacieuses, élèvent leurs pointes inclinées sous lesquelles les pâtres viennent chercher un abri : ce sont les *Jaupiés.*

Même spectacle sur le coteau qui nous fait face. Cependant, au fond de ce val, des eaux tributaires du Don, arrosaient autrefois des lambeaux de prairies et des arbres qui masquaient en partie les angles et les anfractuosités des rochers qu'ils ombragent encore de leurs cîmes, tandis que de l'autre côté, au-dessus de la route qui serpente au fond du ravin, la nature a taillé des masses schisteuses, de manière à faire croire au voyageur que ce sont les puissantes assises, les épaisses murailles et les donjons gigantesques d'imprenables citadelles. Cette fée puissante a aussi creusé, dans le flanc du coteau que nous foulons à nos pieds, la *Grotte à Madame*, cavité profonde qui servit d'atelier à de faux-monnayeurs, et de cachette en d'autres temps. La partie la plus reculée a été interceptée par un mur, et l'entrée est devenue inabordable par les pierres et la terre qui y ont été jetées.

A gauche, au fond de ce lit verdoyant qui appelle des eaux absentes, se cache, dans des bouquets d'arbres, le château du Val, seigneurie à haute justice, longtemps possédé par les du Hamel de la Bothelière, et aujourd'hui par Madame Picot de Plédran, à qui appartient la Butte du Val et le cimetière *Gallo-Romain* dont nous allons nous occuper.

Ce cimetière est situé sur un plateau dénudé, exposé aux rafales de l'hiver et aux chaleurs torrides de l'été. Il est relativement petit et resserré, le sol schisteux n'offrait à l'enfouissement des tombeaux qu'un étroit espace et une quantité de terre à peine suffisante pour les recouvrir. En le voyant, on est tenté de croire que ce pauvre coin de terre n'aurait été concédé qu'à regret aux cadavres qu'on venait y déposer. Il affecte la forme d'une ellipse très-allongée : 40 mètres de long environ, sur 17 dans sa plus grande largeur. Chaque tombe était formée de trois ou quatre longues pierres plates, dont le pays abonde, et fermées aux extrémités par deux autres petites, fichées en terre. Ceux qui les ont vues au moment où le propriétaire les exploitait pour clôre ses champs, disent qu'elles étaient disposées sur trois rangs autour du point central, les plus grandes formant la ligne extérieure, les moyennes la seconde ligne, et les plus petites la troisième. D'anciennes extractions et des pierres encore fixées en terre nous ont permis de constater que ces humbles sépultures étaient dirigées de l'Est à l'Ouest, et que les morts avaient le visage tourné vers le soleil levant. Il ne paraît pas que rien, pas même des ossements, ait été trouvé dans ces tombes : ce qui peut s'expliquer par les siècles qui ont passé sur ces restes humains, et par le peu de profondeur de ces inhumations.

Ce cimetière ne serait-il point celui des premiers chrétiens qui n'auront point voulu mêler leurs dépouilles à celles des payens, possesseurs du pays et leurs maîtres tout à la fois ? Si l'on compare la pauvreté de ces tombeaux avec les riches monuments retrouvés sous les murs de l'église, cette conjecture acquiert plus de probabilité. La Butte du Val était le cimetière des pauvres. Le champ est ouvert aux suppositions. (1)

(1) Nous devons beaucoup de ces détails à M. Pierre Guérin, d'Auverné, dont l'obligeance nous a été très-utile dans nos recherches.

Pour ne rien oublier, ajoutons que, lorsqu'on ouvrit la route d'Auverné sur Erbray, à un kilomètre du bourg, on découvrit deux tombeaux de grande dimension, renfermant des squelettes qui avaient appartenu à une race d'hommes si forts et si grands, qu'auprès d'eux, nous ne serions que des enfants. Tout fut dispersé sans espoir d'en retrouver les débris.

Si Auverné a été un centre important et populeux avant et pendant l'occupation romaine, il n'est pas le seul point de ce territoire où les légions de César aient eu des établissements. A cinq kilomètres de là, en tirant vers la forêt d'Ancenis, nous allons encore retrouver leurs traces.

Si nous faisions l'histoire de la paroisse, nous devrions parler de la Rivière-en-haut-bois, demeure des seigneurs d'Auverné, qui étendaient au loin leur juridiction, et descendaient, suivant Ogée, des comtes de Cornouailles ou des vicomtes de Rohan. Le premier dont il fait mention est Thibaut, seigneur de la Rivière qui vivait en 1200. Que d'illustrations historiques ne trouverions pas dans les possesseurs de cette belle seigneurie ! Il nous faudrait encore décrire son grand et beau château, qui n'offre plus que des ruines.... Mais, notre but, plus restreint, nous conduit simplement à signaler certaines découvertes, comme point de repères à ceux qui viendront après nous.

Toutefois, nous donnerons un souvenir au village de la Petite-Haie, qui se trouve sur notre route. Il y a là un manoir, dont l'imposante entrée atteste la puissance de ceux qui l'habitèrent. Deux hautes tours, percées de meurtrières et reliées par une large voûte, fermée d'un fort portail à deux battants, se présentent tout d'abord à vous comme deux vigilants guerriers auxquels il faut présenter ses respects et ses papiers avant de pénétrer plus avant. La voûte est surmontée d'une toiture carrée, abattue en doucines, comme en portent beaucoup de pavillons du 16e siècle. Cette espèce de dôme entre les toits pointus des tourelles n'est pas sans élégance. A droite et à gauche, s'étendent les appartements, dont le principal est percé d'une large fenêtre grillée. Du reste, peu de régularité ; ici, des croisées geminées en plein cintre ; là une autre croisée carrée, sur le linteau de laquelle est sculptée une tête à longs cheveux ; puis, à une extrémité, la chapelle avec ses fenêtres ogivales, aujourd'hui aveuglées.

L'entrée franchie, on se trouve dans une large cour ; à droite, se voit un escalier extérieur, demi-circulaire, au haut duquel un toit-abri, supporté par une colonne, donne accès aux chambres seigneuriales. Quant à ce qui constituait les forteresses moyen-âge, fossés, ponts-levis, murs de défense, il n'y en a pas de traces. Ce château est une construction du 16e siècle, dans laquelle le maître s'est mis à l'abri des coups de main, auxquels on était exposé pendant les troubles religieux de cette époque. La Haie, Grande et Petite — était une seigneurie à haute justice, possédée, en 1427, par Thébault de la Haie ; en 1555 et 1560, par Pierre et Guillaume de la Motte, seigneurs du Bois-Brient en Béré ; en 1616, par Ambroise Hamel ; en 1637, par Sulpice le Chevalier, sénéchal de Châteaubriant ; en 1775, par le marquis de Cucé ; et, enfin aujourd'hui, par M. Leroux, de Nantes.

Encore quelques pas, et nous arrivons au village plus peuplé de la Grand'Haie, puis au pâtis où s'élève la Bonne-Croix de Louise Dauffy, et enfin au taillis des Gicquelais, théâtre de notre exploration archéologique.

C'est dans ce taillis, aujourd'hui défriché, que nous avons rencontré beaucoup de briques à rebords, et sur une assez grande étendue. Il en existe des gisements en plusieurs endroits ; elles sont mêlées à une terre plus meuble et d'autre couleur que celle du terrain environnant, ce qui porte à croire qu'en ce lieu existait une villa romaine, que les indigènes nommèrent en leur langue, Gicquelais, du Breton *Gwic*, en latin *vicus*, en grec *ouigcon*, qui répond à *l'oppidum* gaulois, selon Dom Lepelletier, ou aux mots français *bourg, village*.

Quoiqu'il en soit de notre étymologie, les Gicquelais sont environnés d'un réseau de chemins, véritable labyrinthe, où il n'est pas prudent de s'aventurer sans guide. Parmi ces chemins, l'un s'appelle le *Chemin des Princes,* un autre le *Chemin des Palais,* un troisième, le Chemin à Madame de Longlepied. Puis, il y a des Chemins-Perrais, c'est-à-dire pavés en grandes pierres, dont le pic ne peut avoir raison. Il en existe encore des tronçons dans les champs, sous l'herbe des prairies, près des gisements de briques à rebords, aux abords du taillis des Gicquelais. Enfin, le chemin, dit des *minières* autour duquel des scories de forges prouvent que ce lieu était un centre, où s'exerçaient l'activité et l'industrie humaines.

Il y a une cinquantaine d'années, des paysans trouvèrent, dans un champ du même quartier, plusieurs dépôts de monnaies, renfermées dans des pots, dont le contenu fut vendu à des orfèvres de Nantes, sans qu'on ait pu savoir à quelle époque ces pièces remontaient ; les unes étaient d'or, les autres de billon. Une dizaine de meules à bras ont été extraites de ces champs ; l'une d'elle, tombée sous nos yeux et entre nos mains, fut trouvée sous un chêne dont le tronc vermoulu attestait bien des siècles d'existence. Enfin, on nous indiqua, dans les environs, un autre morceau de terre appelé le *Verger.* Nul doute qu'avec des recherches plus minutieuses, on arrivât à des résultats plus complets.

*Ubi Troja, nunc segetes...*

RUFFIGNÉ ET LA FRESQUE DE SON ÉGLISE.

Nous ne connaissons rien des origines de cette église et de cette paroisse (1). L'acte le plus ancien qui fait mention de cette localité est une donation de Bonabbes Iᵉʳ de Rougé, en faveur de l'abbaye de Melleray, sous la date de 1183, acte dans lequel figure un Hervé de *Rufiné,* en qualité de témoin.

Evidemment cette paroisse existait avant la fondation du couvent de Saint-Martin-de-Teillay, même avant la fondation de la chapelle primitive dotée par Geoffroy IV, baron de Châteaubriant en 1262. On peut croire que les recteurs de la paroisse, dans l'enclave de laquelle cette chapelle était située, la desservirent jusqu'au moment où les Cordeliers en prirent possession, en 1428.

Dans le pouillé du Diocèse de Nantes, année 1287, cette paroisse est mentionnée, sous le nom de Rouffigné. La cure était présentée par l'Evêque et le seigneur de Syon alternativement, ce qui donne à

1) Nous ne trouvons point son nom dans le dénombrement des lieux et des paroisses dont l'Evêque Brice demanda la confirmation à Louis-le-Gros, en 1123.

penser que certain seigneur de Sion, peut-être Brient-
le-Bœuf, cadet de la célèbre famille à qui Châteaubriant doit son existence, fut le fondateur de cette
paroisse, enclavée dans ses domaines. Et alors, la
date de la fin du xi° siècle paraîtrait plus admissible
que celle de l'an 1002 qui lui est assignée dans le
registre paroissial, sans justification aucune. Néanmoins, en l'absence de tout titre, il est sage de ne pas
prononcer.

L'architecture de l'Eglise est des plus simples :
aucun style, aucun ornement qui puissent aider à
découvrir l'époque de sa construction. Primitivement,
ce n'était qu'un rectangle, sur le milieu duquel
s'élevait le clocher, et dont, en ces dernières années,
on a allongé la partie qui forme aujourd'hui le chœur.
Les deux chapelles n'existent, celle du Midi que
depuis 1778, celle du Nord que depuis 1784. La tour
actuelle avec sa flèche fut bâtie vers 1860.

Tout l'intérêt de l'église consiste dans une peinture
exécutée sur la voûte du chœur. Ce n'est pas une
fresque dans l'acception rigoureuse de ce mot, ce
n'est qu'une peinture à la détrempe, appliquée sur un
fond sec, ce que les Romains exprimaient par les
mots *in cretulâ pingere*, peindre sur craie, par
opposition à un autre procédé, désigné par l'expression *in udo pariete pingere*, peindre sur paroi
humide, ou à frais, d'où le mot italien *fresco* et le
mot français *fresque*. Ici, l'enduit est composé de

terre, recouverte d'une mince couche de plâtre, appliquée sur un lattis comme les plus vulgaires plafonds. Le ton général est d'un gris léger, semé de fleurons réunis quatre par quatre, de couleur rouge foncé; ce qui lui donne assez l'aspect d'une vieille tapisserie démodée. C'est sur ce fond peu riche que l'artiste a peint, en simples traits, les divers sujets dont nous allons donner la description.

Le sujet qui occupe le premier plan, à droite et à gauche, est la passion de Notre-Seigneur Jésus-Christ. Il est divisé en huit tableaux, quatre de chaque côté, se suivant sans séparation apparente, ce qui met un peu de confusion dans l'ensemble.

COTÉ DE L'ÈVANGILÉ. — La première scène qui s'offre aux regards du spectateur, en entrant dans le chœur, du côté de l'Evangile, représente J.-C. devant Hérode. Le prince porte sur sa tête la couronne royale; un sceptre ou main de justice est dans sa main gauche; il est vêtu d'une robe traînante, fendue par devant, semée de fleurs, et serrée à la taille par une corde à double tour, de la grosseur d'un câble de navire. Devant lui et debout, se tient le Sauveur, que l'on reconnaît au nimbe crucifère qui entoure sa tête. Il est déjà revêtu de la robe blanche que l'on faisait porter aux gens convaincus de folie; elle l'enveloppe depuis le cou jusqu'aux pieds, flottant sur son corps, sans ceinture. Derrière lui, se tient un personnage que rien ne caractérise : c'est peut-être le valet qui le soufflettera.

Le sujet suivant est le Christ à la colonne, à laquelle il est appuyé, corps nu et tête nimbée. Deux bourreaux le tiennent, chacun par un bras, et le frappent de fouets à trois lanières; un autre fouet semblable pend à leur ceinture. L'un d'eux se fait remarquer par sa coiffure, sorte de diadème dentelé, du milieu duquel s'élève un bonnet, dont la pointe est un dragon agitant son dard. Un troisième bourreau, assis par terre, les pieds contre la colonne et armé d'un fouet, serre les pieds du Sauveur avec une grosse corde qui ne serre rien du tout, malgré les efforts qu'il semble faire. Le corps de l'innocente victime est couvert de cicatrices sanglantes.

On voit dans le troisième tableau la condamnation à mort. Pilate, vêtu d'une longue robe avec ceinture, ayant autour du cou une collerette dont les longues dents retombent à plat, est assis dans un large fauteuil, à bras droits et à dossier très-élevé. Sa tête est ornée d'une sorte de bonnet de coton; un serviteur lui présente une aiguière où il lave ses mains. Derrière le Sauveur debout, sont trois personnages dont l'un porte une coiffure, ressemblant assez à un bonnet d'évêque, dont les cornes très-élevées s'élèvent au-dessus du front. On en voit desemblables dans les gravures du xvᵉ siècle. Tout près, est une femme dont le costume se rapporte bien à cette époque : la taille est élancée, elle est ceinturée, et porte une lourde coiffure, en pain de sucre, qu'on dirait faite en peau d'astracan. Cette femme, peut-être la servante du gouverneur, se penche vers un personnage agenouillé et qui a les mains jointes ; elle lui pose une main sur la tête, comme pour mieux le dévisager, et semble lui parler. C'est le reniement de Saint-Pierre. Sous le siège de Pilate est une inscription en lettres gothiques, de laquelle on ne peut plus lire que les mots *Pilato* et *Judæi*.

La dernière scène de ce côté contient le portement de croix. Des soldats casqués, armés de lances et d'épées, avec brassarts et cuissarts, conduisent Notre Seigneur chargé de sa croix. Ici, un badigeon recouvre une partie de ce tableau, coupé par le prolongement moderne du chœur qui n'est qu'une boiserie peinte en bleu.

COTÉ DE L'ÉPITRE. — Le tableau faisant suite au précédent, est le crucifiement qui est incomplet comme lui, pour les mêmes raisons. La divine victime est déjà élevée sur sa croix ; un bourreau, au haut d'une échelle, tient son bras pour l'attacher ; un autre, au bas, un genou en terre, serre les pieds avec une corde. La moitié de cette scène est cachée sous le badigeon ou coupée.

Tout près, est le tombeau où Jésus-Christ a été déposé. Trois femmes aux têtes nimbées l'entourent.

Joseph d'Arimathie et Nicodême se tiennent, l'un aux pieds, l'autre à la tête ; deux femmes ont à la main des vases remplies d'aromates pour embaumer le corps ; un apôtre, Saint-Jean, sans doute, est au milieu d'elles, la tête environnée d'un double nimbe. Il y avait une inscription qui a été effacée en partie et qui est illisible. Il est à croire que chaque tableau avait la sienne.

A la suite, vient la Résurrection. Jésus-Christ s'élève de son tombeau, portant sa croix comme l'étendard de sa victoire. Au pied du tombeau, on voit deux soldats, tenant leurs lances renversées : l'un est étendu sur un banc ; l'autre est assis ; l'artiste a voulu leur donner un air effrayé, il n'y a pas réussi. Un troisième personnage, placé en face du spectateur, se penche en regardant dans le tombeau. — Reste d'inscription illisible.

Cette série de tableaux se termine par une apparition du Sauveur : il se montre armé de sa croix, s'en allant annoncer sa résurrection à ses frères. On lit ces mots en caractères gothiques : *Comment Dieu résuscita Jésus-Christ.*

Le milieu de la voûte est rempli par deux autres sujets : le plus près de la nef représente un Agneau, autour duquel on lit : *ecce agnus Dei ; ecce qui tollit peccata mundi.* Quatre Archanges se tiennent en adoration devant l'agneau ; chacun est désigné par son nom. Deux anges étendant leurs mains, soutiennent le tout.

Le deuxième sujet, qui se trouve audessus de l'autel, représente le Père Eternel, assis sur un coffret, la tête entourée d'une auréole. D'une main, il porte un globe surmonté d'une croix; de l'autre, il bénit. Autour de lui, sont peints les animaux qui symbolisent les quatre évangélistes avec leurs noms, toujours en lettres gothiques : Leo, Marcus — Aquila, Johannes — Vitulus, Lucas — Angelus, Matthœus.

Nous le répétons, nous avons cru voir dans ce travail les caractères du XV⁰ siècle. L'art y est rudimentaire, il est vrai, et nous sommes tentés de l'attribuer à quelque moine du couvent de Saint-Martin-de-Teillay qui, en raison de son voisinage, devait avoir de fréquentes relations avec la paroisse. Il est vraiment surprenant que ce travail, composé de lignes que l'on dirait avoir été tracées au charbon, ait traversé quatre siècles, sans altération sensible. Nous l'avons relevé, comme un spécimen, aussi curieux que rare en nos contrées, de la peinture murale à cette époque.

SECTION IV

—

# CURIOSITÉS NATURELLES

# SECTION IV<sup>e</sup>

—

## CURIOSITÉS NATURELLES

—

Les curiosités de ce genre sont rares en notre pays.

1° Nous signalerons en première ligne le *Châtaignier des Nonneries*, sur le bord de la route qui va d'Abbaretz à Meilleray. Le tronc de cet arbre colossal a huit mètres de circonférence au-dessus de ses racines. Mais ce qui le rend unique parmi ceux de son espèce, c'est que sept de ses branches étant tombées en terre, à sept et huit mètres de distance du tronc, ont pris racines, et formé sept autres arbres forts et vigoureux, offrant des sujets de trois mètres de circonférence. L'un de ces étonnants rejetons, s'étant trouvé sur le passage de la route, a été heureusement respecté. L'étranger peut donc encore aller voir ce rare et curieux châtaignier peu connu, et qui pourtant mérite de l'être. D'ailleurs, le trajet en chemin de fer jusqu'à Abbaretz, puis, par le courrier jusqu'à Meilleray, est une des plus charmantes promenades que l'on puisse faire, tant à cause de la variété des sites, du lointain des horizons, que de la visite à l'abbaye qui doit en être le but.

2° Après cet arbre phénoménal, nous ne connaissons plus rien de remarquable que le Chêne de la Giptière, en Soudan. C'est, sans contredit, le doyen des chênes de la contrée, qui devait en posséder de merveilleusement beaux, au temps où l'on respectait la vieillesse. A plus de deux mètres audessus du sol, il mesure huit mètres de tour; il n'a d'écorce que dans une moitié, laquelle, il est vrai, est assez vigoureuse pour nourir de belles et fortes branches, garnies d'un épais feuillage. L'autre moitié est absente : dévorée par les siècles, elle laisse voir à nu et dans toute son étendue, l'intérieur du colosse où l'on pourrait dresser une table de six couverts, sans un obstacle dont je vais parler tout à l'heure. Le temps à découronné la tête de ce vieillard qui a vu tant de générations passer à ses pieds et se reposer à son ombre ! La scie a abattu cette tête superbe, que notre La Fontaine aurait comparée au Caucase. Mais dans le cœur de cet arbre, rongé par les siècles et par les vers, au milieu de ce bois désséché, et qui présente l'image de la mort, on voit s'élever un rejeton vigoureux, un digne fils qui remplacera le père, lorsque le temps aura accompli sur lui son œuvre de destruction.

Nous estimons ce chêne au moins aussi curieux que le fameux *Chêne-au-Duc* de la forêt du Gâvre, qui ne mesure, audessus des racines que 6 mètres 25 de circonférence.

Tout près de ce chêne de la Giptière, on peut voir un autre chêne, moins vieux, mais plus beau par son élévation, qu'on peut évaluer à 3o mètres, par l'immense envergure de ses branches (22 mètres de diamètre), et par les grâces de ses formes athlétiques. Son tronc, près de terre, mesure quatre mètres de circonférence. Il est très-droit. Les arbres de cette taille et de cette vigueur sont vraiment rares, et les amateurs des beautés de la nature peuvent se donner le plaisir peu coûteux d'aller visiter celle-là.

3° Il y a quelques années, on pouvait voir sur l'étang de Choisel, voisin de Châteaubriant, une petite île ronde, dont le centre était occupé par un chêne dont les branches et le feuillage servaient de voile à cette nef d'un nouveau genre. Le propriétaire y avait fait un jardin, et les fleurs y venaient à merveille. C'était plaisir de voir cette charmante motte de verdure et de fleurs, poussée par le souffle du vent, voguer sur la surface des eaux. Aujourd'hui, tout a disparu, l'eau, l'étang, le chêne et les fleurs.

4° La spécialité qui a porté au loin le nom de Châteaubriant est son *Angélique,* délicieux bonbon, ami des estomacs délicats, qui n'a point de rival, et que l'étranger n'oublie jamais de demander et d'emporter quand il vient en nos murs. Mais, s'il veut le manger dans toute sa saveur, qu'il se garde de le laisser vieillir !

# ARMOIRIES

—

1° VILLE DE CHATEAUBRIANT, 1697.

D'azur à 3 fleurs de lys, 2, 1, d'or, brisées en cœur d'un bâton raccourci et péri en bande, de gueules.

(Armorial général.)

2° PRIEURÉ DE BÉRÉ, 1697.

De gueules, au pélican en sa charité d'argent, au chef cousu d'azur chargé d'une fleur de lys d'or.

(Arm. gén.)

3° JEAN BLAYS, DOYEN DE BÉRÉ, 1698.

D'argent à une croix de geules.

(Arm. gén.)

4° COUVENT DES TRINITAIRES DE CHATEAUBRIANT.

D'azur aux fleurs de lys d'argent; sur le tout, d'argent à la croix pattée de gueules, en abîme; l'écusson est supporté par deux cerfs et surmonté d'une couronne royale.

TABLE DES MATIÈRES

—

## PRÉFACE

—

### PREMIÈRE PARTIE

# HISTOIRES ET LÉGENDES



### DEUXIÈME PARTIE

## SECTION Iʳᵉ. — MONUMENTS



## SECTION IIᵉ — PROMENADES

## SECTION IIIᵉ
## ANTIQUITÉS ROMAINES ET GAULOISES.



## SECTION IVᵉ — CURIOSITÉS NATURELLES



FIN DE LA TABLE

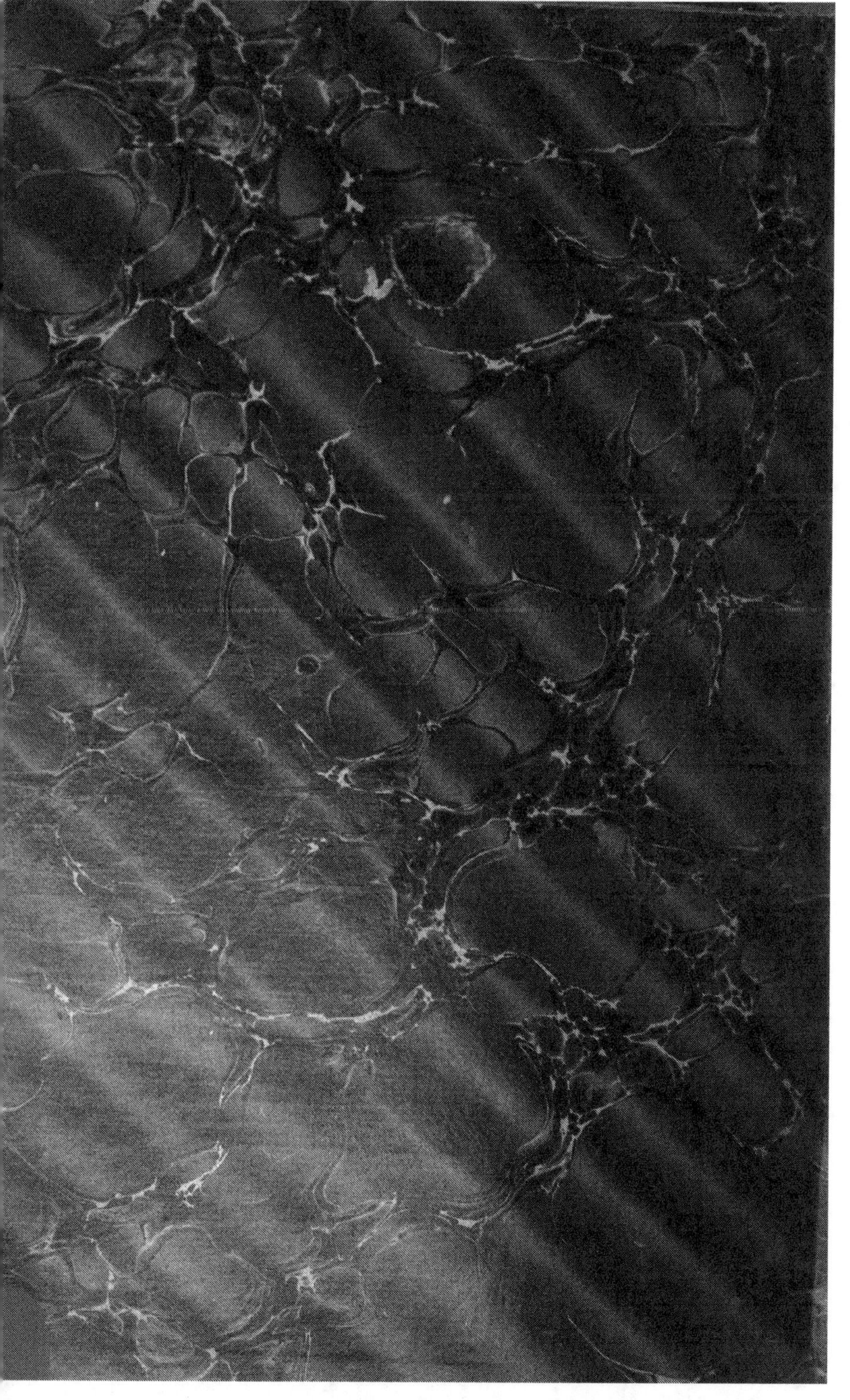